# GEORGE WASHINGTON

D'APRÈS

SES MÉMOIRES ET SA CORRESPONDANCE

HISTOIRE
DE LA NOUVELLE FRANCE ET DES ÉTATS-UNIS
D'AMÉRIQUE AU XVIII° SIÈCLE

PAR

ALPHONSE JOUAULT

※

PARIS
LIBRAIRIE HACHETTE ET C°
79, BOULEVARD SAINT-GERMAIN, 79

GEORGE WASHINGTON

Coulommiers. — Typ. P. BRODARD et GALLOIS.

# GEORGE WASHINGTON

D'APRÈS

SES MÉMOIRES ET SA CORRESPONDANCE

HISTOIRE
DE LA NOUVELLE FRANCE ET DES ÉTATS-UNIS
D'AMÉRIQUE AU XVIII<sup>e</sup> SIÈCLE

PAR

ALPHONSE JOUAULT

TROISIÈME ÉDITION

PARIS
LIBRAIRIE HACHETTE ET C<sup>ie</sup>
79, BOULEVARD SAINT-GERMAIN, 79

1888

Droits de propriété et de traduction réservés

# INTRODUCTION

PHILADELPHIE ET MOUNT VERNON. — UNE VISITE A LA
TOMBE DE WASHINGTON.

Tout ce qui a touché de près ou de loin à Washington, ce qu'il a aimé, la maison où il a vécu, la tombe où il dort, tout est aux États-Unis l'objet d'une profonde vénération et d'un constant pèlerinage.

Voici déjà quinze années, je voyageais à travers le Nouveau-Monde, lorsque le cœur, autant que la curiosité, m'entraîna à Mount Vernon, au lieu de dévotion nationale. Je partis donc un jour de New-York pour les rives du Potomac.

Ma première visite fut pour ces champs de batailles où le courage et la foi de Washington étaient, en quelque sorte, les seules armes des colonies révoltées contre les forces toujours croissantes de l'Angleterre. Là, j'aurais pu peut-être recueillir quelques traditions, quelques souvenirs inconnus de cette lutte désespérée et déjà lointaine, conservés par la mémoire du peuple;

A. JOUAULT.

mais, faute de temps, je ne m'arrêtai qu'à Philadelphie, le berceau de l'indépendance des États-Unis.

Toute l'histoire de la révolution est rassemblée et visible aux yeux dans l'hôtel-de-ville ou plutôt le Palais d'État. Ce bâtiment de modeste apparence, date du XVIIe siècle : on l'entretient avec une ferveur jalouse pour lui garder sa physionomie des anciens jours, quand, par la proclamation de leur indépendance, le 4 juillet 1776, les colonies se séparèrent définitivement de la mère-patrie.

Rien de remarquable à l'extérieur du monument : il n'offre d'intéressant au visiteur que la *Salle de l'Indépendance*, c'est ainsi que l'on nomme la salle où le Congrès signa la célèbre Déclaration. L'aménagement intérieur a été respecté; les choses sont encore à la place qu'elles occupaient en ce temps-là. Tentures fanées, portraits médiocrement peints, vieux meubles sans valeur, et dans un coin une grosse cloche surmontée d'un aiglon mal empaillé; en réalité, rien qui puisse charmer les yeux. Mais pour l'esprit que de hautes pensées, et pour le cœur que d'émouvants souvenirs !

Les portraits sont ceux des premiers chefs de la révolution. Je songeai, en les regardant, combien il avait fallu de prudence et de courage, de patience et de volonté à ces républicains sans peur et sans reproche pour secouer le joug de l'Angleterre. Entre Franklin et Jefferson, je me sentis comme entraîné vers Christophe Gadsen. Il me sembla qu'il sortait tout vivant, de son cadre, et je crus l'entendre opposant cette réponse héroïque aux craintes de ceux qui tremblaient de voir toutes les cités d'Amérique détruites par les soldats anglais :

« Nos villes, s'écria-t-il, sont faites de bois et de « briques. Si elles sont détruites, nous avons de l'ar- « gile et des forêts pour les rebâtir ; mais si les liber- « tés de notre pays sont anéanties, où trouverons- « nous des matériaux pour les refaire ? »

Les volées joyeuses de cette cloche ont annoncé l'indépendance. Avant même le 4 juillet 1776, elle portait déjà cette inscription prophétique que l'on peut lire encore : « Proclame la liberté à travers nos terres et à tous les autres peuples étrangers. »

Le fauteuil du président du Congrès, modeste meuble en bois peint, rappelle un mot de Franklin qui résume une des périodes les plus critiques de l'histoire des États-Unis. Après avoir vaincu l'Angleterre, il fallait fonder un gouvernement national, et durant sept années les Américains oscillèrent entre la république et la monarchie. Pour mettre fin à cette incertitude qui était grosse de périls, pendant que Washington refusait avec indignation la couronne que lui offraient ses anciens compagnons d'armes, une réunion d'hommes d'État élaborait un projet de constitution républicaine qui devait être soumis à la sanction populaire. Au dernier jour de la session, quand toutes les difficultés furent tranchées, Benjamin Franklin dirigea ses regards vers le fauteuil du président, derrière lequel était peint un soleil levant; puis faisant allusion aux longueurs de l'enfantement de la constitution, il dit à ses voisins de l'assemblée :

« Les peintres ont peine à distinguer le soleil qui

« se lève du soleil qui se couche. Bien souvent, au
« milieu des vicissitudes de nos discussions, partagé
« entre la crainte et l'espérance, j'ai jeté les yeux
« sur cette peinture, et je me demandais si pour nous
« l'astre se levait ou se couchait. Aujourd'hui, à la
« fin de nos délibérations, je salue le soleil levant. »

A l'heure où je visitai le Palais d'État de Philadelphie, ce soleil, après avoir lui pendant plus de trois quarts de siècle sur le Nouveau-Monde, s'était voilé et obscurci : la guerre civile grondait sourdement, prête à faire irruption sur le nord et sur le sud. Aujourd'hui l'union républicaine a triomphé, les dissentiments s'effacent, et ceux qui, aux fêtes du Centenaire, viendront du fond de la vieille Europe visiter la *Salle de l'Indépendance*, y contempleront, non les derniers vestiges de la liberté mourante, mais les immortels souvenirs de la liberté victorieuse.

Tout le monde civilisé s'associera à ce mémorable anniversaire, et la France ne sera pas la dernière à y prendre une large part. Elle tiendra ainsi non-seulement à rendre hommage à l'avénement d'un grand peuple, mais elle voudra en même temps honorer ses propres souvenirs et ses généreux sacrifices.

\*
\* \*

Si la *Salle de l'Indépendance* conserve les reliques de la révolution, c'est à Mount Vernon que doit aller celui qui veut retrouver les sentiments et les pensées de George Washington.

Mount Vernon est comme la Mecque ou la Jérusalem des citoyens du Nouveau-Monde. Un bateau qui part d'Alexandrie y transporte les voyageurs, aussi longtemps que le Potomac reste ouvert à la navigation. On débarque sur un quai rude et pittoresque, à l'entrée d'une vallée ombreuse dont le sillon descend de la tombe du grand patriote à la rive du fleuve. Ce quai est situé au lieu même où, du temps de Washington, on chargeait la farine et le tabac, principales productions de la propriété de Mount Vernon, sur des navires à destination de l'Angleterre ou des Indes occidentales.

Le tombeau du Père de la Patrie se trouve dans un creux situé à l'écart, près de l'entrée supérieure d'un ravin rempli d'arbres que longe un chemin qui aboutit au fleuve. Le caveau spacieux, voûté, bâti en briques, disparaît presque entièrement sous les broussailles, les arbrisseaux, les vignes; ce qui le vieillit d'aspect. La porte de fer s'ouvre sur un vestibule, aussi en briques, d'où, à travers une porte grillée, on voit deux sarcophages de marbre, qui renferment les restes de Washington et de sa femme.

Celui de mistress Washington est sans aucun ornement, avec une simple inscription. L'autre est tout uni, à l'exception du couvercle, où est représenté, en relief, l'écusson américain suspendu au-dessus de l'étendard de l'Union; ce dernier est enguirlandé : le tout est surmonté, en manière de couronnement, d'un aigle aux ailes déployées, perché sur le bord supérieur de l'écusson. Chacun des deux sarcophages consiste en un bloc de marbre de Pensylvanie creusé à l'intérieur.

Un vieux caveau, où Washington fut d'abord

placé, est dans une situation plus pittoresque, sur un tertre qui domine le fleuve. Il est maintenant en ruines, et les ronces l'ont caché; c'est en passant devant ce lieu vénéré que les vaisseaux de la flotte anglaise ont baissé leur pavillon, au moment où ils remontaient le Potomac pour aller brûler le Capitole de Washington (1814)[1].

De la nouvelle sépulture, le visiteur arrive au Parc-aux-Daims, entre le fleuve et la base de la pente boisée; Washington y entretenait, pour son agrément, des fauves apprivoisés.

De là, par un escalier aux marches grossièrement taillées, on monte jusqu'à la pelouse d'un pavillon d'été, tellement ruiné d'un côté, qu'il est dangereux de s'y aventurer. Sous ce pavillon gît un puits profond et sans eau, dont on se servait, avant de connaître les glacières, pour tenir au frais la viande, le beurre, etc.

---

1. *Historical collection of Virginia.* — Des hommes se sont rencontrés, moins respectueux, qui vinrent profaner cet asile, où les restes de l'illustre mort avaient reposé près de trente années. Un jour la tombe fut fouillée; mais le voleur, bientôt découvert, s'était emparé d'une tête et de quelques ossements qui n'étaient pas ceux de Washington. Cette violation fut l'occasion de la construction du nouveau mausolée.

Quand on entra dans l'ancien caveau, tout était en désordre. Le couvercle en plomb de la bière de Washington avait été fracturé, et l'on retrouva au fond de la caisse la plaque d'argent, en forme d'écusson, sur laquelle avaient été inscrits ces mots :

GEORGE WASHINGTON
BORN FEB : 22, 1732

DEAD DECEMB. : 14, 1799.

Le couvercle soulevé, la tête et la poitrine, apparaissant à la lueur blafarde d'une chandelle, ne semblèrent pas avoir beaucoup souffert des

Voici les ruines de la serre et des communs, bâtiments élevés par Washington. Il avait le goût des fleurs, des plantes rares, des arbustes : aussi avait-il pris plaisir à réunir beaucoup de plantes exotiques, qui, entretenues par lui avec le plus grand soin, y verdissaient encore le 16 décembre 1835, jour où un incendie détruisit ces constructions. Le feu naquit dans une cheminée défectueuse communiquant avec la serre qui, en moins d'une heure, fut, ainsi que les communs y attenant, la proie des flammes et n'offrit plus qu'un monceau de cendres. On put sauver un petit nombre de plantes rares chères au maître du logis, entre autres un palmier qui n'avait jamais fleuri, un sorgho, et un citronnier que l'on conserve encore dans le parterre où régnait la serre.

Le principal corps de logis a été construit par Lawrence, frère du général. Les ailes ont été ajoutées par Washington. Une terrasse élevée, soutenue par des colonnes, occupe toute la façade. C'est sous cette terrasse que Washington se promenait tous les matins, de long en large, avec une régularité toute militaire, en vue du fleuve qui s'étend comme une baie au pied du mont. L'horizon n'est borné à l'est que par les côtes du Maryland. Près de la porte

---

ravages du temps. Les orbites des yeux étaient grandes et profondes. Le front était large, la poitrine très-développée, la peau sèche, d'une couleur basanée, adhérente aux os ; aucune odeur offensive. Le linceul avait disparu.

Le corps enlevé par six hommes fut transporté hors de l'ancien caveau et placé dans un autre cercueil recouvert et scellé le samedi 7 octobre 1837, par les parents présents à cette cérémonie :

*Major Lewis, Lorenzo Lewis, John Augustine Washington, George Washington, Rév. Johnson et sa femme, et M$^{rs}$ Jane Washington.*

est suspendue la lunette dont il se servait pour suivre les mouvements des vaisseaux sur le Potomac.

Autant que possible, on a conservé toutes choses dans l'état où sa mort les a laissées.

Dans la bibliothèque, on voit le masque en plâtre de Washington, moulé sur le modèle vivant par Houdon, en octobre 1785. C'est par l'intermédiaire de M. Jefferson (alors ministre Américain à Paris) que la législature de Virginie avait chargé le célèbre sculpteur d'exécuter, en marbre, une statue en pied du héros de l'Indépendance. Cette statue orne, à Richmond, la rotonde du Capitole.

Sur les murs quelques gravures représentant des scènes de chasse et de bataille. Signalons notamment *Andromaque pleurant la mort d'Hector; — la mort de Montgommery; — la mort de Warren; — le combat de Bunkers Hill; — une descente de Croix; — une sainte Agnès; — un portrait de Louis XVI et une vue de la prise de la Bastille.*

Dans une petite pièce voisine du salon des intimes, s'étale un des fameux portraits du Président sur porcelaine de Chine; copiés sur le tableau de Stuart, ces portraits sont très-rares aujourd'hui.

A peu de distance reluit un miroir, dont le cadre doré, œuvre d'art fort soignée, porte les armoiries de la famille, en or sur fond noir.

Si Stuart n'avait pas peint dans son portrait en pied de Washington l'épée de cérémonie du Président, on la retrouverait ici : poignée dorée, fourreau en cuir noir, monté sur or. Sur un côté de la lame on lit ces mots : *recte facies*, sur l'autre : *neminem timeas.*

Entrons dans la grande salle de réception, dont la corniche épaisse et le vaste plafond sont richement ornementés de reliefs en stuc où courent des feuillages délicats. Ici plusieurs morceaux de sculpture ajoutent à l'embellissement du décor; là s'élève une magnifique cheminée, dont la grille contiendrait plusieurs boisseaux de charbons. Ce chef-d'œuvre, originaire d'Italie, fait de marbres de Syène et de Paros, fut offert en 1785 à Washington, par Samuel Vaughan, riche Anglais, son admirateur. Les trois panneaux de la frise, sous le manteau, sculptés dans le marbre blanc, et en très-haut relief, représentent de jolies scènes familières de la vie rustique. Sur la tablette, les vases bleu-foncé, couverts de fleurs peintes, et, aux deux extrémités, les candélabres de bronze, sont encore aux places qu'ils occupaient autrefois.

Nous terminerons notre pèlerinage à cette chambre vide, d'une simplicité extrême, restée intacte depuis le 14 décembre 1799, où mourut, avec une simplicité enfantine et un calme héroïque, l'un des hommes les plus grands et les meilleurs qui aient jamais existé. Les murs sont nus; rien qui ait appartenu à Washington : et pourtant en aucun endroit du logis on ne le sent mieux vivre; l'on dirait que son âme n'a pas quitté ce sanctuaire, et, suivant la belle expression de M$^{me}$ de Staël : « On tremble de respirer de « peur qu'un souffle n'enlève cette poussière où les « nobles idées sont peut-être encore empreintes [1]. »

1. Mount Vernon est sorti de la famille Washington.
Ce domaine, où flotte encore la pensée du grand citoyen, était menacé de perdre son caractère national, lorsque miss Paméla Cunnin-

Peut-être aura-t-on remarqué que parmi les souvenirs conservés à Mount Vernon, rien ne rappelle les actes principaux de la vie politique et militaire de Washington. Il ne permettait pas que l'on ornât son habitation de tableaux ou de sculptures représentant des scènes auxquelles il avait pris part. Aussi ennemi de la flatterie que jaloux de sa réputation, il plaçait l'estime de ses concitoyens et le jugement de la postérité, au-dessus des satisfactions d'amour-propre que peut donner la contemplation de sa propre gloire. Voilà pourquoi, en même temps qu'il éloignait de ses yeux tout ce qui pouvait blesser sa modestie, il travaillait avec beaucoup de soin à préparer lui-même les matériaux de sa propre histoire, qui est

---

gham, de Richmond, voulut qu'il devînt la propriété du peuple américain. Aidée par d'autres dames de la société, elle remua ciel et terre pour atteindre son but ; elle en appela de l'indifférence des hommes d'État et du congrès au génie même et au cœur de la nation. Partout son cri patriotique fut entendu et accueilli avec enthousiasme : l'Amérique ne devait pas laisser le mausolée de son libérateur entre les mains d'un seul homme, fût-il un descendant de Washington : il s'agissait de l'acheter au moyen d'une souscription volontaire. En cette occurrence, les femmes qui ont la passion du dévouement, furent admirables de simplicité et d'ardeur. Une dame Le Vert, de Mobile, écrit, au profit de l'œuvre, un livre de voyage en Europe, qui se vendit à des millions d'exemplaires. Toutes se jettent à corps perdu dans cette entreprise, celles-ci peignant des tableaux, celles-là composant de la musique. On les voit escalader les pupitres des pasteurs pour les forcer à prêcher ; dans chaque église, dans chaque chapelle, fut placé le tronc l'œuvre de Washington, comme pour mettre son souvenir sous la protection de Dieu.

La souscription dépassa toutes les espérances : Mount Vernon sortit pour une grosse somme des mains de J.-A. Washington, et aujourd'hui le tombeau du héros de l'Indépendance est sous la noble garde des dames américaines.

aussi celle du laborieux enfantement d'un peuple : *la fin de la Nouvelle-France en Amérique ; — la séparation des colonies Anglo-Saxonnes d'avec l'Angleterre; — la fondation de la République des États-Unis.*

Il avait l'habitude d'enregistrer, sous forme de journaux, de lettres à des corps constitués ou à des amis, tous les actes, tous les incidents de sa vie, et cela quotidiennement. A plusieurs reprises dans sa correspondance, il exprime cette pensée que ses mémoires ne peuvent être écrits d'une manière satisfaisante ou efficace, si les papiers laissés par lui ne sont pas largement mis à contribution.

En publiant cette biographie populaire, l'auteur s'est inspiré de la volonté du grand citoyen dont il croit opportun, à l'heure présente, de répandre les sages conseils et les utiles exemples. Autant que possible il s'est dissimulé derrière son héros, pour le plus grand bien du livre, qui, à défaut d'autre mérite, a du moins celui de contenir les plus belles pages laissées par Washington, celles qui peignent le mieux le chef de famille, le général et l'homme d'État.

Paris, 15 mai 1876.

# SOURCES

Life of George Washington, by Washington Irwing. — London : Henry G. Bohn, 1855.

Histoire du Canada depuis sa découverte jusqu'à nos jours, par F. X. Garneau. — Québec : imprimé par John Lowell, 1852.

Vie, correspondance et écrits de Washington, publiés d'après l'édition américaine et précédés d'une *Introduction sur l'influence et le caractère de Washington*, par M. Guizot. — Paris : Librairie de Charles Gosselin.

The life of general Washington, first president of the united States, written by himself, comprising his memoirs and correspondance, as prepared by him for publication, including several original letters now first printed. Edited by the rev. C. W. Apham. — London : Office of the national library. MDCCCLI.

Essais historiques et politiques sur les Anglo-Américains, par M. Hilliard d'Auberteuil. — A Bruxelles, M. DCC.LXXXII.

Complot d'Arnold et de sir Henry Clinton contre les États-Unis d'Amérique et contre le général Washington. Septembre 1780. — Chez Didot l'aîné, imprimeur du roi, à Paris, M. DCCC.VI.

Précis de l'histoire des États-Unis d'Amérique, depuis leur colonisation jusqu'à nos jours, par le comte Pelet de la Lozère, pair de France. — Paris, librairie de Firmin Didot frères, imprimeurs de l'Institut. 1845.

Histoire de Washington et de la fondation de la République des États-Unis, par Cornelis de Witt. — Paris, librairie académique Didier et C<sup>ie</sup>.

Harper's new monthly magazine, published by Harper and brothers (*passim*). — New-York.

Washington.

(D'après un portrait de la Galerie de Versailles).

PREMIÈRE PARTIE

# LA NOUVELLE FRANCE

## PREMIÈRES ARMES DE WASHINGTON

### 1732-1763

# LA NOUVELLE FRANCE

## PREMIÈRES ARMES DE WASHINGTON

### 1732-1763

## CHAPITRE PREMIER

#### GÉNÉALOGIE. — 1066-1732

Fallait-il remonter au xi⁰ siècle pour retrouver la généalogie de George Washington? L'hésitation eût été permise, si l'exemple d'Irwing [1], son historien le plus complet et le plus autorisé, ne nous eût imposé le devoir de montrer qu'un gentilhomme dont les ancêtres étaient plus anciens que les croisades a pu, sans déroger, conquérir une gloire immortelle en consacrant sa vie, son intelligence et ses forces au triomphe des institutions républicaines. C'est donc en l'an de grâce 1066 que commencera cette biographie du fondateur des États-Unis.

Après la bataille d'Hastings, les biens des Anglais morts ou survivants qui avaient pris part à la lutte furent confisqués et divisés entre les aventuriers victorieux qui avaient suivi la fortune du duc de Normandie. On

1. Life of George Washington, by Washington Irwing. London, Henry G. Bohn, 1859.

mit de côté, d'abord, les parts du roi et du clergé, puis chacun des hommes de guerre se tailla un patrimoine suivant son rang : les comtes et les barons s'attribuèrent de vastes domaines, châteaux, bourgades, villes entières ; les chevaliers et les simples vassaux eurent des fiefs proportionnés à leurs grades.

Irwing cite parmi ces derniers, dans le diocèse de l'évêque de Durham, fait comte palatin après le partage, un sir Guillaume de Hertburn, qui serait le chef d'une famille Washington, dont les rameaux s'étendirent par la suite dans diverses parties de la Grande-Bretagne et de l'Amérique du Nord.

Ce Guillaume ne pouvait être que d'origine normande. En effet, le fief qu'il possédait dans le Durham avait des priviléges seigneuriaux dont jouissaient ceux-là seuls qui furent inscrits aux *Livres des Conquéreurs*. Guillaume est un nom normand ; le surnom de Hertburn vient du village que l'évêque lui avait donné en terre féodale. C'était la coutume au temps de la conquête, parmi les familles de tout rang, de prendre le surnom de leurs châteaux et de leurs terres.

« Les bouviers de Normandie et les tisserands de Flan-
« dre, dit Augustin Thierry [1], avec un peu de courage et
« de bonheur, devenaient promptement, en Angleterre, de
« hauts hommes, d'illustres barons, et leurs noms, vils
« ou obscurs sur l'une des rives du détroit, étaient no-
« bles et glorieux sur l'autre.

« Des actes authentiques désignent comme chevaliers
« normands, en Angleterre, un Guillaume le charretier,
« un Hugues le tailleur, un Guillaume le tambour. »

D'après le *Bolden-Buck* ou *Book* [2], registre terrier de

---

1. Aug. Thierry. Histoire de la conquête de l'Angleterre par les Normands. Livre IV.
2. Le registre appelé *Bolden-Buck* ou *Book* tirait son nom de la

la seigneurie de Durham, ce Guillaume, en 1183, échangea son fief de Hertburn contre celui de Wessyngton, situé dans le même diocèse. Il payait à l'évêque un cens de quatre livres ; il devait l'accompagner aux grandes chasses avec deux levriers, et lui fournir un homme d'armes en cas de besoin. Dès lors la famille de Hertburn changea de nom comme elle avait changé de fief, et, sous le règne de Henri III Plantagenet, s'appela de Wessyngton [1]. Les noms de Bondo de Wessyngton et de William, son fils, figurent sur des chartes contenant donations de biens à des monastères (1257).

A la bataille de Lewes, en 1264, sur la liste des chevaliers qui combattaient pour leur souverain Henri III contre les barons commandés par Simon de Montfort, nous retrouvons le nom de William Wessyngton, du fief de Wessyngton.

Sous le règne d'Edward III, un sir Stephen de Wessyngton, portant pour emblème une rose d'or sur champ d'azur, fut un des nobles chevaliers qui joutèrent au tournoi de la ville de Dunstable (1334).

Le dernier descendant mâle direct du chef de cette famille fut William de Wessyngton. A sa mort, la seigneurie passa, par le mariage de Dionisia, sa fille, qu'il avait obtenu le droit d'instituer son unique héritière, à sir

---

paroisse de Bolden, la première par ordre alphabétique, comme le prouve son en-tête.

*Incipit liber qui vocatur Bolden-Book, anno Dominicæ Incarnationis,* 1183, etc...

Voici comment s'y trouve rapporté l'échange dont il est question :

Willus de Herteburn habet Wessyngton (excepta ecclesia et terra ecclesie partinen) ad excamb. pro villa de Herteburn quam pro hoc quietam clamavit : Et reddit 4 L. Et vadit in magna casa cum 2 Leporar. Et quando commune auxilium venerit debet dare 1 militem ad plus de auxilio, etc. — *Collectanea curiosa*, vol. II, p. 89.

1. Ce nom, qui doit être saxon, existait en Angleterre avant la conquête.

William of Temple Studley, et, vers 1400, le domaine était devenu la propriété des Blaykestons.

Si le nom des Wessyngton ne figure plus désormais sur le livre de chevalerie de l'évêché de Durham, il continue à fleurir pour un temps sous les voûtes hospitalières du cloître. En 1416, John de Wessyngton fut élu prieur des Bénédictins, dont les moines remplaçaient à la cathédrale le clergé séculier, avec les franchises, la dignité et les honneurs des abbés mitrés. Ces priviléges, qui remontaient à plus de trois siècles, avaient donné lieu à nombre de différends, et, à l'époque dont nous parlons, le prieur avait été presque évincé du fauteuil abbatial par l'archidiacre.

John de Wessyngton n'était pas homme à laisser empiéter sur ses droits. Se posant immédiatement en champion de son prieuré, dans un savant traité *de Juribus et possessionibus Ecclesiæ Dunelmensis*, il refuta victorieusement les prétentions de son rival, et s'installa en maître dans le chœur. Le succès de sa controverse lui valut tant de renommée qu'il présida, en 1426, le chapitre général de l'ordre de Saint-Benoît, tenu à Northampton.

Le fier prieur de Durham eut encore avec l'évêque et le clergé séculier, au sujet de ses fonctions ecclésiastiques, d'autres querelles dont il sortit également vainqueur. On montre à la bibliothèque du chapitre plusieurs traités manuscrits, qui sont comme autant de trophées suspendus dans l'arsenal de l'église en souvenir de ses vives polémiques.

Enfin, après avoir combattu contre le séculier pour l'honneur de son prieuré, et occupé pendant trente ans le siége abbatial, il mourut en pleine odeur de sainteté, suivant l'expression antique, en l'année 1446. Il fut enseveli comme un guerrier sur son champ de bataille, à la porte de l'aile nord de son église, près de l'autel de Saint-

Benoît. Sur son tombeau se trouvait une inscription, malheureusement effacée par le temps, qui rappelait sans doute les hauts faits de ce Washington du cloître.

Si la bannière blasonnée des Wessyngton ne flottait plus sur les créneaux de leur manoir, néanmoins plusieurs descendants de la famille s'étaient établis au loin dans d'autres contrées de l'Angleterre. Ceux-ci se distinguent par leurs écrits de science, de théologie et de droit; ceux-là reçoivent le titre de chevalier pour services publics; — le nom revit dans l'histoire des comtés, environné de respect, comme l'attestent des inscriptions gravées sur les dalles des églises ou sur les pierres tombales.

Peu à peu la particule seigneuriale disparait du nom de la famille, qui avait varié de Wessyngton à Wassington et Wasshington, pour devenir enfin *Washington* [1]. Une paroisse du comté de Durham porte encore ce nom avec cette dernière orthographe. C'est là, sans doute, que s'élevait l'ancien castel appelé primitivement Wessyngton.

⁂

Ce rapide exposé prouve tout au moins, et d'après des actes authentiques, l'existence très-ancienne en Angleterre d'une famille Washington dont les membres sont cités dans les histoires locales comme des personnes riches, influentes et considérées.]

Mais c'est seulement en 1538 que commence la certitude historique pour l'établissement de la généalogie directe de George Washington. La branche à laquelle il appartient est issue de Lawrence Washington, écuyer

---

1. Une autre paroisse de ce nom existe dans le comté de Sussey.

(*esquire*), de Gray's Inn, et fils de John Washington, de Warton, dans le comté de Lancashire.

Pendant un certain temps, Lawrence Washington fut maire de Northampton. Lorsque Henri VIII supprima les prieurés, il lui donna, dans le Northamptonshire, le manoir de Sulgrave, avec des terres environnantes, débris du monastère de Saint-André.

Sulgrave, demeuré dans la famille jusqu'en 1620, s'appelait communément « manoir Washington », dont le bénéficiaire direct fut sir William Washington, de Parkington, dans le comté de Kent. Il épousa la sœur de George Villiers, duc de Buckingham, favori de Charles Ier. Cette alliance attacha profondément les Washington de Sulgrave à la dynastie des Stuarts, dont ils suivirent toujours, depuis cette époque la bonne et la mauvaise fortune.

Mentionnons encore dans cette longue généalogie le lieutenant-colonel James Washington, qui perdit la vie au siége de Pontefract pour la cause du roi Charles, et sir Henry, qui, en 1643, aida à la prise de Bristol sous les ordres du prince Rupert : ce même Henry, trois ans plus tard, en pleines guerres intestines, défendit Worcester contre les troupes du Parlement.

Pendant l'époque agitée du Protectorat, où il en coûtait cher d'avoir été fidèle aux Stuarts, l'histoire garde le silence sur la branche de Sulgrave, dont deux rejetons, John et André, probablement compromis dans quelque conspiration contre Cromwell, émigrèrent en Virginie, vers 1657, pour fonder un établissement dans le comté de Westmoreland. Ils achetèrent des terres et devinrent de riches planteurs.

John ayant épousé miss Anne Pope, du même comté, 'tablit sa résidence sur la rivière de Bridges Creek, près ¡le son confluent avec le Potomac. Bientôt, fidèle aux traditions des chevaliers ses ancêtres, nous le retrouvons colonel d'un régiment de la Virginie, souvent menacée alors par les Indiens. Très-estimé de tous pour ses services publics et ses vertus privées, il donna son nom à sa paroisse, nom qu'elle porte encore aujourd'hui. Ses restes sont ensevelis sur une colline qui domine Bridges Creek, et ce sera pendant des générations le lieu de sépulture de la famille.

Patience ! Voici venir George Washington ! Continuons à la manière biblique.

John eut une fille et deux fils, dont l'un, Lawrence, laissa trois enfants : John, Augustin et Mildred.

Augustin Washington, le second, se maria deux fois. Sa première femme se nommait Jane Butler ; il en eut trois fils et une fille : Butler, qui mourut enfant, Lawrence, Augustin et Jane, morte aussi en bas âge. Sa seconde femme, Mary Ball, qu'il épousa le 6 mars 1730, lui donna six enfants.

*George*, l'aîné, notre Washington, naquit dans la maison de Bridges Creek, le 22 février 1732 [1]. Il était l'arrière-petit-fils de John Washington qui avait émigré en Amérique vers 1657, et le sixième descendant depuis le premier Washington de Sulgrave, signalé en 1538.

---

[1]. De cette maison la vue s'étendait à plusieurs milles sur le Potomac et sur la rive opposée du Maryland. Elle avait probablement été achetée avec la propriété ; c'était une des fermes primitives de la Virginie. Son toit aigu formait des bords saillants s'inclinant vers le sol. Au rez-de-chaussée se trouvaient quatre pièces, d'autres au-dessus, et à chaque extrémité une immense cheminée. Il n'en reste plus trace. Deux ou trois figuiers décrépits, quelques arbustes et pieds de vigne végètent sur l'emplacement ; çà et là une fleur passée à l'état sauvage sert à marquer la place de ce qui fut un jardin. Les choses étaient du moins en cet état il y a quelques années, mais peut-être tout cela a-t-il disparu. Une pierre indique le lieu où s'élevait la maison, et une inscription rappelle que là naquit Washington.

# CHAPITRE II

JEUNESSE DE WASHINGTON. — SON ÉDUCATION. — COMMENT IL FUT GUÉRI DE SON PREMIER AMOUR. — VOYAGE AUX ALLEGHANYS. (1732-1748.)

Peu de temps après la naissance de George, Augustin Washington s'était établi dans sa propriété du comté de Strafford, sur la rive orientale du Rappahannock, en face de Frédéricksburg : une attaque de goutte à l'estomac l'enleva subitement, à l'âge de quarante-neuf ans, le 12 avril 1743. Sa vie et son caractère sont restés assez inconnus; mais on voit par son testament qu'il possédait des terres fertiles et étendues : c'était un des principaux propriétaires de la Virginie.

Chacun de ses enfants hérita d'une plantation séparée : il légua à Lawrence, l'aîné des enfants du premier lit, un domaine près de Hunting Creek, appelé depuis Mount Vernon. Augustin, le second, eut la propriété de Bridges Creek, dans le Westmoreland. George, alors âgé de onze ans, reçut les terres et la maison où son père avait rendu le dernier soupir.

Si derrière tout grand homme se cache, comme on l'a dit, l'influence maternelle, l'humanité doit beaucoup à la mère de Washington, et les Américains, pour lui témoigner leur éternelle reconnaissance, n'ont pas cru pouvoir lui rendre un plus éclatant hommage qu'en inscrivant sur son tombeau ces simples mots :

A

## MARY

*Mère de Washington.*

Femme d'un esprit supérieur, mère vigilante et tendre, mais en même temps d'un caractère fortement trempé, mistress Washington, à qui son mari avait laissé l'administration des biens de ses enfants jusqu'à leur majorité, entreprit avec le sacristain de la paroisse l'éducation et l'instruction de son fils George.

Ce sacristain nommé Hobby, un fermier de la famille, avait monté dans le pays une petite école où il enseignait à lire et à écrire aux enfants riches de la contrée. Quand le brave homme eut épuisé sa science, on envoya George à Bridges Creek, chez son frère Augustin, pour lui faire suivre dans le voisinage les cours plus élevés de M. William. On a conservé à la bibliothèque de Mount Vernon, comme un précieux souvenir, les cahiers et les manuscrits de ses premières études; ils révèlent chez l'adolescent une grande rectitude d'esprit, unie à l'amour du devoir. George connut à fond de bonne heure toutes les difficultés de l'arithmétique et les éléments de la géométrie. On verra par la suite qu'aucun homme n'a apporté plus de soin dans la gestion de ses propriétés et de sa fortune, et que le souci des plus grandes affaires du monde ne lui firent pas oublier un instant l'administration de ses intérêts particuliers. C'était sans doute un goût inné chez lui, car rien n'étonne comme de rencontrer, au milieu de ses devoirs d'écolier, des pages remplies de ce qu'il appelle *des formules d'écriture* : promesses, lettres de change, reçus, obligations, contrats, comptes de vente, procurations, baux, actes et testaments, écrits avec soin, et dans lesquels les mots importants ressortent en gros caractères variés, imitant l'écriture des clercs.

Dans l'intervalle de ses études il se livrait avec passion à tous les jeux d'agilité et de force : le saut, la course, la lutte, le javelot, et jusqu'à un âge mûr il pratiqua ces exercices. A Frédéricksburg, sur les rives du Rappahannock, on montre encore la place d'où il a lancé une pierre sur l'autre bord du large fleuve. A l'école avec ses camarades, tous ses amusements prenaient une allure militaire ; il jouait à la guerre : marches, parades, revues, assauts, combats simulés, rien n'y manquait ; il était toujours général, en dépit de l'ambition d'un certain William Burstle, qui un jour essaya, dit l'histoire, de lui disputer le commandement en chef des pupilles du sacristain Hobby.

Mistress Washington s'était réservé l'éducation morale et religieuse de son fils. Très-pieuse, grande lectrice de la Bible, comme toutes les Américaines de ce temps-là, elle avait en outre pour livre favori les *Contemplations morales et divines de Matthew Hale*, ouvrage plein d'admirables maximes pour régler notre conduite personnelle et nos rapports avec autrui. Ce manuel, portant le nom de Mary Washington écrit par elle, fut conservé avec un soin filial dans les archives de Mount Vernon. On peut l'y voir encore à côté d'un cahier de George, bien curieux, écrit par un enfant ; on y trouve des maximes tirées de divers écrits, et rangées sous le titre de : *Règles de conduite en société et pour la conversation*.

En voici quelques-unes qui sont comme les sources où

l'âme de Washington a puisé ses premières inspirations.

« Lorsque vous parlez de Dieu, de sa puissance, que ce soit sévèrement, sur le ton du respect.

« Efforcez-vous de conserver pure, dans votre sein, cette étincelle de feu céleste qu'on nomme *conscience*.

« Que vos délassements soient virils et exempts de péché.

« Honorez vos parents, obéissez-leur, fussent-ils dans la pauvreté.

« Ne vous montrez pas satisfait du malheur d'autrui, fût-ce de votre ennemi.

« Lorsque vous avez des conseils à donner ou des reproches à adresser à quelqu'un, examinez bien s'il faut le faire en public ou en particulier, tout de suite ou plus tard, et pesez les termes dont vous vous servirez; dans les reproches ne laissez percer aucun signe de colère, mais conservez le ton de la douceur et de la bienveillance.

« Recevez avec reconnaissance toutes les remontrances, en quelque lieu, en quelque temps qu'on vous les donne; mais ensuite, si vous reconnaissez que vous n'êtes pas coupable, faites-le savoir en temps et lieu convenables aux personnes qui vous ont admonesté.

« Lorsque vous faites des reproches, tâchez d'être vous-même au-dessus de tout blâme, car l'exemple est plus éloquent que les préceptes.

« Ne tournez en plaisanterie aucune chose vraiment importante; ne lancez pas de bons mots qui puissent blesser; et, si vous dites une parole spirituelle, un mot plaisant, que ce ne soit aux dépens de personne.

« Recherchez la société des hommes recommandables, si vous tenez à votre propre réputation; car il vaut mieux être seul que se trouver en mauvaise compagnie.

« Tout ce que l'on fait dans le monde doit être accompagné de quelque marque de respect pour les personnes présentes.

« Soit que vous écriviez, soit que vous parliez, donnez à chacun le titre qui lui est dû, selon son rang et les usages du pays. »

Au milieu de ces sages maximes se trouvent quelques curieuses observations comme celles-ci :

« Devant le monde ne chantonnez pas sourdement, et ne battez pas la caisse avec vos doigts ou vos pieds.

« Ne tournez pas le dos aux gens, surtout en parlant; ne dormez pas lorsque quelqu'un parle ; ne marchez pas quand on est arrêté.....

« Soyez modeste dans vos vêtements, et songez plutôt à vous habiller convenablement qu'à attirer sur vous l'admiration ; mettez-vous comme vos égaux, comme ceux qui sont polis et convenables, eu égard au temps et au lieu.

« Ne faites pas la roue comme un paon, regardant partout à l'entour de vous pour voir si vous êtes bien paré, si vos souliers font bon effet, et si vos habits sont beaux. »

On a vu que les moyens d'instruction mis au service du jeune George étaient assez limités ; l'enseignement colonial avait été négligé en Virginie, et les grands planteurs, comme les petits colons, restaient généralement étrangers au mouvement intellectuel de l'Europe. Ceux qui se destinaient aux professions libérales allaient en Angleterre, comme l'avait fait Lawrence Washington, qui s'était ensuite distingué comme officier sous les ordres de l'amiral Vernon et du général Wentworth, notamment au siége de Carthagène, dans la Nouvelle-Grenade.

Après la mort de leur père, Lawrence, devenu le chef de la famille, prit un soin particulier du fils de Mary dont il avait apprécié les qualités solides. Il l'attirait souvent à Mount Vernon, dirigeait ses études, et l'encourageait dans les nobles jeux auxquels il excellait.

George ne pouvait débuter à une meilleure école.

En effet Lawrence Washington occupait dans le pays une situation très-haute et très-considérée. Membre de la chambre des bourgeois, adjudant général du district avec le rang et la solde de major, il avait su mériter l'estime générale; c'est chez lui que George fit la connaissance de la famille Fairfax, qui habitait Belvoir, résidence admirable, située à quelques milles de Mount Vernon et assise, comme un nid, sur une colline boisée qui se mirait dans les eaux du Potomac.

William Fairfax était un homme d'un incontestable mérite, et d'une éducation libérale; d'aventureuses expériences avaient enrichi et orné son esprit. D'une ancienne famille anglaise du Yorkshire, il était entré à l'armée dès l'âge de vingt et un ans, avait servi avec distinction dans les Indes orientales et occidentales, et rempli les fonctions de gouverneur de la Nouvelle-Providence, île qu'il avait aidé à arracher des mains des pirates.

Depuis quelques années il habitait la Virginie, où il administrait les immenses domaines de lord Fairfax, son cousin. Il vivait à Belvoir en gentilhomme campagnard anglais, entouré de ses enfants, et greffant les raffinements de la société européenne sur l'abondance de la vie coloniale. George subit l'heureuse influence de ces fréquentations distinguées. De plus, les récits militaires faits à la table de Lawrence par des officiers de passage ou chez William Faixfax devaient enflammer sa jeune imagination, déjà si avide des émotions de la guerre; — il voulut entrer dans la marine. On obtint pour lui, en 1746, un brevet d'aspirant (*midshipman*). Il fut arrêté au milieu de ses préparatifs de départ par la résistance de sa mère : mistress Washington tremblait de voir s'éloigner d'elle ce fils de quatorze ans, son premier né ; elle craignait pour lui les dangers de l'Océan, et pour elle-même les rigueurs de l'absence. La Providence aussi le réservait à des destinées vers lesquelles il devait marcher par un autre chemin.

George reprit donc le cours de ses études ; pour se préparer à devenir un habile arpenteur, il s'adonna principalement à la géométrie, science très-appréciée dans un pays nouveau, au milieu de ces immenses territoires inhabités, qu'il fallait préparer à recevoir des colons.

Vers l'âge de quinze ans, au moment où George était le plus studieux, une passion violente pour une beauté restée inconnue le rendit véritablement malheureux. C'était à la fin de l'automne de 1747 ; il venait de quitter l'école et était retourné chez son frère Lawrence à Mount Vernon. George était loin d'avoir le tempérament poétique ; mais, l'amour le poussant, il essaya de mettre en vers ses ardents chagrins : quelques rimes sentimentales, comme en écrivent les amoureux de cet âge. Sur ses cahiers d'études, entre deux problèmes d'algèbre, ou en marge d'un modèle de bail, il décrit « les agitations de son âme, blessée par la flèche de Cupidon [1] ; et se plaint de l'inhumaine qui reste sans pitié pour ses souffrances et ses désirs [2].

---

1. Poor restless heart, wounded by Cupid's dart.
2. Bleding for one who remains pitiless of his griefs and woes.

Tout semble indiquer qu'il n'osa jamais faire l'aveu de sa passion à la jeune fille qui en était l'objet. « Malheur à moi, dit-il en effet, d'aimer et de cacher mon amour! Depuis longtemps je désire le révéler, mais je n'ose [1]. »

On n'a guère l'habitude de se représenter le froid et sévère Washington, l'illustre champion de la liberté américaine, aux jours de sa jeunesse, vaincu par l'amour, et soupirant ses élégies sous les bosquets de Mount Vernon. C'est encore Irwing qui nous fait ces confidences, heureux de nous montrer que, sous le masque sévère et la réserve étudiée du héros, se cachait un naturel accessible à tous les sentiments humains.

*<br>* *

George, devenu le favori de M. William Fairfax, était souvent l'hôte de Belvoir; c'est là qu'il rencontra lord Thomas Fairfax, dont William était le régisseur. Comme ce gentilhomme fut un des premiers amis de Washington et jusqu'à un certain point l'auteur de sa haute fortune, son histoire et son caractère méritent d'être retracés.

Agé d'une soixantaine d'années, lord Fairfax était un homme maigre et d'une stature élevée (6 pieds). Des yeux gris brillants éclairaient son visage crûment osseux, encadré de favoris roux. Malgré ces apparences peu avantageuses, il avait fait bonne figure à Londres au temps de sa jeunesse. Élève distingué de l'université d'Oxford, il avait d'abord servi dans un régiment de cavalerie appelé les *Bleus*, puis collaboré au *Spectator* d'Addison.

Placé par sa naissance, sa fortune et son esprit au premier rang de la société anglaise, il s'éprit d'une jeune et

---

[1]. Ah, woe is me, that I should love and conceal; Long have I wished and never dare reveal.

très-noble lady, dont il rechercha la main. Sa demande fut agréée ; mais, le jour même des noces, la corbeille de mariage étant dressée, les laquais poudrés suivant l'étiquette, les équipages prêts et reluisants, et les chevaux piaffant d'impatience, il advint que la demoiselle rompit son engagement et jeta au vent sa promesse : à l'amour de lord Fairfax elle avait préféré la couronne ducale d'un petit prince allemand.

Cette blessure et cet affront changèrent le caractère et la conduite de Fairfax : il s'abandonna aux amours faciles, jusqu'à l'heure où, pris de lassitude et de dégoût, il vint demander de plus saines émotions aux solitudes du nouveau monde.

Vers 1739, il fit un voyage en Virginie, pour y visiter ses propriétés, héritage de sa mère Catherine, sœur de lord Calpepper, qui les tenait lui-même de la libéralité de Charles II. La première concession comprenait tout l'espace situé entre le Rappahannock et le Potomac.

Lord Fairfax, ayant découvert que le Potomac prenait sa source dans les Alleghanys, retourna en Angleterre, afin d'obtenir que sa concession fût rectifiée d'après l'étendue réelle du Potomac. La métropole ne demandait qu'à étendre le champ de la colonisation ; le gouvernement britannique s'empressa d'accéder à cette réclamation.

Le noble lord, séduit par la beauté du climat, les paysages grandioses et les mœurs patriarcales de la contrée, résolut de passer le reste de ses jours au milieu de cette sauvage et admirable nature. Il habita d'abord Belvoir pendant plusieurs années.

La famille Fairfax ne fut pas longtemps sans apprécier les mérites de Washington, qui, à seize ans, avec sa taille athlétique, avait déjà presque l'air d'un homme, grâce à l'habitude contractée de bonne heure de se fortifier et de s'instruire lui-même, aux règles de conduite qu'il s'était tracées, à la gravité de ses mœurs et à la décision de son caractère. Sa franchise et sa modestie rendaient son regard très-sympathique, et il avait encore, pour plaire, je ne sais quelle mélancolie qui venait du cœur et s'épanouissait autour de lui.

Un jour, George William Fairfax, fils du propriétaire de Belvoir, ayant terminé en Angleterre son éducation, vint retrouver son père en Virginie. Il avait épousé, âgé de vingt-deux ans, la fille du coloney Carrey, et amenait avec lui sa femme et sa belle-sœur.

Les charmes de miss Carrey laissèrent George indifférent, mais réveillèrent dans son cœur le souvenir de ses premières amours; il s'en exprime en ces termes dans une lettre adressée à un confident qu'il appelle son cher ami Robin : « J'ai en ce moment ma résidence chez Sa Sei-
« gneurie, et je pourrais, si mon cœur était libre, y passer
« le temps le plus agréablement du monde, car une jeune
« et très-agréable lady vit sous le même toit (miss Carrey).
« Mais cela ne sert qu'à entretenir le feu qui me dévore;
« je la vois souvent, je ne puis éviter sa compagnie, et ce
« contact journalier ne fait que rallumer ma passion pour
« la beauté de la Plaine [1]. Si je vivais plus loin des jeunes
« femmes, mon chagrin pourrait dans une certaine mesure
« en être allégé, et j'arriverais peut-être à ensevelir dans
« le tombeau de l'oubli la chaste passion qui me fatigue. »

Il fait les mêmes aveux à un autre de ses jeunes correspondants, « son cher ami John; » il a même une confidente, « la chère Sally, » à laquelle il raconte que la compagnie « de la jeune et charmante belle-sœur de George Fairfax » est pour lui une grande cause de chagrin et de découragement [2].

---

1. The lowand beauty.
2. On n'a jamais connu positivement l'objet de cette passion. La

Lord Fairfax se chargea de la guérison. Il tenait chevaux et chiens dans le style anglais. Pour oublier son inconstante duchesse et s'en venger peut-être, il faisait avec passion la guerre aux fauves et surtout aux renards. Il emmena dans ses chasses son jeune malade, qu'il fut tout étonné de trouver aussi solide en selle que lui-même, aussi ardent sur la piste des chiens. Le remède fut sans doute souverain, car les Mémoires de Washington ne contiennent plus ni élégies, ni plaintes amoureuses.

*°*

La bienveillance de lord Fairfax pour Washington eut un autre résultat plus important. Les propriétés du lord au delà de Blue-Ridge n'avaient jamais été régulièrement reconnues ni mesurées. Des aventuriers de toutes sortes s'étaient installés le long des bords des plus belles rivières, au milieu des vallées fertiles, et en avaient pris possession. L'opulent propriétaire désirait que ces terres fussent classées et divisées en lots, avant de chasser ces intrus ou de les amener à traiter à des conditions raisonnables.

Il ne fut point effrayé de la jeunesse de George, déjà habile dans l'arpentage; il lui proposa cette entreprise, qui fut immédiatement acceptée.

La tâche était rude : le jeune géomètre avait à parcourir la vallée de la Shenandoah, large de 25 milles : le *Blue-Ridge* limite cette vallée d'un côté; le *North Mountain*, mamelon des Alleghanys, de l'autre côté; au milieu coule la Shenandoah.

tradition prétend que la beauté de la Plaine s'appelait miss Grimes, du Westmoreland; elle devint plus tard mistress Lee, la mère du général Henry Lee, le favori de Washington, qui joua un si grand rôle dans l'histoire de la révolution.

Pendant l'expédition, George déploya autant de patience que de talent; les privations et les fatigues se multipliaient sur son chemin : nuits en plein air devant un feu d'arbres abattus ou sous des huttes grossières, froids rigoureux, rivières enflées par la fonte des neiges, absence de routes frayées, marécages et précipices, rien ne rebuta son courage.

Voici quelques-unes des notes contenues dans le journal de ce voyage que Washington fit à seize ans (au mois de mars 1748).

« Du 14 mars. — Nous avons descendu la rivière pendant l'espace de 16 milles, afin de lever quelques plans du côté de Cate's Manh et Long Marsh. Le pays nous a semblé constamment riche, extrêmement abondant en grains, chanvre et tabac.

« Du 15. — J'ai travaillé jusqu'à la nuit et m'en suis retourné ensuite. Après souper nous avons passé dans une chambre. Pour moi, qui ne suis pas si bon habitant des bois que les autres, je me suis déshabillé tout à fait et me suis mis dans ce qu'ils appellent un lit; mais, à ma grande surprise, j'ai trouvé que ce n'était qu'une étroite paillasse fort dure, sans draps, ni rien autre chose qu'une couverture qui montrait la corde, avec son double poids de vermine; j'ai été trop heureux de me relever, de remettre mes habits et d'aller reposer auprès de nos compagnons. Si nous n'avions pas été aussi fatigués, je suis certain que nous n'aurions pas beaucoup dormi cette nuit-là. Je me suis promis de ne plus chercher à dormir désormais, préférant bivouaquer près d'un feu.

. . . . . . . . . . . . . . . . . . . . . . . .

« Du 23. — Il a plu jusqu'à deux heures environ, et le temps s'était éclairci, lorsque nous fûmes agréablement surpris à la vue de plus de trente Indiens revenant de la guerre avec une seule chevelure. Nous avions un peu de liqueur, nous leur en donnâmes une partie. Cette boisson, excitant leurs esprits, les mit en humeur de danser. Ils nous donnèrent alors le spectacle d'une danse guerrière. Après avoir tracé un large cercle, ils allumèrent au milieu un grand feu, autour duquel ils s'assirent ; leur chef prononça alors un long discours pour leur indiquer la manière dont ils devaient danser. Lorsque la harangue fut finie, le meilleur danseur se mit à sauter comme un homme éveillé en sursaut, à courir et à bondir autour du cercle de la façon la plus comique ; les autres le suivirent ; ils commencèrent alors leur musique : elle se composait d'un vase à moitié plein d'eau avec un chalumeau percé attaché au-dessus, et d'une courge dans laquelle on avait mis des balles de plomb pour faire du bruit, avec une queue de cheval pour ornement. L'un des Indiens se mit à crier de toute sa force, et un autre à battre la caisse, pendant que le reste dansait.

. . . . . . . . . . . . . . . . . . . . . . . . . . . . .

« Du 2 avril. — Nuit de vent et de pluie. La paille sur laquelle nous étions couchés a pris feu ; mais j'ai été heureusement préservé de toute atteinte par les soins d'un de nos hommes qui se trouvait éveillé lorsque l'événement est arrivé.

« Du 4. — Ce matin, M. Fairfax nous a quittés pour une exploration. Nous avons arpenté deux lots de terrain, et avons été accompagnés d'une grande quantité d'hommes, de femmes et d'enfants qui nous ont suivis à travers les bois, en nous laissant voir leurs anciens usages. Ils semblent aussi étrangers à la civilisation que les Indiens. Ils sont hors d'état de parler anglais, mais, si vous leur adressez la parole en cette langue, ils vous répondent en hollandais.

« Du 12. — M. Fairfax est de retour en bonne santé ; moi je suis rentré chez mon frère, à Mount Vernon, et ici se termine mon journal. »

C'est dans ce premier voyage qu'on découvrit les sources chaudes de Berkeley, qui devint une station de bains fort à la mode en Virginie.

Le carnet de Washington constate qu'il reçut pour ses services un doublon par jour du travail actif, et quelquefois six pistoles [1].

La manière dont il s'était acquitté de cette entreprise difficile, et ses rapports sur le pays dont il venait de lever les plans, satisfirent grandement lord Fairfax, qui peu de temps après traversa le Blue-Ridge et s'établit à un endroit qu'il avait choisi pour être ce qu'il appelait « ses quartiers. » Il y traça un domaine contenant dix mille arpents de terres labourables et de pâturages, de vastes prairies, de belles forêts, et projeta d'y bâtir un grand château; cette vaste propriété reçut le nom de Greenway-Court.

※

L'influence de lord Fairfax valut probablement à Washington sa nomination de géomètre public. Ce titre donnait de l'autorité à ses plans, les faisait consulter comme officiels, et ils ont été reconnus d'une telle exactitude qu'aujourd'hui encore on y ajoute foi entière.

Il continua pendant trois ans ces travaux, qui furent d'une utilité extrême, en raison de la vaste étendue de territoire à arpenter et du nombre très-restreint de géomètres publics. Ce fut pour lui l'occasion d'étudier le pays, la nature du sol en différents endroits, et la valeur des localités; connaissances qui lui servirent plus tard dans ses acquisitions : un grand nombre des plus beaux endroits de la vallée de la Shenandoah sont encore possédés par des membres de la famille de Washington.

---

1. La pistole = 3 dollars 60 cent. Le doublon est le double de cette somme.

Tandis qu'il s'occupait ainsi pendant des mois entiers à lever les plans des territoires au delà du Blue-Ridge, il habitait souvent à Greenway-Court.

Le château projeté par lord Fairfax ne fut jamais commencé. Sur un vert monticule ombragé par les arbres se trouvait une longue construction en pierres, haute d'un étage, avec fenêtres dormantes, deux clochetons en bois, des cheminées peuplées de martinets et d'hirondelles, un toit descendant fort bas, à l'ancienne mode de Virginie, et dont les bords saillants formaient une vaste verandah sur toute la longueur de la façade : c'était probablement la maison occupée à l'origine par l'intendant, mais elle était alors consacrée à l'hospitalité. Quant à Sa Seigneurie, une de ses nombreuses excentricités fut de ne jamais coucher dans le bâtiment principal, mais de loger à part, dans un pavillon en bois qui n'avait guère plus de douze pieds carrés. Une petite construction lui servait de bureau ; c'était là qu'on payait les redevances, qu'on dressait les actes et qu'il traitait avec les fermiers.

Un peu plus loin s'élevaient les habitations de ses nombreux serviteurs, blancs et noirs, les écuries pour chevaux de selle et de chasse, et les chenils pour ses chiens ; car lord Fairfax avait conservé son vif penchant pour la chasse, et les alentours étaient remplis de gibier. Des Indiens, des métis, des chasseurs vêtus de peaux, rôdaient aux environs et prenaient part à l'abondance de la cuisine. La table seigneuriale était largement approvisionnée, mais simple et servie à la mode anglaise.

Washington, tout en partageant les plaisirs et les distractions de lord Fairfax, continuait à s'instruire dans le commerce de ce gentilhomme d'un esprit cultivé et d'une conversation pleine d'attrait. C'est ainsi qu'il passa trois ou quatre ans, le plus souvent au delà du Blue-Ridge, mais parfois avec son frère Lawrence à Mount Vernon.

Les rudes et pénibles expéditions dans les montagnes, au milieu d'hommes grossiers, le rompaient aux fatigues et l'habituaient aux expédients de la vie dans le désert, en même temps que ses relations avec son frère et avec les divers membres de la famille Fairfax avaient pour heureux effet d'adoucir son esprit et ses manières et de réagir contre les habitudes de négligence et le laisser-aller de la solitude.

# CHAPITRE III

### HISTOIRE DE LA NOUVELLE-FRANCE. (1504-1751.)

De l'autre côté des Alleghanys, à la limite des terres que venait de faire arpenter lord Fairfax, la France avait planté son drapeau et revendiquait toute la partie du continent qu'arrosent l'Ohio et le Mississipi, à l'ouest des treize colonies anglo-saxonnes établies le long de l'Atlantique, du cap Fear, dans la Nouvelle-Angleterre, à la rivière Saint-John, en Floride.

Que le lecteur nous permette de rappeler en quelques pages l'histoire instructive et trop oubliée de la Nouvelle-France. C'est la préface indispensable à toute étude sur la vie, le caractère et l'œuvre de Washington; et d'autre part, s'il n'y a plus de France dans le nouveau monde, il reste encore un million de citoyens que plus d'un siècle de séparation n'a pas complétement détachés de l'ancienne patrie et qui gardent au fond de leur cœur un vif sentiment d'affection pour le nom français et pour la nationalité de leurs ancêtres [1].

---

1. Des Canadiens vivants ont encore vu des vieillards qui attendaient notre retour et disaient : « Quand viendront nos gens? » Aujourd'hui

⁂

Après les découvertes de Christophe Colomb, l'intérêt de la France ne permettait pas que les autres nations se partageassent seules le nouveau monde. François I<sup>er</sup> chargea Jacques Cartier de faire un voyage d'exploration.

Rien de plus extraordinaire que les résultats rapides obtenus par les premiers voyageurs français, et de plus instructif que les dates de nos premiers établissements, de l'embouchure du Saint-Laurent à celle du Mississipi :

En 1504 le grand banc de Terre-Neuve était familier à nos marins bretons et normands; deux années plus tard (1506) Jean Denis, de Honfleur, dressait une carte de l'île.

En 1508, un pilote de Dieppe amène en France deux sauvages du Canada.

En 1518 le baron de Lery et de Saint-Just débarque du bétail à l'île de Sable.

Arrive alors Jacques Cartier (1534), qui découvre la plus grande partie du Canada et en prend possession au nom du roi de France.

Ce ne fut qu'en 1585, sous le règne d'Élisabeth, que Walter Raleigh fit en Virginie un premier et infructueux essai de colonisation anglo-saxonne.

En 1604 Samuel Champlain, du Brouage en Saintonge, part de Dieppe, arrive au Canada, noue des relations avec les sauvages, fonde la ville de Québec et revendique la sou-

---

la pensée de redevenir Français n'est plus dans aucun esprit; mais il reste toujours un certain attachement de souvenir et d'imagination pour la France.

Ampère. *Promenade en Amérique.* Paris, chez Michel Lévy, 1855.

veraineté des pays qu'il avait découverts : le lac qui porte son nom, au-dessous du Saint-Laurent, les lacs Ontario et Nipissing, au nord du lac Huron et de la rivière des Ottaouais.

A la même époque le sire de Monts bâtissait Port-Royal en Acadie.

Les pèlerins, fondateurs de la Nouvelle-Angleterre, ne débarqueront au cap Cod que le 11 décembre 1620.

A une époque où rien ne faisait présager la future grandeur des colonies anglo-saxonnes, une nouvelle France était née dans l'Amérique septentrionale, et l'Angleterre avait reconnu nos droits par le traité de Saint-Germain-en-Laye, du 29 mars 1632.

En 1641, Tadoussac, Québec [1] et Montréal [2] forment déjà trois centres de populations admirablement choisis, qui se trouvaient échelonnés à des distances à peu près égales, le long du Saint-Laurent, depuis son embouchure jusqu'aux chutes du Niagara.

On songe alors à explorer l'intérieur des terres.

De Tadoussac, Desprès Couture parvient par le Saguenay jusqu'à la baie d'Hudson; fait d'une importance commerciale énorme par la situation de l'embouchure du Saguenay sur le Saint-Laurent.

En face, sur la rive droite, le P. Druillettes fait le trajet de ce fleuve à l'Atlantique, en remontant la rivière Chaudière et en descendant le Kennebec.

Ces deux voyages sont de 1663. La France était donc maîtresse, en droit, de l'embouchure du Saint-Laurent et de ses rives jusqu'à la baie d'Hudson.

Pour défendre la tête du Saint-Laurent on élève le fort

---

1. *Hochelaga.*
2. *Stadacone.*

Frontenac, en 1671 [1]; et la même année M. de Saint-Luçon réunit au Sault-Sainte-Marie, pour leur faire accepter la suzeraineté de la France, les chefs d'une multitude de tribus occupant les contrées situées depuis les rives des lacs Supérieurs et Huron jusqu'au fond de la baie d'Hudson : de là on regardait la terre des Sioux et la vallée du Mississipi.

Nos hardis pionniers auraient pu inscrire sur leur drapeau la première partie de la devise américaine de ce temps : *Go ahead !* (« En avant! ») Quant à la seconde : *Make money* (« Fais de l'argent! »), ils ne s'en souciaient guère. A l'habitant de ces contrées inconnues, à ces sauvages Peaux-Rouges, le prêtre se présentait comme l'ambassadeur de Dieu ; le soldat, comme l'envoyé du roi. Ainsi partirent, sur les indications de quelques Indiens du Saint-Laurent, à la recherche d'un grand fleuve dont les eaux devaient se jeter dans l'océan Pacifique, Joliet et le P. Marquette, sans subvention, sans ressources, sans autre appui que leur foi et leur courage.

Du lac Michigan nos voyageurs remontent la rivière du Renard, traversent l'étroit portant qui la sépare du Wisconsin, s'embarquent sur cette rivière et entrent au bout de huit jours dans le Mississipi, à 60 lieues (240 kil.) environ de leur point de départ. Continuant leur route sur le grand fleuve, ils dépassent l'embouchure du Missouri et vont jusqu'à l'Arkansas. Là s'arrête leur exploration.

Robert Cavalier de la Salle compléta la découverte en descendant le Mississipi jusqu'au golfe du Mexique : il donna à la contrée le nom de Louisiane, en l'honneur de Louis XIV.

De Terre-Neuve et de Québec au golfe du Mexique, sur

---

1. Kingston.

le versant occidental des Alleghanys, quel immense empire! La France pouvait revendiquer contre toute puissance européenne, en vertu des découvertes de ses hardis explorateurs, le droit de souveraineté sur un territoire de plus de trois millions de kilomètres carrés, environ un septième de la superficie totale de l'Amérique septentrionale, territoire embrassant dans ses deux grands fleuves la plus belle et la plus large portion du nouveau monde.

*\*\**

En résumé, au commencement du XVIIIe siècle, il y avait de l'autre côté de l'Atlantique une Nouvelle-France qui comprenait la baie d'Hudson, le Canada, l'Acadie, une grande partie du Vermont et de la Nouvelle-York, et toute la vallée du Mississipi et de ses affluents depuis le sud des grands lacs jusqu'au golfe du Mexique[1]. Les colonies anglo-saxonnes, la Virginie, la Nouvelle-York et la Nouvelle-Angleterre, qui, à la fin du siècle précédent, avaient pris un rapide essor, étaient forcément condamnées à rester sur le versant oriental des Alleghanys, bornées au nord par le lac Champlain et la rivière Kennebec, au sud par les Espagnols de la Floride.

Une lutte était inévitable : deux génies différents se trouvaient en présence, deux races dont les métropolitains étaient toujours en guerre sur le vieux continent.

Les chiffres suivants nous diront plus haut que tous les raisonnements à qui devait rester la victoire, quand une lutte sérieuse s'engagerait entre les colonies anglaises des bords de l'Atlantique et les pionniers du Saint-Laurent, des grands lacs et du Mississipi.

Québec a été fondé en 1534, et Boston en 1620. En 1672

---

[1]. Ces positions, admirablement choisies, étaient reliées par une série de forts.

nous n'avons au Canada que 3,418 habitants, dont 1,344 en état de porter les armes ; en 1690 la population s'élève à 15,000 âmes.

Les colonies anglaises venues près d'un siècle après nous comptent déjà 200,000 habitants.

Les avertissements ne manquaient pas; voici en effet, d'après ce qu'écrivait Pontchartrain en 1714, quelles étaient dans le nouveau monde les forces de la France :

« Le Canada n'a actuellement que 4484 habitants en état de porter les armes, depuis l'âge de quatorze ans jusqu'à soixante, et les vingt-huit compagnies de troupes de la marine que le roi y entretient ne font en tout que 628 soldats. Ce peu de monde est répandu dans une étendue de cent lieues.

« Les colonies anglaises ont 60,000 hommes en état de porter les armes, et on ne peut douter qu'à la première rupture elles ne fassent un grand effort pour s'emparer du Canada, si l'on fait réflexion qu'à l'art. XXII des instructions données par la ville de Londres à ses députés au prochain parlement, il est dit qu'ils demanderont aux ministres du gouvernement précédent pourquoi ils ont laissé à la France le Canada et le cap Breton. »

La France avait pourtant deux éléments sérieux de succès dans le Nouveau-Monde : sa position stratégique et l'esprit guerrier de ses habitants, la plupart descendants d'officiers et de soldats qui sortaient des plus beaux régiments de France. Le Canadien, laboureur, chasseur et soldat, eût peut-être triomphé, s'il eût été seulement la moitié aussi nombreux que les marchands anglo-saxons, ses adversaires. Mais le Français n'émigre pas facilement, et il ne vint pas 3,000 véritables colons au Canada pendant toute la durée de la domination française [1].

[1]. Sous la domination anglaise, de 1764 à 1869, la population du Bas-Canada s'est élevée de 65,000 âmes à plus de 1,200,000.

Les tentatives de colonisation faites en Floride sous la direction de l'amiral Coligny avaient échoué. Après la mort d'Henri IV, l'influence italienne donna la prépondérance aux établissements qui avaient un caractère religieux ou féodal. On créa des seigneuries, des couvents; on bâtit des forts. Un homme actif, Poutrincourt, réclamait la concession de l'Acadie; — on l'accorda à un jésuite. « Et pourtant, disait M. Carbat, s'il fallait donner quelque chose, c'était à Poutrincourt et non au jésuite, qui ne peut subsister sans lui. Je veux dire qu'il fallait premièrement aider à établir la république sans laquelle l'Église ne peut exister, d'autant que, comme disait un ancien évêque, l'Église est dans la république, et non la république dans l'Église. »

Cela s'écrivait en 1610 ; mais le gouvernement français ne tint aucun compte de cette judicieuse observation. Après la révocation de l'édit de Nantes, les réformés, qui cherchaient, comme les puritains, une terre où ils pussent adorer Dieu en liberté, demandèrent au grand roi l'autorisation d'aller peupler la Nouvelle-France. Louis XIV refusa; il envoya 200 soldats et quelques religieux au gouvernement de Québec, qui demandait des colons, des pères de famille, — et 500,000 huguenots allèrent porter à l'étranger, en Angleterre, en Suisse, en Hollande, leur fortune, leur travail et leur industrie.

Nous connaissons les forces respectives des deux groupes de colonies : voyons quelles étaient les causes de leurs discussions et de leurs conflits. Trois questions étaient continuellement en litige :

1º Sur la baie de Fundy, les frontières de l'Acadie et de la Nouvelle-Angleterre.

2º La suzeraineté sur les tribus des Indiens des Six-Nations, et la propriété des territoires situés au sud du lac Ontario.

3º L'occupation de la riche vallée de l'Ohio.

Chaque fois que la mère-patrie est en guerre avec l'Angleterre, les Français du Canada entament des hostilités avec les colonies anglaises, et souvent, secondés par des Indiens leurs alliés, accomplissent dans la Nouvelle-York et la Nouvelle-Angleterre des incursions dévastatrices. Les Anglais usent de représailles, et c'est ainsi que l'histoire coloniale enregistrera les massacres des Français de la Chine par les Iroquois et des Anglais de Boston par les Abénaquis.

Des guerres célèbres ont précédé dans le Nouveau-Monde cette grande lutte de sept ans à la fin de laquelle le nom de la Nouvelle-France disparut tout à fait de l'Amérique septentrionale.

La guerre du roi Guillaume (1685-1698), qui se termine par le traité de Ryswick, donne à l'Angleterre toute la baie d'Hudson. La France gardait la moitié occidentale de Terre-Neuve, toute la côte maritime depuis le nord de la baie d'Hudson jusqu'à la Nouvelle-Angleterre avec les îles adjacentes, la vallée du Saint-Laurent, y compris les grands lacs, et la vallée à peine connue du Mississipi.

Puis vient la guerre de la succession d'Espagne (1698-1715). La Nouvelle-France n'a qu'une population de 18,000 âmes à opposer aux 262,000 habitants des colonies anglaises. Le Massachusetts, l'Acadie et Terre-Neuve furent les principaux théâtres des hostilités. Par le traité d'Utrecht Louis XIV renonça aux droits qu'il pouvait avoir sur le pays des Iroquois, et céda à l'Angleterre, outre la baie d'Hudson, l'île de Terre-Neuve, l'Acadie avec la ville de Port-Royal, c'est-à-dire tous les pays situés sur le littoral de l'Atlantique où la France ne possède plus que l'embouchure du Saint-Laurent et celle du Mississipi, avec droit réservé de faire sécher le poisson sur une partie de l'île de Terre-Neuve.

En 1744, la guerre de la succession d'Autriche éclatait en Europe, et aussitôt la guerre du roi George commençait en Amérique. A ce moment la population des colonies anglaises s'est élevée à 937,000 habitants, dont 181,000 nègres; le Canada et tous les autres centres de population ne donnent pas ensemble 60,000 Français. L'événement marquant fut la prise de Louisburg, la principale place forte de la France en Amérique, emportée, le 28 juin 1745, par les troupes de la Nouvelle-Angleterre commandées par William Pepperell, riche commerçant du Maine. « Cet exploit, dit M. Bigelow, excita en Angle-
« terre et dans les colonies un immense enthousiasme, et
« donna aux Américains une idée de leur force militaire
« qui eut une grande influence sur l'avenir. La guerre se
« termina par le traité d'Aix-la-Chapelle (18 octobre 1748),
« mais, à la grande mortification des colons, Louisburg
« fut restitué à la France![1] »

---

1. *John Bigelow*. Les États-Unis d'Amérique en 1863. Hachette et Cie.

# CHAPITRE IV

LA VALLÉE DE L'OHIO. — LES DIPLOMATES DU DÉSERT.

Le traité d'Aix-la-Chapelle avait renvoyé à une commission spéciale la détermination des lignes-frontières entre les Anglais et les Français; mais aucune transaction n'était possible; car il ne s'agissait pas de quelques lieues de pays seulement : d'immenses territoires étaient revendiqués par les deux nations qui rivalisaient d'ardeur pour se devancer mutuellement par une prise de possession effective du sol. Aussi tout l'art des commissaires consistait-il, de part et d'autre, à empiler notes sur mémoires pour s'en faire comme un rempart contre la solution des difficultés soumises à leur haute compétence.

La vallée de l'Ohio et de ses affluents, qui s'étend au-dessous des grands lacs, à l'ouest des Alleghanys, est une des contrées du monde que la nature a le mieux dotées : climat salubre, sol fertile, chasses et pêcheries abondantes; tous les produits se rencontrent dans ce pays, où les lacs et les rivières semblent des chemins préparés pour un vaste commerce international.

On n'y trouvait pas alors d'établissements européens, mais seulement quelques tribus mélangées d'Iroquois, de

Delawares, de Shawnees et de Mingoes, débris des races indigènes, qui avaient émigré à l'époque de l'arrivée des Français au Canada et s'étaient établis dans ces parages. Ces pauvres tribus prétendaient avec quelque raison que la vallée de l'Ohio était leur bien ; elles ne reconnaissaient pas plus le droit que l'Angleterre prétendait tenir d'une cession à elle faite jadis par les Iroquois que le droit qu'aurait pu donner à la France le voyage du P. Marquette et de son compagnon Joliet. « Les Français, disaient des sachems à M. Gist, réclament tout le pays d'un côté de l'Ohio, et les Anglais celui qui est situé de l'autre côté : où se trouvent donc les terres des Indiens ? » Il fallait compter avec ces Indiens. La capitale de leur confédération s'appelait Logstown ; elle était située un peu plus bas que la ville actuelle de Pittsburg et servait de résidence à leur sachem, chef seneca très-influent, qu'on appelait le Demi-Roi. Le gouverneur du Canada leur avait dans l'origine offert son protectorat, qu'ils avaient d'abord accepté. Mais depuis quelques années l'influence française avait été sapée par les trafiquants de la Pensylvanie.

Des hommes grossiers, sans foi ni loi, et devenus à moitié sauvages, toujours prompts à chercher querelle et quelquefois implacables dans leurs haines, étaient généralement employés par quelque négociant plus civilisé qui partait à leur tête avec un long convoi de bêtes de somme, cheminant à travers les montagnes et les forêts vers les rives de l'Ohio. Il établissait son quartier général dans quelque centre indien, et de là dépêchait ses courtiers dans les camps de chasse, les wigwams, où ils échangeaient des couvertures de laine, des habits aux couleurs éclatantes, de la poudre, du plomb et du rhum, contre de précieuses fourrures.

Un commerce très-lucratif, organisé avec les Indiens de l'ouest, grandissait chaque jour et commençait à être monopolisé par les Pensylvaniens. Le désir d'y participer vint aux planteurs les plus intelligents et les plus hardis de la Virginie et du Maryland, parmi lesquels nous rencontrons Lawrence et Augustin Washington. Pour défendre leurs intérêts coloniaux auprès de la métropole, ils s'associent avec un riche marchand de Londres, fondent une société qu'ils appellent la Compagnie de l'Ohio, et obtiennent du gouvernement britannique une concession de 500,000 acres de terre à prendre à l'ouest des Alleghanys, dans le pays même que les commissaires institués par le traité d'Aix-la-Chapelle étaient chargés de partager. Ces diplomates s'étaient en tous points conformés aux intentions de leurs gouvernements : ils n'avaient rien fait.

La compagnie de l'Ohio se mit immédiatement à l'œuvre, sous la présidence de Thomas Lee, qui mourut peu de temps après, laissant sa place à Lawrence Washington.

Le premier soin des administrateurs fut d'importer d'Angleterre les marchandises qui convenaient le mieux au commerce indien et les objets qui pouvaient être le plus agréables aux grands chefs des tribus dont on recherchait l'amitié, l'alliance ou tout au moins la neutralité. Puis on offrit de fortes sommes d'argent aux vétérans de la chasse et de la guerre, nés dans le pays, qui voudraient servir de guide aux pionniers de la colonisation saxonne sur le chemin de l'Ohio.

Mais, avant que la Compagnie eût reçu sa charte et ses marchandises, préparé son matériel, enrôlé ses colons, les Français étaient déjà en campagne.

C'est ici que se montre la différence du génie des deux races qui se disputaient l'empire du Nouveau-Monde.

Les Anglais respectent en apparence le titre indien; la compagnie de l'Ohio dissimule ses desseins, et ne se présente aux indigènes que sous la forme de trafiquants qui leur offrent à bon compte des parures voyantes pour capter leur vanité d'enfants, et beaucoup de rhum pour satisfaire leur ivrognerie.

La France, elle, affirme hautement ses droits de souveraineté : pour soutenir ses prétentions, une troupe armée envahit le territoire en litige.

\*
\* \*

Au commencement de 1749, le marquis de la Galissonnière, gouverneur du Canada, avait envoyé Céleron de Bienville, un intelligent officier, avec 300 hommes sur les rives de l'Ohio, pour, disait-il, ramener la paix entre les tribus qui s'étaient brouillées pendant la dernière guerre et faire reconnaître les droits de la France. M. de Bienville accompagna ses paroles des présents obligés et rappela aux Indiens leur ancienne amitié, en les engageant fortement à ne plus entretenir avec les Anglais aucune relation de commerce. Ayant rencontré quelques marchands de Pensylvanie dans les tribus, il leur enjoignit de quitter immédiatement le pays, et les chargea pour leur gouverneur d'une lettre dans laquelle il lui faisait part de son arrivée dans la vallée de l'Ohio et de sa surprise d'y rencontrer des trafiquants anglais. Il ajoutait que tous ceux qui seraient pris à l'avenir seraient rigoureusement traités.

Peut-être aurait-il réussi à faire reconnaître l'autorité de la France par les Indiens de la contrée, mais il eut le malheur d'accrocher aux arbres et de planter en terre, aux confluents de l'Ohio et de ses tributaires, des plaques de plomb portant des inscriptions d'après lesquelles tous les pays situés sur les deux rives des cours d'eau, depuis leur source jusqu'à leur embouchure, appartenaient à la couronne de France. On considérait, à cette époque, comme un axiome du droit des gens que la découverte d'une rivière donnait à son auteur la propriété de tout le pays arrosé par ses affluents.

Les Indiens murmurèrent; ils ne pouvaient pas lire les inscriptions, mais leur instinct ne les trompait point; ils devinaient la portée d'un pareil acte.

« Ces plaques de plomb, dirent-ils, indiquent que les Français veulent nous voler notre pays. » Ils demandèrent la protection du gouverneur de Pensylvanie, et lui firent dire qu'ils n'écouteraient ni les menaces ni les promesses de la France; « que leur amitié pour les Anglais « durerait tant que le soleil et la lune tourneraient au« tour de la terre. »

Le gouverneur Hamilton connaissait le prix de l'alliance indienne en pareille occurrence; d'accord avec le Conseil, il dépêcha près des tribus de l'ouest un homme qui avait conquis sur elles une très-grande influence, George Crogham, un vétéran du trafic indien, rusé, sagace, très-populaire parmi les indigènes, auxquels il savait distribuer d'une main prodigue des présents qui ne lui coûtaient guère et lui rapportaient beaucoup.

Le but de sa mission était de convoquer à Logstown toutes les tribus de l'Ohio pour le printemps de 1750.

De son côté, la compagnie de l'Ohio expédiait un agent, M. Gist, hardi pionnier et très-expérimenté dans les ruses de la vie indienne, pour étudier et choisir les terres concédées par la Couronne.

Toutes les tribus traversées par les deux envoyés de la Pensylvanie et de la Virginie promirent de se trouver au rendez-vous donné à Logstown. Un jour que Gist et Crogham étaient réunis à Picqua, principale ville des Miamis, au milieu d'un conseil de sachems auquel ils assistaient, échangeant les plus chaudes protestations d'amitié, et les plus sincères promesses d'alliance, deux Peaux-Rouges de la rivière des Ottaouais se présentèrent à l'assemblée, au nom du gouverneur du Canada, afin de renouveler avec les Miamis l'ancien traité d'alliance. Les couleurs de la France furent dressées à côté de celles de l'Angleterre; on fit entrer les ambassadeurs avec tout le cérémonial ordinaire des Indiens, et on les invita à exposer l'objet de leur mission.

« Votre père, le roi de France, dirent-ils, se souvient
« de ses enfants de l'Ohio et vous envoie ces présents
« (du tabac et de l'eau-de-vie). Il vous a frayé un chemin
« pour venir le visiter, lui et ses officiers, et vous presse
« d'arriver, vous donnant l'assurance que toutes les que-
« relles passées sont oubliées. »

Le chef des Miamis, Piankesha, répondit sur le même ton : « Il est vrai que notre père a mainte fois envoyé
« près de nous et qu'il a dit que le chemin était frayé,
« mais je ne crois pas qu'il soit net; il est fangeux et
« sanglant : les Français l'ont fait tel. Nous avons tracé
« un chemin sûr pour nos frères les Anglais; les Français
« l'ont rendu dangereux et ont fait nos frères prisonniers.
« Nous considérons cela comme fait à nous-mêmes. »

Ayant ainsi parlé, il tourna le dos et sortit de la salle du conseil; les présents furent rendus, le drapeau de la France abattu, et les ambassadeurs se retirèrent en larmes, prédisant aux Miamis de terribles vengeances et leur ruine prochaine.

L'assemblée de Logstown, préparée par MM. Gist et Crogham, eut lieu à la date indiquée. Il était très-important pour les Français d'empêcher le traité qui devait s'y conclure; le capitaine Joncaire fut chargé de le tenter.

Joncaire, fait prisonnier tout jeune par les Iroquois, avait été élevé dans une de leurs tribus et s'était familiarisé de bonne heure avec leur langue et leurs habitudes. Ce fut l'origine de sa fortune. En retournant à la vie civilisée, il devint un instrument précieux entre les mains du gouvernement canadien pour gagner, ménager, entretenir de bonnes relations avec les Peaux-Rouges. On le vit tantôt ambassadeur près des Iroquois, tantôt médiateur entre les tribus en guerre, souvent chef d'une de leurs bandes, quand ils se battaient pour la France. En 1728 il avait suivi aux rives de l'Ohio les émigrés du Canada, les Delawares et les Shawnees, et leur avait fait reconnaître la suzeraineté de la France et accepter son protectorat. Quand le Canada voulut établir un poste militaire qui dominât le pays des Iroquois, c'est lui qui vint d'abord élever un modeste wigwam et bâtir au milieu de ses frères. Que pouvait-on lui dire ? n'était-il pas un enfant de leurs tribus ? Peu à peu le wigwam devint un poste de commerce important, puis le fort Niagara. Les années s'étaient écoulées, et il avait vieilli dans la politique indienne, dont il connaissait tous les secrets.

Joncaire fit son apparition à Logstown, accompagné d'un autre Français et de quarante Iroquois. Il trouva les tribus de l'ouest assemblées : tout était fêtes et réjouissances ; on brûlait de la poudre ; Crogham avait fait de larges distributions de présents, au nom du gouverneur de la Pensylvanie.

Le capitaine passait pour avoir tout l'esprit d'un Français et l'éloquence d'un Iroquois ; avant de prendre la parole, il étendit, pour appuyer ses arguments, un cordon de *wampum*[1] d'une longueur extraordinaire. Mais cette fois ses présents furent rejetés, son éloquence n'eut aucun

---

1. Le *wampum* consistait en perles allongées, blanches et rouges, faites avec l'intérieur de certaines coquilles. Aucun discours fait au représentant d'une autre nation n'avait de valeur que par le don d'un rang ou d'une ceinture de wampum

succès, et sa mission se termina par la lettre suivante, qu'il adressa au gouverneur de Pensylvanie :

« Le marquis de la Jonquière, gouverneur de la Nou-
« velle-France, m'ayant ordonné de veiller à ce que les
« Anglais ne fassent aucun traité dans la vallée de l'Ohio,
« j'ai signifié à tous les trafiquants qui relèvent de votre
« gouvernement d'avoir à se retirer. Vous n'ignorez pas
« que tous ces pays appartiennent au roi de France, et
« que l'Angleterre n'a aucun droit d'y venir faire le com-
« merce. »

## CHAPITRE V

PREMIÈRES ARMES DE WASHINGTON. — L'AFFAIRE DE JUMONVILLE. — BATAILLE DES GRANDES-PRAIRIES.

Pendant ces négociations, le Canada se préparait activement aux éventualités d'une guerre qui n'attendait qu'une occasion pour éclater. Un vaisseau de dimensions extraordinaires avait été lancé sur le lac Ontario ; on fortifiait le comptoir du Niagara et les postes avancés ; on construisait de nouvelles redoutes sur l'Ohio supérieur afin d'assurer les communications avec la Louisiane et relier entre elles de si vastes possessions. En Virginie, l'esprit belliqueux se manifestait ouvertement devant les préparatifs de la France ; le pays avait été divisé militairement en districts ; les colons étaient prêts au premier signal à suivre leurs chefs et à chasser les prétendus usurpateurs. Il était évident que, si l'on poussait plus avant les revendications de part et d'autre, le conflit ne pouvait être vidé que par les armes.

A ce moment George Washington n'avait que dix-neuf ans. Son frère Lawrence obtint néanmoins pour lui le commandement d'un des districts militaires de la Virginie : le jeune géomètre est devenu le major Washington.

Ces nouvelles fonctions, dit M. Cornélis de Witt, « étaient conformes à ses goûts, et il s'y consacra avec « ardeur. Il rechercha les officiers qui avaient fait la « guerre, lut les principaux ouvrages sur l'art militaire, « et communiqua son activité aux officiers qui servaient « sous ses ordres. »

L'éducation militaire du jeune major fut moins complète que ne l'indiquent les lignes précédentes, et il est assez curieux de connaître quels furent les premiers maîtres, en l'art de la guerre, de celui qu'on appela plus tard le Fabius Cunctator de l'Amérique.

La Virginie possédait dans sa population flottante quelques débris de la guerre d'Espagne, notamment un certain adjudant Muse, volontaire du Westmoreland, qui s'était trouvé sous Lawrence au siége de Carthagène, et un vieux soldat de fortune, Hollandais de naissance, retraité pour services rendus dans l'armée britannique, Jacob van Braam, alors professeur d'escrime en vogue parmi la jeunesse virginienne. Celui-ci apprit à George à manier l'épée ; le premier lui enseigna l'école du soldat, en y joignant quelques notions sur la marche et les évolutions des troupes en campagne. Pour compléter les leçons de ces deux vétérans, Washington trouva quelques livres de stratégie et de tactique dans la bibliothèque de Mount Vernon.

La mort de Lawrence vint l'arracher pour un temps à ses études militaires et à ses devoirs publics ; mais les nouvelles de la frontière devenaient de plus en plus menaçantes pour les colonies anglaises : après avoir réglé es affaires de la succession de son frère, dont il était l'exécuteur testamentaire, le jeune adjudant général vint reprendre son poste et se mettre à la disposition du gouverneur de la Virginie.

⁂

Le meeting des tribus de l'Ohio, Delawares, Shawnees et Mingoes, qui s'était tenu à Logstown, avait eu un plein succès. Les deux commissaires de la Virginie avaient conclu avec les Indiens un traité par lequel ces derniers s'engageaient à ne pas inquiéter les pionniers anglais qui viendraient s'établir sur l'Ohio. Un jour Tanacharisson, le Demi-Roi, fut averti que ses frères de Virginie allaient bâtir une maison solide à la fourche de la Monongahela, pour les défendre contre les Français. Ce projet, loin d'exciter, comme les plaques de plomb de Céleron de Bienville, les inquiétudes des indigènes, ne fit que leur donner un nouveau courage contre les Français, et Tanacharisson se rendit, en qualité d'envoyé de plusieurs tribus, au quartier général du commandant français, où il lui adressa un discours dont voici à peu près la substance :

« Pères, nous avons allumé, il y a longtemps, un feu à
« un endroit appelé Montréal : c'est là que vous deviez
« rester, et non venir usurper notre pays. Je désire main-
« tenant que vous retourniez promptement à cet endroit;
« car sachez bien, pères, que ce pays-ci est à nous et non
« pas à vous, et ne nous obligez pas de prendre la verge
« pour sévir contre les perturbateurs.

« Si vous étiez venus d'une manière pacifique, comme
« nos frères les Anglais, nous aurions consenti à faire
« du commerce avec vous; mais venir vous emparer de
« force de nos terres, y bâtir des maisons, c'est à quoi
« nous ne pouvons nous soumettre.

« Pères, les Anglais sont blancs et vous aussi : nous
« vivons dans un pays intermédiaire; c'est pourquoi le
« pays ne vous appartient ni aux uns ni aux autres. Le

« Grand Être, là-haut, l'a destiné à devenir pour nous
« un lieu de résidence. Ainsi, pères, je demande que vous
« vous retiriez, comme l'ont fait nos frères les Anglais,
« car je vous tiendrai à la longueur de mon bras. Nos
« frères les Anglais nous ont entendus, et je viens vous
« parler comme à eux, car je ne crains pas d'entrepren-
« dre de vous chasser de ce pays. »

Après avoir ainsi parlé, il déposa aux pieds du gouverneur un cordon de *wampum*.

Ce langage était fier et patriotique; le commandant français fit cette réponse dédaigneuse, hautaine et très-peu politique :

« Mes enfants, vous parlez follement. Vous dites que
« ce pays vous appartient : il n'y a pas un noir de mon
« ongle à vous. Ceci est mon pays, je le veux; que celui
« qui l'ose se lève contre moi. Je n'ai pas plus peur des
« Indiens que des moustiques. Je vous déclare que je
« veux descendre l'Ohio et bâtir sur ses rives; ma puis-
« sance est capable de détruire tous les obstacles, car j'ai
« des soldats qui seront plus nombreux que le sable des
« bords de la mer : en conséquence voici votre wam-
« pum, je le rejette. »

Qu'avait fait le gouvernement français? Il avait en quelque sorte apposé les scellés sur les arbres et les pierres de la contrée, croyant que les Indiens respecteraient des plaques de plomb consacrées par un prétendu droit international. Pendant ce temps-là les Anglais s'établissaient amiablement à Shurtlee Creek, à l'est de l'Ohio, et à Will's Creek, sur la rivière Cumberland.

La France s'était contentée des apparences de droit, l'Angleterre avait préféré la réalité du fait. Ne parlons pas des Indiens : quel que soit le vainqueur, c'est l'extermination qui les attend, après avoir servi d'instruments à l'ambition des deux puissances.

⁂

Si l'influence anglaise avait triomphé au meeting de Logstown, la diplomatie française avait eu pourtant quelques succès dans certaines tribus.

La puissante confédération des Six Nations avait refusé d'envoyer des délégués à Logstown. « Ce n'est pas notre « habitude, avaient répondu les Iroquois, de nous ren- « contrer pour traiter de grandes affaires dans les bois et « les herbages. Si le gouverneur de la Virginie a besoin « de s'entretenir avec nous et qu'il veuille nous remettre « un présent, nous nous rendrons à Albany, où nous « espérons que le gouverneur de New-York se trouvera. »

Les tribus des Miamis montraient des signes de désaffection, d'autres menaçaient d'hostilités.

En même temps les troupes de la Louisiane remontaient le Mississipi, laissant de distance en distance des postes militaires depuis l'embouchure de ce fleuve jusqu'au Canada.

Sur les plaintes de la compagnie de l'Ohio, le gouverneur de la Virginie, l'honorable Robert Dinviddie, qui se trouvait être en même temps un des plus forts actionnaires de cette puissante société, dépêcha le capitaine William Trent au commandant de l'Ohio pour se plaindre des agressions commises sur le territoire de Sa Majesté Britannique. Ce messager était en même temps porteur de présents destinés aux Indiens.

Trent n'avait ni le courage ni la ruse nécessaires pour remplir une mission sur la frontière. Il s'arrêta à Logstown, puis à Piqua, la grande ville des Twighties, où nous avons vu Gist et Crogham si bien accueillis par les Miamis. Tout était retourné. La place avait été attaquée par les Français et des Indiens de tribus hostiles;

les Miamis avaient été battus avec de grandes pertes, les marchands anglais faits prisonniers ; le chef Piankesha, qui naguère tournait si fièrement le dos aux ambassadeurs ottaouais, avait été abandonné par ses infidèles sujets, et le drapeau français flottait triomphant sur les ruines de la ville indienne. L'aspect général des affaires semblait si menaçant pour les Virginiens de la frontière, que Trent, perdant courage, à plus de 150 milles du quartier général français, revint en toute hâte auprès du gouverneur sans avoir remis son message.

\*\*\*

Le gouverneur Dinviddie jeta alors les yeux sur George Washington, dont la commission d'adjudant général venait d'être renouvelée, avec charge d'inspecter la division du Nord. Bien que Washington n'eût que vingt-deux ans, il connaissait parfaitement le litige et joignait à une grande expérience du désert beaucoup de courage, de prudence et d'habileté, qualités indispensables pour négocier avec les Français et les Indiens.

Il partit de Williamsburg le 30 octobre 1753. Avant d'arriver au but de son voyage, il avait environ cinq cent soixante milles à parcourir à travers un pays de montagnes escarpées et presque entièrement désert. Ses instructions lui ordonnaient de se rendre sans retard sur l'Ohio, de convoquer quelques chefs indiens à Logstown, de leur faire connaître l'objet de sa visite, et, après s'être assuré du lieu où stationnaient les Français, de requérir une escorte. A son arrivée au fort principal des Français, il devait présenter ses pouvoirs, ainsi qu'une lettre du gouverneur de la Virginie, au commandant, et demander une réponse, au nom de Sa Majesté britannique. Il devait, de plus, s'informer activement et avec prudence de la force du corps français qui avait traversé les lacs, des renforts attendus du Canada, du nombre des forts élevés et de leur situation, des garnisons, de leur état et de leur distance réciproque; en un mot, il était chargé de se procurer tous les renseignements possibles sur la position et les projets *des usurpateurs.*

Après avoir traversé les villes de Frédéricksburg, d'Alexandrie et de Winchester, accompagné de Jacob van Braam, son ancien maître d'armes, engagé comme interprète français, et de John Davidson, interprète indien, il arriva à Will's Creek, où il trouva M. Gist, depuis longtemps accoutumé aux forêts et qui consentit à servir de guide. Avec les serviteurs, la caravane se composait de huit personnes.

Après bien des difficultés, Washington atteignit la Fourche de l'Ohio, où la Monongahela et l'Alleghany se réunissent pour former cette rivière. Le major examina ce lieu avec attention; il signala les avantages qu'il offrait comme poste militaire, tant pour la défense que pour servir de dépôt de munitions, en cas d'hostilités dans ces parages; ce fut sur son avis qu'on y commença bientôt une forteresse qui devint plus tard le fort Duquesne, et enfin Pittsburg, place célèbre dans les guerres qui suivront.

A Logstown, après avoir attendu quelque temps l'escorte qui lui avait été promise, comme les affaires étaient urgentes, Washington partit accompagné seulement de quatre Indiens, le Demi-Roi Tanacharisson, un vieux chef nommé Jiaskakake, le Tonnerre-Blanc et le Chasseur, par la route de Venango, où ils arrivèrent le 4 décembre. C'était une ancienne ville indienne, située à la bouche de Forck-Creek, sur l'Ohio, à soixante milles de Logstown vers le nord.

A. JOUAULT.

Ici nous laisserons parler *le Journal du major Washington.*

« Nous trouvâmes les couleurs de la France arborées sur la maison d'où ils ont chassé M. John Frazier, sujet anglais; je m'y rendis sur-le-champ, pour m'informer de la résidence du commandant; j'y trouvai trois officiers. L'un d'eux, le capitaine Joncaire, m'apprit qu'il avait le commandement de l'Ohio; mais qu'il y avait au fort le plus proche un officier général, auquel il me conseillait de m'adresser pour une réponse. Il nous invita à souper avec eux, et nous traita avec la plus grande politesse.

« Le vin qu'ils se servaient à eux-mêmes abondamment bannit bientôt la réserve qu'ils avaient montrée d'abord, et leur donna un abandon qui les porta à s'exprimer avec plus de liberté.

« Ils me dirent qu'ils avaient le ferme projet de se rendre maîtres de l'Ohio, et que, par tous les diables, ils en viendraient à bout; que tout en sachant bien que les Anglais pouvaient lever deux hommes contre eux un, ils savaient aussi que leurs mouvements étaient trop lents et trop réfléchis pour qu'ils pussent l'emporter sur eux. Ils prétendent avoir un droit incontestable sur la rivière depuis la découverte d'un nommé La Salle, qui date de soixante ans; le motif de l'expédition est d'empêcher que nous formions des établissements sur le bord du fleuve, ayant entendu dire que quelques familles étaient en marche avec le projet de s'y établir.

« *5 décembre.* — Une pluie abondante, qui a duré tout le jour, nous a empêchés de nous mettre en route. Le capitaine Joncaire a envoyé chercher le Demi-Roi, dès qu'il a su qu'il était avec moi. Il a affecté d'être fâché que je ne l'eusse pas amené auparavant; je me suis excusé aussi bien que possible, en lui disant que je n'avais pas pensé que sa compagnie lui fût agréable, l'ayant entendu parler lui-même avec beaucoup de dédain des Indiens en général; mais un autre motif m'avait empêché de le conduire chez lui : je savais que le capitaine est un interprète, qu'il possède une grande influence sur les Indiens et qu'il a depuis peu employé tous les moyens possibles pour les attirer dans son parti; aussi aurais-je désiré éviter cette rencontre si la chose avait été possible.

« Lorsqu'ils entrèrent, il se montra très-joyeux de les voir; il s'étonna qu'ils fussent venus si près de lui sans le visiter, leur fit présent de plusieurs bagatelles, et leur donna à boire si copieusement, qu'ils furent bientôt hors d'état de s'occuper de l'affaire pour laquelle ils étaient venus, en dépit de toutes mes recommandations. »

« 6. — Le Demi-Roi, ayant recouvré sa raison, vint dans ma tente, et insista beaucoup pour me faire rester et écouter ce qu'il avait à dire aux Français. J'aurais voulu qu'il gardât le silence jusqu'au moment où il verrait le commandant, mais je ne pus l'obtenir. Il me dit qu'un feu du conseil avait été allumé à cet endroit, que toutes leurs affaires avec le peuple s'y étaient traitées, et que M. Joncaire s'occupait seul de ce qui concernait les Indiens. Comme je désirais savoir l'issue de la conférence, je consentis à rester.....

« Vers les dix heures, ils se réunirent en conseil; le Demi-Roi répéta à peu près les mêmes choses qu'il avait dites précédemment au quartier général et offrit au Français de reprendre le ceinturon de paix (le *wampum*). M. Joncaire refusa de le recevoir, et désira qu'il fût porté au commandant du fort. »

De Venango, la petite ambassade se rendit à Waterford, par un chemin marécageux et sillonné de cours d'eau que les neiges et les pluies avaient grossi de manière à en rendre la navigation périlleuse.

Le 12, on était arrivé au terme du voyage : « Je me disposai de bonne heure, dit Washington, à me rendre chez le commandant ; l'officier qui commande en second me reçut et m'introduisit près de lui. Je lui fis part de ma missive, et lui présentai mon message et la lettre ; il désira que je les gardasse tous deux jusqu'à l'arrivée de M. Reparti, capitaine placé au fort voisin, qu'on avait envoyé chercher et qu'on attendait à chaque moment.

« Ce commandant est un chevalier de l'ordre militaire de Saint-Louis, nommé Legardeur de Saint-Pierre. C'est un gentleman qui n'est plus jeune et qui a une belle tournure militaire.

« A deux heures, la personne qu'on attendait arriva ; j'offris de nouveau la lettre ; ils la reçurent et passèrent dans une autre pièce, pour que le capitaine, qui entendait un peu l'anglais, la traduisît. Lorsqu'il eut fini, le commandant me pria d'entrer avec mon interprète, pour lire la traduction et la corriger ; ce que je fis.

« Les principaux officiers se retirèrent pour tenir un Conseil de guerre, *ce qui me permit de prendre les dimensions du fort et de faire quelques observations.*

« Le 14, je n'avais encore aucune réponse. Comme je m'aperçus qu'on cherchait à traîner l'affaire des Indiens et à les empêcher de revenir avec moi, je fis tous mes efforts pour déjouer ces menées, et je les pressai de terminer au plus vite. Ils demandèrent une audience pour ce soir, qui leur fut accordée à la fin, et ils furent reçus seuls par le commandant et un ou deux officiers. Le Demi-Roi me dit avoir offert le wampum au commandant, qui évita de le prendre, et lui fit de nombreuses protestations d'affection, lui disant qu'il avait besoin de vivre en paix et de commercer amiablement avec eux, et qu'il allait leur envoyer sur-le-champ quelques présents à Logstown, en preuve de ses bonnes intentions. Mais je crois qu'il se propose plutôt d'enlever tous les colporteurs qu'il trouvera sur la route : car j'ai appris en secret qu'il devait emmener un officier. Cette opinion me semblerait assez confirmée par la réponse du commandant, à qui je demandais de quelle autorité il avait fait prisonnier plusieurs Anglais. Il me dit que le pays leur appartenait; qu'aucun Anglais n'avait le droit de commercer sur ces lieux; et qu'il avait l'ordre de faire prisonnier tout individu qui entreprendrait un trafic sur l'Ohio ou sur ses différentes branches. »

Le soir même de cette conversation, Washington recevait du commandant une réponse à la lettre du gouverneur, et le 16 au matin, après avoir déjoué les tentatives faites pour gagner le Demi-Roi et ses Indiens, il s'embarquait avec eux sur la Creek, emportant un plan du fort qui fut envoyé au gouvernement britannique, et les renseignements les plus précis sur les intentions de la France, ses forces et ses ressources sur les grands lacs, l'Ohio et le Mississipi.

*<br>* *

La guerre devenait imminente. Au Canada, la milice était organisée et exercée; on augmentait les fortifications de Beauséjour; on acheminait 2,000 hommes sur l'Ohio, et l'on transformait en forts trois magasins d'entrepôt; on mettait des vaisseaux sur les chantiers des lacs Érié et Ontario pour le service des transports, et le gouvernement de la Louisiane, informé de tout ce qui se passait, recevait l'ordre d'engager les Indiens de son gouvernement à joindre leurs forces à celles qui étaient sur l'Ohio.

Les Anglais ne déployaient pas moins d'activité. Grâce

au zèle du gouverneur Dinviddie, la Chambre, après quelque résistance, vota un subside de dix mille livres sterling pour l'encouragement et la protection des planteurs sur les bords du Mississipi ; deux cent mille acres de terre sur l'Ohio furent promis aux soldats qui s'engageraient pour la défense de la colonie. Le capitaine Trent partit à la tête d'un détachement qui devait construire un fort à la fourche de l'Ohio.

Les indigènes, sollicités par les deux partis, hésitaient, surpris, troublés de voir arriver de chaque point de l'horizon des soldats, de l'artillerie, des munitions de toute espèce, au milieu de leurs forêts dont le silence n'avait encore été troublé que par le bruit de leurs chasses ou de leurs guerres intestines.

M. de Contrecœur avait remplacé M. Legardeur de Saint-Pierre. Sans tenir compte de l'ordre de se retirer, que le gouverneur de la Virginie avait notifié à son prédécesseur, il avança avec cinq ou six cents hommes jusqu'à la fourche de l'Ohio et somma de se rendre les soldats du détachement qui travaillait à la construction du fort indiqué par Washington. Le capitaine et le lieutenant étaient absents ; l'enseigne Ward capitula et reprit avec ses hommes le chemin de la Virginie.

Les Français agrandirent et complétèrent les ouvrages commencés ; ils donnèrent à la place le nom de fort Duquesne, en l'honneur du gouverneur du Canada.

Tel fut le premier acte d'hostilité ouverte d'une guerre qui devait ruiner à jamais l'influence latine dans l'Amérique septentrionale.

*\**
*\* \**

Le major Washington était passé lieutenant-colonel. Il reçoit l'ordre au mois d'avril de partir en avant-garde, avec trois compagnies, environ 300 hommes, afin d'ouvrir la route à une armée coloniale que mettaient sur pied la Virginie, le Maryland et la Pensylvanie. Ses instructions étaient ainsi conçues : « Rester sur la défensive, mais « prendre ou tuer tous ceux qui prétendraient s'opposer « de vive force aux travaux des Anglais ou s'attaquer à « leurs établissements. »

A cette nouvelle, M. de Contrecœur chargea M. de Jumonville d'aller à la rencontre de Washington, de lui déclarer qu'il entrait sur le territoire français et de le sommer de se retirer.

Le 27 mai 1754, Washington était retranché aux Grandes-Prairies, où il avait préparé, comme il le dit lui-même, « un charmant champ de bataille. » Le Demi-Roi et M. Gist viennent lui apprendre que des Français sont campés dans son voisinage. Par une nuit obscure et pluvieuse, avec quarante hommes seulement qui suivaient à la file un étroit sentier, Washington se dirige vers le campement du chef indien qui lui avait le premier signalé l'approche de l'ennemi ; après délibération, il fut résolu qu'on attaquerait les envahisseurs. Deux Indiens, suivant la trace des Français, découvrirent leur campement caché dans des rochers. De concert avec les chefs Mingoes, Washington prit ses mesures pour les surprendre, et le lendemain matin il les attaquait au point du jour, sans chercher à leur faire part d'abord de sa mission. Voyant les Anglais s'approcher, les Français coururent aux armes. « Feu ! » commanda Washington, et, donnant l'exemple, il tira lui-même sur l'ennemi... Une action d'un quart d'heure s'ensuivit, à la suite de laquelle dix Français étaient tués et parmi eux Jumonville ; vingt et un furent faits prisonniers.

Cet engagement fut, au XVIIIe siècle, qualifié d'assassinat. Qu'on nous permette de ne point discuter à nouveau un procès oublié depuis le jour où Rochambeau mit l'épée de la France au service de Washington. Nous nous contenterons de résumer les deux versions

D'après la dépêche adressée par M. de Contrecœur le 2 juin 1754, le feu aurait été interrompu sur l'observation des Français « qui demandaient à dire quelque chose », et de Jumonville tué pendant qu'on lisait les sommations dont celui-ci était porteur.

Washington affirme, de son côté, qu'il marchait à la tête de sa colonne, et qu'aussitôt que les Français le virent, ils coururent à leurs armes sans demander à parlementer, ce à quoi il aurait consenti, s'ils l'avaient fait.

Il est probable qu'il y a du vrai dans les deux versions; mais l'attaque fut si précipitée qu'on ne put rien démêler. On a peine à s'expliquer cependant pourquoi, avec des forces si supérieures, Washington montre une telle précipitation à surprendre et attaquer une poignée d'hommes à moitié endormis et qu'il pouvait faire prisonniers, quand ses instructions lui enjoignaient de rester sur la défensive.

Écoutons en quels termes le jeune colonel expose au gouverneur de la Virginie les détails de cette déplorable affaire :

« Lorsque nous fûmes arrivés à l'endroit où se trouvaient les traces du passage des Français, le Demi-Roi se fit suivre par deux Indiens, afin de découvrir la place où ils étaient campés ; ils les trouvèrent à environ un mille de la route, dans un lieu très-sombre et entouré de rochers. Là-dessus, je pris mes dispositions de concert avec le Demi-Roi pour attaquer de tous les côtés à la fois. Dans un engagement d'environ quinze minutes, nous en tuâmes dix, en blessâmes un, et fîmes vingt et un prisonniers. Au nombre des morts sont M. de Jumonville, le commandant.

« Ces officiers prétendent qu'ils venaient en ambassade; mais l'absurdité de ce prétexte est trop manifeste, comme vous le verrez par les instructions et le message ci-dessus. Leurs instructions étaient de reconnaître le pays, les routes, les criques, etc., jusqu'au Potomac ; ce qu'ils étaient en train de faire. Ces hommes déterminés avaient été choisis à dessein, pour prendre des informations qu'ils devaient transmettre par dépêches, en même temps que l'indication du jour où ils remettraient le message ; ce qui ne pouvait être dans d'autres vues que d'attendre un renfort pour tomber sur nous à l'improviste. Ces raisons, jointes à quelques autres, ont porté nos officiers à croire qu'ils étaient envoyés comme espions plutôt que dans tout autre but. En conséquence, ils m'ont engagé à les retenir comme prisonniers, bien que ceux-ci s'attendissent ou du moins feignissent de s'attendre à être traités comme ambassadeurs.

« Lorsqu'ils ont connu le lieu de notre campement, loin de venir nous trouver ouvertement, ils ont cherché une retraite des plus cachées, et beaucoup plus convenable pour des déserteurs que pour des ambassadeurs; ils y sont restés deux ou trois jours, envoyant, pendant ce temps, des espions pour reconnaître notre camp, comme on nous l'a dit, quoiqu'ils affirment le contraire. Leur corps d'armée se tenait à environ deux milles en arrière, pendant qu'ils envoyaient deux coureurs, pour informer Contrecœur de nos forces et du lieu où nous étions campés. Trente-six hommes ! il y a là de quoi compléter le cortége d'un ambassadeur de prince, tandis qu'il s'agissait d'un petit gouverneur. Pourquoi, si leurs projets étaient francs, sont-ils restés si longtemps à cinq milles de nous, sans s'acquitter de leur message ou sans m'en donner avis ? Ils ne pouvaient attendre ainsi que dans le seul but d'appuyer par la force leur message aussitôt qu'il serait remis. Ils n'avaient pas besoin d'envoyer des espions, puisque le caractère d'ambassadeur est sacré chez toutes les nations; mais c'est par les traces de ces espions qu'ils ont été découverts et que nous avons eu connaissance de leurs projets. »

Dans une autre dépêche au gouverneur Dinviddie, Washington, revenant sur le même sujet, s'exprimait en ces termes :

« Depuis ma dernière lettre, j'ai acquis de fortes présomptions, je dirai même la certitude que ces gens-là étaient envoyés comme espions, et avec ordre de rester dans notre voisinage jusqu'à ce qu'ils fussent bien informés de nos projets, de notre situation et de nos forces. »

« .... J'ai pensé qu'il était convenable d'instruire Votre Honneur de ce qui précède, car je m'imagine qu'ils auront l'audace de réclamer les priviléges dus aux ambassadeurs, lorsque, en bonne justice, ils devraient être pendus comme des espions de la pire espèce, attendu qu'ils exécutaient les ordres secrets de leur chef, sous le couvert d'un caractère qui devrait être sacré pour toutes les nations, et dont on ne devrait jamais se jouer ni se servir d'une manière équivoque. »

Tout ce que dit Washington peut être vrai; mais, en s'exprimant d'une façon si sévère sur la conduite de Jumonville et de ses compagnons, il s'est exposé à voir ses propres jugements se retourner contre lui-même. Car enfin quelle conduite avait-il tenue chez M. Legardeur de Saint-Pierre ? N'avait-il pas profité de sa mission et de son rôle d'ambassadeur pour recueillir les renseignements les plus précis sur la situation militaire des Français, e lever même le plan du fort dans lequel il recevait la plu courtoise hospitalité ?

Au reste, la mort de Jumonville n'amena

guerre, car c'était chose déjà résolue, mais elle la précipita, et Washington va payer, le lendemain, par une cruelle défaite, la mort de son premier adversaire.

Le colonel avait continué son chemin; mais, toujours prudent et craignant des représailles, il avait fait construire un retranchement, qu'il appelait justement le fort *Necessite*, sur la Monongahela. Il attendait là de nouvelles recrues, avant d'aller reprendre la position du fort Duquesne, lorsqu'il fut lui-même attaqué par le frère de sa victime, M. de Villiers, qui commandait 600 Canadiens et 100 sauvages.

Villiers rencontra les Anglais, au nombre de 400, rangés dans la plaine pour le recevoir. A ses premiers mouvements, ils se replièrent sous leurs retranchements garnis de neuf pièces de canon, où il fallut les attaquer au grand jour et à découvert. Le feu fut extrêmement violent de part et d'autre pendant quelque temps; mais les Canadiens combattaient si vivement celui des batteries anglaises avec leur seule mousqueterie, qu'après dix heures de lutte les assiégés durent capituler pour éviter un assaut. Les vainqueurs rasèrent le fort, brisèrent les canons et se retirèrent d'un côté, tandis que les Anglais, sortant de la place, commencèrent une retraite précipitée et abandonnèrent jusqu'à leur drapeau.

\*\*\*

C'est par ces humbles exploits que le héros de la guerre de l'Indépendance commença sa carrière. La chambre des bourgeois et le gouvernement de la Virginie ne se découragèrent pas : considérant moins l'échec subi que l'effort tenté, ils adressèrent des remerciements à Washington et à ses officiers « pour leur bravoure et leur belle défense du pays. »

Pendant cette campagne, Washington avait été froissé de l'état d'infériorité dans lequel les milices coloniales se trouvaient en présence des troupes de la métropole. Le gouverneur, réduisant la solde des officiers de la milice virginienne, avait refusé de les assimiler aux officiers du même grade dans l'armée royale anglaise, et prétendait même donner à ceux-ci, en vertu de leur brevet, le pas sur tous les officiers provinciaux. Il alla même plus loin, il répartit en dix compagnies indépendantes toutes les troupes qu'il put lever, de manière que les officiers du rang le plus élevé dans le régiment de Virginie devaient être capitaines, et se trouver, de plus, au-dessous des officiers du même grade qui tenaient leur brevet du roi. Cette mesure devait avoir pour effet de réduire le colonel Washington au rang de capitaine, et de le soumettre à des officiers qu'il avait commandés. Il donna sa démission et écrivit à ce sujet deux lettres qui dénotent ce caractère fier et même un peu hautain dont il ne se rendra maître que plus tard, et dont le ton contraste singulièrement avec la modestie de celles qu'il adressa dans la suite au Congrès.

« Comme mes services, écrivit-il au gouverneur
« Dinviddie, vaudront ceux des meilleurs officiers, je me
« fais un point d'honneur de ne pas les offrir pour
« moins. »

Peu de temps après, Sharpe, gouverneur du Maryland, nommé par le roi commandant en chef des forces destinées à agir contre les Français, le presse de rentrer dans l'armée, en lui faisant entendre qu'il pourrait reprendre son ancien grade de colonel. « Cette idée,
« répond Washington, m'a causé une grande surprise ;
« car, si vous me croyez capable de conserver un brevet
« auquel ne sont attachés ni rang ni émoluments, vous
« devez avoir une bien méprisable idée de ma faiblesse,

« et me croire encore plus nul que les fonctions mêmes
« que vous m'offrez. »

Il refusa sur-le-champ l'invitation qui lui était faite, et ajouta : « J'aurai la consolation de sentir que j'ai frayé
« la route à une époque où la faiblesse de notre nombre
« nous exposait aux attaques d'un ennemi supérieur, et
« que j'ai obtenu les remercîments de mon pays pour les
« services que je lui ai rendus. »

La retraite de Washington ne devait pas être de longue durée.

# CHAPITRE VI

GUERRE DE SEPT ANS. — FIN DE L'ACADIE. — PRISE DU FORT DUQUESNE PAR WASHINGTON. — DERNIERS JOURS DE LA NOUVELLE-FRANCE. (1754-1763.)

Après l'affaire de Jumonville et la bataille des Grandes Prairies, les hostilités se poursuivirent en Amérique pendant les derniers mois qui précédèrent la déclaration de rupture entre la France et l'Angleterre. Quoiqu'elles fissent profession d'être toujours en paix, les deux nations se préparaient à la guerre et envoyaient à leurs colonies respectives les ressources en hommes et en vaisseaux dont elles pouvaient disposer.

Un mot d'abord sur la situation des forces des deux parties au commencement de la guerre de Sept Ans.

La population anglaise de l'Amérique du Nord s'élevait en 1755, suivant les calculs de Franklin, à 1 million 200,000 âmes, tandis que le Canada, le cap Breton et la Louisiane en comptaient à peine, réunis, 75 à 80,000.

La disproportion était aussi grande dans le mouvement de leurs affaires mercantiles, et conséquemment dans leurs richesses. Leurs exportations s'élevaient en 1753 à

£ 1,486,000 sterling, leurs importations à £ 983,000, tandis que celles du Canada étaient de £ 68,000 seulement ou 1,700.000 francs, et les importations de £ 208,000, dont une forte partie, qui était pour le compte du gouvernement, ne passait point par les mains des marchands du pays.

Sur le champ de bataille, les forces armées des deux nations ne présentaient pas des différences moins considérables.

Les troupes régulières du Canada, qui ne s'élevaient pas à 1,000 hommes, furent portées en 1755 à 2,800 soldats à peu près, par l'arrivée de quatre bataillons d'infanterie sous les ordres du général Dieskau. Les milices avaient été appelées, et l'on eut bientôt une armée de 7,000 hommes. Les Anglais avaient mis 15,000 hommes sur pied.

Pour contrebalancer tant de causes d'infériorité, le gouvernement eut dès le début la sage prévoyance de porter la ligne défensive loin du centre du Canada : c'était obliger l'ennemi à diviser ses forces. L'isthme étroit de l'Acadie, défendu par le fort Beauséjour, la vallée inconnue et sauvage de l'Ohio où s'élevait le fort Duquesne, la gorge montagneuse du lac George, tels furent les champs de bataille épars où la Nouvelle-France retint les nombreuses armées de l'ennemi pendant cinq ans sans pouvoir être forcée, et où elle gagna de glorieuses mais stériles victoires.

Quatre expéditions contre la France furent simultanément projetées par les commandants anglais.

La première, forte de 3,000 hommes, devait s'emparer des postes situés dans la baie de Fundy et chasser les Français de l'Acadie.

Une colonne de 2,200 hommes, conduite par le général Braddock, envoyé d'Angleterre comme commandant en chef des forces royales, était destinée à couper les communications entre le Canada et la Louisiane, en s'emparant du fort Duquesne.

Au centre sir William Johnson, avec 6,000 hommes, avait reçu l'ordre de marcher sur Crown-Point et de s'en emparer afin d'être maître des lacs George et Champlain.

Le quatrième corps, de 1,500 hommes, sous les ordres de Shirley, gouverneur du Massachusetts, devait s'emparer de Niagara et de Frontenac.

\*\*\*

L'attaque des postes français de la baie de Fundy et la conquête de l'Acadie étaient confiées au général Winslow, un Néo-Anglais. Sur 15 à 18,000 Acadiens que comptait jadis la péninsule, il n'en restait plus qu'environ 7,000 des plus riches, dont les mœurs douces ont fourni à Raynal un touchant tableau :

« Peuple simple et bon, dit-il, qui n'aimait pas le sang, l'agriculture était son occupation. Il n'y eut jamais de cause civile ou criminelle assez importante pour être portée à la cour de justice établie à Annapolis... Les différends étaient terminés à l'amiable par les Anciens... On ne connaissait pas la misère, et la bienfaisance prévenait la mendicité. On n'y vit jamais de commerce illicite entre les deux sexes. C'est que personne ne vivait dans le célibat. Dès qu'un jeune homme avait atteint l'âge convenable au mariage, on lui bâtissait une maison, on ensemençait des terres autour de sa demeure ; on y mettait les vivres dont il avait besoin. Il y recevait la compagne dont il avait fait choix et qui lui apportait en dot des troupeaux. Cette nouvelle famille croissait et prospérait à l'exemple des autres. »

La guerre de 1744 avait commencé les infortunes de

cette contrée ; celle de Sept Ans acheva sa ruine. Après la conquête, les Acadiens n'avaient point prêté serment de fidélité au vainqueur, attachés qu'ils étaient à la France. On se servit de ce prétexte pour les dépouiller.

Le 5 septembre 1756, cent dix-huit chefs de famille, convoqués par l'autorité britannique, se réunissaient dans l'église de Grand-Pré. Le général Winslow leur déclara, au nom du roi, que « leurs terres et leurs bes« tiaux de toutes sortes étaient confisqués au profit de « la couronne avec tous leurs autres effets, excepté leur « argent et leur linge, que leurs personnes allaient être « déportées hors de la province. »

Les soldats rassemblèrent les femmes et les enfants.

Au Grand-Pré seulement, 1,023 Acadiens de tout âge et des deux sexes se trouvèrent réunis. Leurs bestiaux consistaient en 1,269 bœufs, 1,557 vaches, 4,007 veaux, 3,690 moutons, 4,197 porcs et 493 chevaux.

Quelques habitants s'étaient échappés dans les bois ; on dévasta le pays pour les empêcher de subsister. Dans les mines on brûla 276 granges, 155 autres petits bâtiments, 11 moulins et une église.

Le 10 était le jour fixé pour le départ, et, par un raffinement de cruauté sans exemple, les mêmes familles furent séparées, embarquées sur différents vaisseaux et dispersées sur le rivage depuis Boston jusqu'à la Caroline, sans pain, sans autre protection que la charité des colons, qui, il faut le dire à leur honneur, reçurent avec humanité les victimes du gouvernement anglais.

Benezet, issu d'une famille française exilée lors de la révocation de l'édit de Nantes, les accueillit comme des frères à Philadelphie.

Quelques-uns de ces exilés se réfugièrent à la Louisiane, d'autres à la Guyane française, et des Français transportés à Sinnamari y trouvèrent, en 1798, une famille acadienne qui les accueillit par ces paroles hospitalières :

« Venez, dit Mme Trion à l'un d'eux. Nos parents fu-
« rent bannis comme vous ; ils nous ont appris à soulager
« le malheur. Venez ; nous éprouvons du plaisir à vous
« offrir dans nos cabanes un abri et des consolations. »

Plus tard, les Acadiens ont fondé un canton dans la Louisiane, auquel ils ont donné le nom toujours cher de leur ancienne patrie. Louis XV lui-même, touché de leur fidélité, fit proposer en vain par ses ministres à ceux de l'Angleterre de les ramener en France. M. Grenville s'empressa de répondre : « Notre acte de navigation s'y
« oppose. La France ne peut envoyer de vaisseaux dans
« nos colonies. » Quelques-uns de ces malheureux furent pourtant rapatriés, et forment aujourd'hui en France deux communes florissantes où ils ont conservé leurs mœurs paisibles, dans les vertes oasis qui parsèment les landes de Bordeaux.

⁂

Tandis que Winslow dépeuplait l'Acadie, le général Braddock faisait ses préparatifs pour rejeter les Français au delà de la vallée de l'Ohio.

C'était la plus importante des quatre expéditions dirigées contre la Nouvelle-France, et le commandant en chef des forces britanniques, à la tête d'un détachement de l'armée d'Irlande, s'était réservé l'honneur de la conduire en personne. Il s'agissait d'abord de réduire le fort Duquesne ; après quoi les vainqueurs marcheraient sur Niagara et Frontenac.

Aussi présomptueux que brave, Braddock, quand on l'avertissait du danger des embuscades indiennes, se montrait incrédule. « Les sauvages, disait-il, ne sont formidables que pour les milices inexpérimentées des colonies; ils ne peuvent produire aucune impression sur les réguliers du roi. »

Le général, parti d'Alexandrie à la tête de deux régiments, atteignit bientôt le fort Cumberland, à Will's Creek; c'est là que le colonel Washington rejoignit l'armée, en qualité d'aide de camp du général. Horatio Gates arriva également de New-York, avec deux compagnies. Les forces anglaises réunies se trouvèrent alors portées à plus de 2,000 hommes. Un détachement fut envoyé en avant pour frayer les routes, et, dès le commencement de juin 1755, le général en chef se mit à marcher avec le principal corps de troupes. Il y avait 130 milles à parcourir, et l'on n'avançait que lentement, la marche étant à chaque pas arrêtée par des collines qu'il fallait niveler ou des cours d'eau qu'on ne pouvait traverser sans y jeter des ponts.

Le 9 juillet, l'armée anglaise ne se trouvait plus qu'à sept milles du fort Duquesne, et s'avançait dans un ordre parfait le long des rives de la Monongahela. Washington déclare qu'il n'avait encore rien vu de plus imposant. Tous étaient en grande tenue; les armes étincelaient au soleil, les soldats marchaient joyeux au son d'une musique militaire qui produisait une étrange sensation dans la solitude des forêts. La route allait en montant, bordée à droite et à gauche par un ravin de dix pieds de profondeur, que dissimulaient les arbres et les broussailles L'armée suivait un sentier d'environ douze pieds de large En tête s'avançait un détachement de 350 hommes, commandé par le lieutenant colonel Gates (devenu depuis général), et un corps de pionniers fort de 250 hommes. Braddock suivait avec le gros de l'armée.

L'officier français qui commandait le fort, M. de Contrecœur, averti de l'approche des Anglais, proposa aux

Indiens d'attaquer dans sa marche l'armée envahissante. Deux fois ils refusèrent, et l'on songeait presque à battre en retraite quand un officier fit un dernier effort. « J'irai, dit-il aux chefs; laisserez-vous votre père s'avancer seul? » Les Peaux-Rouges se laissèrent entraîner, et, ce matin-là même, pendant que leurs ennemis se déployaient en grande pompe le long des rives de la Monongahela, 230 Français et 637 Indiens sortaient du fort; tous étaient pleins de confiance, et les indigènes déclaraient qu'ils allaient abattre tous les Anglais comme s'il ne s'agissait que de simples pigeons.

Les deux ravins dont nous avons parlé, après avoir couru pendant quelque temps parallèlement à la route que suivait Braddock, convergeaient insensiblement et finissaient par se confondre. C'est à ce point que les Français attendaient l'avant-garde anglaise. Ils attaquèrent immédiatement, en étendant leurs lignes le long des deux ravins. De droite et de gauche retentit un cri de guerre, les soldats de Braddock sont comme moissonnés par la main d'un ennemi invisible; leurs balles se perdaient sur les arbres et les rochers; ils tiraient au hasard, et parfois les uns sur les autres. « Bientôt, dit Washington, ils
« furent saisis d'une telle terreur, qu'ils s'enfuirent
« comme des moutons poursuivis par des chiens, au point
« qu'il fut impossible de les rallier, malgré les exhorta-
« tions de leurs intrépides officiers qui se conduisirent en
« braves : soixante-trois furent tués, l'état-major périt
« presque tout entier. »

Seuls les miliciens de Virginie conservèrent leur présence d'esprit. Familiarisés avec la tactique des Indiens, chacun choisit son arbre et se mit à combattre les sauvages à leur manière. Washington semblait présent partout. Tous les aides de camp de Braddock avaient été mis hors de combat; il restait seul à transmettre les ordres du général sur les divers points du champ de bataille. Il reçut quatre balles dans ses vêtements, et eut deux chevaux tués sous lui. « Il faut qu'il soit protégé par quelque « grand manitou », s'écria un chef indien qui avec ses guerriers avait tiré sur lui à plusieurs reprises.

Braddock avait eu cinq chevaux blessés sous lui, mais il était trop fier pour se résigner à battre en retraite devant des sauvages. Une balle lui traverse la poitrine; on le place sur un chariot. Épuisé par la perte de son sang, il fait appeler Washington et lui demande d'une voix faible : « Que faut-il faire? — Battre en retraite, répond l'aide de camp; les troupes régulières ne veulent plus se battre et nos milices sont détruites : sur trois compagnies il nous reste à peine trente hommes. » L'ordre de se replier fut donné.

Épouvantés et sourds aux commandements comme aux menaces, les *réguliers* du roi prirent honteusement la fuite, laissant les bagages et l'artillerie, et jusqu'aux papiers de leur général entre les mains de l'ennemi.

C'était maintenant à Washington qu'incombait le pénible devoir de diriger la retraite, ou plutôt de couvrir la fuite. Braddock ne survécut que quatre jours à sa défaite.

La bataille de la Monongahela est l'une des plus mémorables de l'histoire américaine; elle est presque sans exemple par les désastres qui l'accompagnèrent, par le désappointement général et la consternation qu'elle causa. Mais, si l'on chargea de cet échec complet et même honteux la mémoire du commandant en chef, la renommée et la considération de Washington s'en trouvèrent fort accrues. Ses compagnons d'armes louèrent et proclamèrent de province en province son intrépidité et sa belle conduite; la chaire elle-même retentit de ses éloges.

Dans un service pour la mémoire des soldats morts dans cette bataille, le prédicateur Samuel Davies, après avoir loué le zèle et le courage qu'avaient montrés les troupes de Virginie, ajouta : « Je puis indiquer au public, comme un exemple remarquable de ce que j'avance, cet héroïque jeune homme, le colonel Washington, qui, je l'espère, a été préservé jusqu'à présent d'une manière signalée par la Providence pour rendre quelque service important à son pays. »

Il est certain que le jeune colonel avait couru les plus grands dangers, dont il avait été sauvé, comme il le dit lui-même, *contre toute probabilité et contre tout espoir humain*.

Malgré les éloges qu'on lui prodiguait, le découragement et le dégoût ne s'étaient pas moins emparés de son âme ; il était décidé à rentrer dans la vie privée. Cependant les sollicitations des hommes les plus considérables du pays finirent par triompher de ses résistances ; le gouverneur consentit à toutes les conditions qui lui furent imposées, et Washington conserva le commandement des troupes de la Virginie de 1755 à 1758, trois années qui furent pour lui une suite de contrariétés et de tourments, mais au bout desquelles il s'emparait, sans coup férir, du fort Duquesne [1], et rendait à la Virginie son repos avec ses frontières [2].

---

1. Aujourd'hui Pittsburg.
2. Il reste encore, dans les contrées occupées autrefois par la France au sud des grands lacs, une trace assez curieuse de la domination française : l'emplacement du fort de Chartres, dans l'Illinois. Son enceinte quadrangulaire occupait à peine deux arpents. Aujourd'hui il est moins qu'une ruine, car les fermiers du voisinage ont pris toutes les pierres pour en faire les murailles pacifiques d'une bergerie ou d'une étable à bœufs. Il faut couper les arbustes et les vignes sauvages qui le recouvrent pour reconnaître l'empreinte militaire que la France a laissée sur cette place.

⁂

Sur les bords du lac Champlain les armes de la France avaient sans doute obtenu de brillants succès ; l'énergie et les talents de Montcalm, successeur de Dieskau dans le commandement en chef du Canada, nous avaient donné sur cette partie du champ de bataille une supériorité marquée. Oswego, avec ses immenses approvisionnements militaires, avait été pris en 1756, et le fort William Henri, à la tête du lac George, forcé de se rendre en 1757.

Mais l'Angleterre demandait un effort suprême, et l'opinion publique porta au ministère William Pitt, qui connaissait notre situation et redoubla d'énergie.

« Que la paix se fasse cet hiver, sans quoi le Canada
« est perdu sans ressource, écrivait, en septembre 1758,
« notre commissaire général des guerres. Outre l'extérieur,
« son intérieur est une machine mal montée, qui est tou-
« jours prête à crouler. Il n'y a plus guère à espérer.
« Malgré tous les soins et les talents de M. de Montcalm,
« je ne serais pas surpris si l'ennemi était maître de la
« colonie avant l'arrivée des premiers secours du prin-
« temps. »

Bougainville était allé dépeindre au ministre de la marine, l'incapable Berryer, l'extrémité où se trouvait réduite la Nouvelle-France.

La guerre de Sept Ans n'avait pas conservé son caractère exclusivement maritime ; le ministre anglais, grâce à son or, déchaînait de nouveau la guerre continentale. Le ministre français répondit à Bougainville : « Mon-
« sieur, quand la maison est en feu, on ne s'occupe pas
« des écuries. — On ne dira pas du moins que vous
« parlez comme un cheval, » répliqua Bougainville.

Le mot était spirituel, mais un corps de bonnes troupes eût bien mieux fait l'affaire des colonies.

Bougainville arriva, au mois de mai 1759, avec des secours insignifiants : 326 recrues, 17 bâtiments chargés de munitions et de vivres, et ce fut seulement avec environ 4,000 hommes de troupes régulières, 6,000 miliciens et quelques sauvages, que Montcalm dut faire face aux 60,000 Anglais ou Américains campés sur les frontières ou prêts à les franchir. Leur plan consistait dans une triple attaque dirigée, l'une à gauche, par le bassin du lac Erié ; l'autre au centre, par le lac Champlain et la rivière Richelieu ; la troisième, à droite, par la vallée du bas Saint-Laurent.

Les Anglo-Américains furent vaincus à Ticonderoga ; mais bientôt les Français abandonnèrent cette place et celle de Crown-Point, sans coup férir, et sir William Johnson s'empara de Niagara, après avoir battu un corps de troupe considérable envoyé au secours de la place.

Le moment décisif était venu. Les Anglo-Américains vont tenter un suprême effort sur Québec la capitale de la Nouvelle-France.

La force de la place était bien connue, et il se fit à Louisburg de formidables préparatifs d'attaque. Vingt-deux vaisseaux de ligne et pareil nombre de bâtiments plus petits, portant 8,000 hommes et une quantité considérable de vivres et de munitions, atteignirent l'île d'Orléans en face de Québec, le 26 juin 1759. C'est à cette force imposante que Montcalm avait à tenir tête dans une forteresse réputée imprenable, avec des troupes supérieures en nombre aux troupes anglaises, mais qui, pour le moral et la discipline, étaient loin de les égaler.

Après avoir opéré la reconnaissance du port, et élevé, la Pointe Lévi, vis-à-vis de la ville, une batterie qui détruisit la ville basse, mais sans pouvoir atteindre la citadelle, Wolfe, commandant des forces anglo-américaines, choisit et fortifia une position sur la rive est du Montmorency. Une chaîne continue de rochers, défendue par des batteries à ses deux extrémités, protégeait les retranchements de Montcalm. Le seul point sur lequel on pût tenter une attaque semblait être le camp français, sur l'autre rive du Montmorency. Au premier assaut, les Anglais furent repoussés avec une perte de 400 hommes.

Les mois de juillet et d'août s'écoulèrent, et il n'y avait encore rien de fait. Abandonné à lui-même, Wolfe voyait toutes ses entreprises réduites à néant par la force de la place et la vigilance de celui qui la commandait. Il savait que le peuple anglais tout entier avait les yeux fixés sur lui, et, avide de gloire militaire, il ne voulait pas que la saison se passât sans une action décisive. Il soumit à son conseil de guerre trois plans d'attaque, qui furent rejetés tous les trois. Comme dernière ressource, on songea à effectuer un débarquement au-dessus de la ville, à monter jusqu'aux plaines d'Abraham, et à forcer ainsi Montcalm à livrer bataille. En scrutant l'escarpement, on découvrit un étroit sentier qui, à en juger par le nombre des tentes plantées sur la hauteur, ne semblait pas être gardé par plus d'une centaine d'hommes. Si on parvenait à les surprendre, l'armée entière pourrait effectuer sans danger l'escalade. C'était là une entreprise désespérée, mais qui avait une chance de succès, et cela suffisait à un brave tel que Wolfe.

L'exécution du plan, soigneusement tenu secret fut décidée pour la nuit du 13 au 14 septembre. A une heure du matin, les troupes anglaises descendirent avec la marée jusqu'au lieu désigné. Elles débarquèrent en silence, et commencèrent la périlleuse escalade, en s'aidant des buissons et des arbrisseaux qui bordaient l'étroit sentier. Les Canadiens de garde au haut de l'escarpement lâchèrent pied après quelques coups de feu; il ne restait plus qu'à marcher sur Québec; — quand le jour parut, l'armée de Wolfe, dont ce premier succès doublait l'ardeur, était rangée en bataille dans les plaines d'Abraham.

Montcalm, malgré la surprise du premier moment, se hâta de marcher à la rencontre de l'ennemi, et rallia tous les détachements et avant-postes disséminés sur les hauteurs. Il n'avait que 2,070 hommes de troupes régulières; le reste de son armée se composait de Canadiens braves, mais inexpérimentés. Le général français donna le signal de l'attaque. Les Anglais soutinrent vaillamment la charge, attendant pour tirer que l'ennemi ne fût plus qu'à 36 mètres. La décharge fut meurtrière; les Canadiens indisciplinés se débandèrent et lâchèrent pied, et Montcalm, en dépit de tous ses efforts, ne put parvenir à les rallier. A ce moment critique, l'habile Wolfe ordonna une charge à la baïonnette, qui décida du gain de la bataille. Les Français furent mis en déroute sur tous les points. La victoire était gagnée; c'est à cet instant que Wolfe, déjà blessé deux fois, fut atteint par une troisième balle, qui lui traversa la poitrine. Un officier se trouvait près de lui. « Soutenez-moi, lui cria Wolfe; que mes braves camarades ne me voient pas tomber! » On le transporta un peu en arrière. Il était manifeste que sa dernière heure était venue. « Ils fuient! ils fuient! s'écria l'officier qui le soutenait. — Qui est-ce qui fuit? demanda-t-il, s'éveillant de la léthargie de la mort. — Les Français! ils lâchent pied de tous les côtés. » Le héros se ranima, et donna ses derniers ordres; puis, s'affaissant, il s'écria : « Maintenant, Dieu soit loué, je meurs heureux! »

Montcalm, qui s'était comporté tout aussi vaillamment, eut une fin non moins glorieuse. Se lançant au plus fort de la mêlée, il fit tout pour réparer le désastre; mais la fortune l'avait abandonné. Il reçut deux blessures, dont la seconde était mortelle. « Votre mort est certaine, lui dit le chirurgien ; il ne vous reste plus que dix ou douze heures à vivre. — Tant mieux, râla Montcalm : je ne verrai pas la reddition de Québec. » Il expira le lendemain matin, après avoir écrit au chef des troupes anglaises, pour le prier d'user de clémence à l'égard des prisonniers français. Un monument dressé par les Anglais [1], et sur lequel, dans une pensée généreuse, on a inscrit les noms des deux chefs, désigne le lieu où s'est livrée cette sanglante bataille (13 septembre 1759), qui fit tomber la Nouvelle-France au pouvoir de l'Angleterre : — le nord et l'ouest de l'Amérique septentrionale, ces régions inexplorées dont les limites se perdaient dans l'espace, étaient livrées à la langue anglaise et aux institutions saxonnes.

La perte fut peu sensible à la France. Cet immense empire, formant au centre du Nouveau-Monde un triangle dont la base se trouvait au nord de la baie d'Hudson et le sommet dans le golfe du Mexique, cette contrée mesurant 1,200,000 kilomètres carrés, et onze fois plus considérable que la France actuelle, voilà les « quelques arpents de neige qui, au dire de Voltaire, ne valaient ni le sang ni l'argent qu'ils coûtaient à la France. »

La reddition de Québec termina virtuellement la lutte en Amérique ; mais on continua à se battre en Europe et sur l'Océan jusqu'au traité de Paris, 1763, qui donna à la Grande-Bretagne le Canada et toutes ses dépendances, comprenant diverses stations sur les grands lacs et quel-

---

1. Sur les hauteurs de Québec s'élève un obélisque de granit sur l'une des faces duquel on lit : *Montcalm*, et sur l'autre *Wolfe*. Une inscription d'une noble simplicité se voit au-dessous de leurs noms : *Mortem virtus, communem famam historia, monumentum posteritas dedit*. — « Leur courage leur donne la mort, l'histoire une gloire commune, la postérité ce monument. »

ques petits comptoirs entre les lacs et l'Ohio et dans la vallée de cette rivière.

La guerre avait commencé pour deux ou trois chétives habitations ; les Anglais y gagnèrent tout un continent.

\*\*\*

Qui n'aurait cru que l'acquisition du Canada par l'Angleterre consoliderait la domination de celle-ci en Amérique? Il n'en fut point ainsi : de ce jour les colonies manifestèrent leur esprit d'indépendance. Elles avaient appris à agir de concert, et connaissaient le secret de leur force.

Les Anglo-Américains comptaient maintenant d'habiles officiers, parmi lesquels s'était au premier rang signalé le colonel Washington : ils pouvaient au besoin défendre leurs droits. Depuis la conquête du Canada les colonies n'avaient plus besoin de protection contre un gouvernement étranger. L'Angleterre, de son côté, n'était plus obligée de les ménager, par la crainte qu'elles ne se jetassent dans les bras de la France. Enfin la guerre du Canada avait coûté à l'Angleterre des sommes énormes, qui l'obligeaient d'établir de nouveaux impôts.

Ces causes réunies amèneront la rupture entre la métropole et les colonies, et la France, oubliant ses griefs, va s'unir à ces dernières pour la conquête de leur indépendance sous la conduite de George Washington, dont le nom n'était encore connu en Europe que par l'affaire de Jumonville et la prise du fort Duquesne.

# CHAPITRE VII

HISTOIRE INTIME D'UN GRAND CITOYEN. — MARIAGE DE WASHINGTON. — LA SOCIÉTÉ VIRGINIENNE. — CHAMBRE DES BOURGEOIS. — OPINIONS RELIGIEUSES DE WASHINGTON.

Pendant un court séjour que Washington fit à New-York, en 1756, il était logé chez un de ses intimes amis, M. Beverley Robinson, qui avait auprès de lui sa belle-sœur, miss Mary Phillips, jeune personne charmante et que distinguaient son esprit et ses talents. Cette fois « la beauté de la plaine » était bien oubliée, et le colonel s'éprit d'une nouvelle passion ; mais il partit sans oser encore se déclarer, se bornant à confier son secret à un ami éprouvé, dont les lettres le renseignaient sur tous les événements importants.

« Au bout de quelques mois, dit Sparks, il fut informé
« qu'il se présentait un rival, et qu'on ne pouvait répon-
« dre des conséquences s'il tardait à renouveler ses visites
« à New-York. On ne sait pas si le temps, le fracas d'un
« camp et le spectacle de la guerre avaient affaibli les
« sentiments, ou s'il désespéra du succès. Il ne revit cette
« jeune personne qu'après son mariage avec le rival qu'on
« lui avait annoncé, et qui était le capitaine Morris, un

« de ses anciens compagnons d'armes et un des aides de
« camp de Braddock. »

Quelque temps après, comme il allait en mission à Williamsburg, il rencontre sur son chemin un M. Chamberlayne, dont le domaine était situé dans le voisinage et qui, avec l'esprit d'hospitalité traditionnel en Virginie, le réclame comme son hôte et parvient à le retenir à dîner, non sans beaucoup de peine.

Parmi les convives du planteur se trouvait ce jour-là une jeune veuve, mistress Martha Custis, fille de John Dandridge; deux noms patriciens de la province. Son mari, John Parke Custis, était mort deux années auparavant, lui laissant trois enfants et une grande fortune. Elle était pleine d'attraits : une taille au-dessus de la moyenne, admirablement prise; les cheveux d'un beau brun foncé et de grands yeux noirs; de l'esprit, de la bonté, et ces manières franches et cordiales qui captivent chez les femmes du Sud. On ignore si Washington avait déjà eu l'occasion de la rencontrer. Il avait consenti à rester à dîner, mais rien de plus, tant le jeune colonel avait hâte de remplir sa mission; aussitôt après le repas, il devait sauter en selle et profiter de la nuit pour atteindre Williamsburg avant le réveil du gouverneur. Son fidèle serviteur Bishop, que Braddock mourant lui avait légué avec son cheval de bataille, Bishop, avait reçu les ordres les plus formels.

Le dîner, qui dans ce temps-là commençait plus tôt que maintenant, sembla beaucoup trop court. L'après-midi passa comme un rêve; le soleil disparut à l'horizon; les chevaux piaffaient à la porte et le colonel ne paraissait pas. « C'est drôle! se répétait le vieux soldat, c'est bien drôle! lui d'ordinaire si exact! » En effet, pour la première fois, Washington s'attardait sur le chemin du devoir

## PREMIÈRES ARMES DE WASHINGTON

On contremanda le départ, et, le lendemain le soleil était vers l'horizon bien bas quand l'amoureux colonel monta à cheval, donnant de l'éperon pour Williamsburg. Heureusement la Maison Blanche, résidence de Mme Custis, était située dans le comté de New-Kent, à une petite distance de la cité, de sorte qu'il fut facile à Washington de renouveler ses visites. Il n'eut pas beaucoup de temps pour se déclarer et se faire agréer.

Ses fonctions le rappelaient à Winchester; mais il ne voulut pas, comme il lui était arrivé avec miss Philipps, de New-York, qu'un rival plus entreprenant vînt le supplanter dans le cœur de la séduisante veuve, qui ne manquait pas de prétendants. Avant de se séparer, Washington et mistress Custis se jurèrent foi l'un à l'autre; ils avaient arrêté que le mariage aurait lieu immédiatement après la prise du fort Duquesne.

Le 6 janvier 1759, ayant résigné sa commission de colonel, Washington épousait sa fiancée.

« C'était le beau temps du luxe et des fêtes virginien-
« nes, raconte M. Custis. Grandes furent les réjouis-
« sances, grand le concours de tout ce qu'il y avait de
« bon, de considérable et de riche dans la colonie, pour
« venir saluer, dans le héros virginien, l'heureux et bril-
« lant fiancé. Et bien souvent l'auteur de ces lignes
« a entendu raconter tout ceci par les domestiques à
« cheveux gris qui avaient servi au repas de noces. —
« Ainsi, mon vieil ami, vous vous souvenez bien du
« temps où le colonel Washington venait faire la cour
« à votre jeune maîtresse, disait-il à l'un d'eux, âgé de
« cent ans. — Je crois bien, maître! quels beaux jours!
« quels beaux jours! — Et Washington? il avait bon air?
« — Ah! monsieur, je n'ai jamais rien vu de pareil;
« grand, droit, et, quand il était à cheval, il vous montait
« une bête d'une façon! Allez, mon bon monsieur, ce

« n'était pas à comparer avec les autres. Au mariage il
« y avait bien de grands personnages en dentelle d'or,
« mais il les surpassait tous. »

Le mariage avait été célébré dans la résidence de la fiancée, à White House (*Maison Blanche*), habitation du bon vieux style hospitalier de la Virginie. Trois mois plus tard, Washington conduisait sa femme à Mount Vernon, qu'il avait fait embellir pour la circonstance, décidé à consacrer le reste de ses jours aux travaux de l'agriculture, sans autre ambition que de remplir ses devoirs de père de famille et de citoyen, et de soutenir le rôle d'un grand planteur virginien.

« Je suis maintenant, écrit-il, fixé à cette place avec
« une agréable partner pour la vie, et j'espère trouver
« plus de bonheur dans ma retraite que je n'en ai jamais
« rencontré dans ce monde vaste et tumultueux. »

La maison était magnifiquement située sur une hauteur ballonnée, couronnée de bois, avec une vue superbe au delà et sur le bas du Potomac. Le gazon qui l'entourait était dessiné dans le goût anglais ; des pelouses verdoyaient autour de l'habitation. Le domaine était divisé en fermes séparées, destinées à des cultures différentes, à chacune desquelles était attaché un personnel de travailleurs.

La plus grande partie était couverte de bois sauvages ; çà et là, des crevasses profondes et des torrents, avec des passages et des repaires de bêtes fauves, des cachettes de renards. La région boisée le long du Potomac de Mount Vernon à Belvoir et bien au delà, avec sa chaîne de forêts et de collines et ses promontoires si pittoresques, offrait tous les genres de sport. Washington y avait chassé avec le vieux lord Fairfax dans ses jours de jeunesse ; rien d'étonnant qu'à travers la vie ses sentiments l'aient toujours ramené dans ces lieux.

« Il n'y a pas de domaine dans l'Amérique unie, observe-t-il quelque part, plus plaisamment situé. Dans une contrée élevée et saine ; à une latitude moyenne entre le chaud et le froid ; sur l'une des plus belles rivières du monde, une rivière dans laquelle on trouve une grande variété de poissons de toute espèce et en toute saison, et particulièrement au printemps : l'alose, le hareng, la perche, la carpe, l'esturgeon, etc., en grande abondance. Les bords du domaine sont baignés par plus de 10 milles d'eau de marée ; il a plusieurs pêcheries ; ou plutôt toute la rive est une pêcherie. »

\*
\* \*

Voici quelques lettres, inédites en français, qui donneront une idée exacte des habitudes familières de Washington et de l'esprit qu'il apportait dans la gestion de ses affaires :

*A Robert Carey*, marchand, Londres.

« WILLIAMSBURG, 1er mai 1759.

« Monsieur, vous trouverez ci-inclus un certificat dûment légalisé, délivré par le pasteur, et qui constate mon mariage avec mistress Martha Custis. Vous voudrez bien, en conséquence, m'adresser à l'avenir toutes vos lettres relatives aux affaires de feu Daniel Parke Custis : je suis en effet, par mon mariage, propriétaire du tiers de sa fortune, et investi par décret de la Cour générale de l'administration des deux autres tiers. Je vous continuerai les consignations de tabac comme par le passé ; je tâcherai même d'augmenter mes envois, à la condition toutefois que la fortune et moi y trouvions notre compte. Voici, en outre, une liste de quelques articles que je vous prie de m'envoyer par le prochain navire à Mount Vernon, rivière du Potomac, Virginie : ce premier nom est celui de ma résidence, l'autre est celui de la rivière sur laquelle elle est située. »

*Au même.*

« 12 juin 1759.

« Dans ma dernière lettre je vous priais de m'envoyer, entre autres choses, en un petit volume in-octavo, le meilleur traité d'agriculture aujourd'hui connu. Depuis cette époque on m'a dit qu'il venait d'en être publié un par plusieurs auteurs, sous la direction d'un M. Hall. S'il est réputé pour le meilleur, prière de me l'envoyer ; mais ne le faites pas, s'il en existe un autre plus estimé. »

*Au même.*

« 20 octobre 1761.

« Voici une liste de vêtements que je vous prie de m'acheter et de m'envoyer par le premier navire chargé pour cette rivière. Comme ce sont des habits à mon usage, je m'en rapporte à votre bon goût, dont j'ai la meilleure opinion. Des vêtements unis, avec des boutons d'or et d'argent, et d'une coupe élégante, voilà tout ce que je désire. J'ai eu autrefois pour tailleur un nommé Lawrence. Est-ce sa faute ou celle des mesures que j'ai envoyées, je ne puis le dire ; mais ce qui est certain, c'est que mes habits ne m'allaient pas bien du tout. Je vous abandonne le choix de l'ouvrier. Voici de nouvelles mesures, et j'ajoute que j'ai six pieds et que je suis plutôt svelte que corpulent. »

Ayant entendu parler d'une machine employée en Angleterre pour arracher les arbres avec leurs racines, il écrit au même Robert Carey :

« On dit que des arbres d'un diamètre considérable sont déracinés avec cet engin ; que six ouvriers enlèvent deux ou trois cents arbres dans l'espace d'un jour, et qu'un acre de terrain peut être aisément défriché et préparé pour la culture dans le même espace de temps. Jusqu'à quel point ces assertions ont-elles été réalisées, après plusieurs expériences répétées, c'est ce qu'il m'est impossible de déterminer à cette distance ; mais, si le récit n'est pas fortement exagéré, un auxiliaire aussi puissant peut être d'une grande utilité dans beaucoup de parties de cette contrée boisée, où il est impossible à nos forces (les laboureurs ne doivent pas être ici soumis à de trop grandes fatigues), entre la fin d'une moisson et la préparation d'une autre, d'éclaircir assez le terrain pour lui donner une autre appropriation, soit pour des plantations, soit pour des aménagements de ferme. Renseignez-vous à ce sujet, et, si vous avez des résultats satisfaisants, envoyez-moi une de ces machines par le premier navire à destination du Potomac.

« Je ne sais pas le prix. On a parlé de quinze, vingt, vingt-cinq guinées ; mais devrait-ce être le double, je n'y regarderais pas, si la machine est capable de faire l'ouvrage indiqué. Il ne faut pas non plus qu'elle soit trop compliquée, car ce serait une cause de faciles désordres, qui la rendraient impropre dans l'usage : elle doit être construite sur un plan simple, uni, durable, de façon que les artisans ordinaires du pays puissent la réparer, s'il arrive un accident. Si vous m'envoyez une de ces machines, ajoutez-y toutes les instructions détaillées sur la manière de s'en servir, avec un dessin de son mécanisme et de son fonctionnement. »

La lettre suivante dénote autant de générosité que de délicatesse:

### A William Ramsay.

« Mount Vernon 29 janvier, 1769.

« Cher monsieur, — j'ai entendu dire une ou deux fois, il y a peu de temps, que vous parliez avec beaucoup d'estime du collége de New-Jersey et que vous désireriez y envoyer votre fils William : c'est, à ce qu'on assure, un jeune homme studieux et plein d'instruction, disposé à la vie d'étude, dans laquelle il trouvera non-seulement le bonheur pour lui, mais le bien et l'avancement des autres. Je serais bien heureux, si vous n'avez d'autre obstacle à votre projet que la dépense, que vous voulussiez bien l'envoyer à ce collége, aussitôt qu'il vous conviendra, et accepter de moi vingt-cinq livres par an pour a dépense, tout le temps qui sera nécessaire pour compléter son éducation. Si je vis assez pour le voir arriver à la fin de ses études, je paierai la somme stipulée annuellement ; dans le cas où je viendrais à mourir, cette lettre sera obligatoire pour mes héritiers ou exécuteurs, conformément à ma volonté et à mes intentions.

« Je n'attends et ne désire rien en retour de ce service, sinon que vous l'acceptiez avec la même liberté et la même bienveillance qu'il est offert ; que vous ne le considériez point comme une obligation, et que vous ne vous en souveniez jamais, car soyez assuré que pour moi je l'ignorerai toujours. »

⁎⁎⁎

Le caractère privé de Washington apparaît sous un de ses côtés les plus touchants quand on considère sa tendresse et sa vigilance pour l'éducation des enfants de sa femme, qu'il désignait ainsi : « Master and miss Custis. » Le fils, John Parke Custis, avait été confié au révérend Boucher, pasteur épiscopalien résidant à Annapolis, dans le Maryland. Celui-ci pensait qu'un voyage en Europe pourrait être utile à son élève; il en informa la famille, et voici la lettre instructive que Washington lui répondit à ce sujet :

« Dans ma dernière, je vous informais que les parents et les amis de M. Custis étaient divisés d'opinion sur la convenance de son voyage, non pas à cause des avantages qu'il en pourrait retirer, mais à raison de la dépense. En effet, comme vous jugez indispensable de l'accompagner, il commencerait sa tournée avec de si lourdes charges que du premier coup il devrait dépenser la moitié de son revenu; sa fortune est d'une nature qu'on définit mieux en la qualifiant de large que de profitable. Cette divergence d'opinion est une raison suffisante pour moi d'être très-circonspect dans ma conduite; car je suis responsable de ce que je ferai en cette occasion devant un autre tribunal que ma conscience. Vous ne pouvez pas ignorer que chaque centime (*farthing*) dépensé pour ce jeune gentleman doit passer sous les yeux de la Cour générale, quand elle examinera mes comptes de tutelle, et qu'il serait imprudent de ma part de permettre à mon pupille de se lancer d'une manière extravagante en dehors des voies suivies d'ordinaire, sans connaître d'abord si la dépense qui en résultera peut être approuvée par ceux qui ont légalement le droit de juger de l'opportunité ou de la convenance de l'entreprise.

« Si l'esprit du jeune homme était plus mûr, et que l'on vît dans son plan de voyage en Europe un moyen de perfectionnement plutôt que le désir de satisfaire une certaine curiosité, nous pourrions peut-être encourager ses projets. Je ne pense pas, en effet, qu'il suffise à un gentleman de devenir un simple lettré, mais je considère la science des livres comme la base sur laquelle on doit édifier d'autres connaissances; les voyages viennent ensuite compléter par l'observation la connaissance des hommes et des choses acquise par l'étude. Or, si avancé que soit le jeune homme, d'après ce que j'ai entendu dire de ses progrès, il ignore encore trop de choses. Je ne parlerai pas du grec, mais le latin? Quoique très-versé dans les principes de cette langue qu'il a apprise en commençant à parler, il est loin d'être familier avec beaucoup des principaux auteurs qui peuvent lui être très-utiles. Il ne sait pas un mot de français, chose nécessaire pour voyager. J'ajouterai qu'il ne connait pas l'Amérique : or c'est un grand désavantage pour un homme qui voyage dans le but d'observer les lois et les coutumes des autres pays, de n'être point à même de donner une description des mœurs et des institutions du sien propre.

« Enfin vous avez constaté vous-même que, très-peu instruit en mathématiques, il n'a même pas encore acquis les notions élémentaires de géométrie et d'arpentage indispensables à un homme qui possède de grandes propriétés, dont les limites mal déterminées sont toujours, sur un point ou sur un autre, un objet de contestation.

« Remettons donc l'exécution des projets de votre jeune élève à une époque où il pourra en retirer de meilleurs fruits qu'à présent : soyez sûr que je l'y aiderai de tout mon pouvoir, quand le moment opportun sera venu. »

A la suite de cette lettre Washington traça pour son pupille un cours complet et régulier d'instruction et d'éducation ; mais le jeune Custis ne le suivit pas jusqu'au bout : à dix-neuf ans il s'éprit de la fille de M. Bénédict Calvert, et, le 15 décembre 1773, il sortait du collége du roi, à New-York, où il avait été placé, pour épouser celle qu'il aimait, malgré la vive opposition que Washington fit à ce mariage, à raison de la jeunesse et de l'inexpérience de son beau-fils.

« Je suis désolé d'avouer, écrivait-il au père de la jeune fille, que M. Custis est très en retard, et je voudrais le conserver sous ma garde jusqu'à un âge plus avancé avant de lui laisser accomplir un acte d'où dépendent la paix et le bonheur d'une autre. Ce n'est pas que j'aie aucun doute sur la chaleur de ses sentiments, ni, j'espère pouvoir l'ajouter, aucune crainte de voir changer ses projets ; mais à présent il n'est pas encore capable de comprendre la responsabilité qu'il assume en devenant chef de famille et l'importance des devoirs qui vont lui incomber.

« Si l'affection que les jeunes gens ont l'un pour l'autre repose sur une base solide, elle ne recevra pas d'échec dans le cours de deux ou trois années, et pendant ce temps il pourra continuer ses études, se rendre plus digne de votre fille, plus utile à la société. Si malheureusement, comme ils sont jeunes tous deux, l'affection d'ici là s'en allait de l'un ou de l'autre côté et peut-être de tous les deux, il vaut mieux que cela arrive avant qu'après le mariage.

« Cette façon de vous exprimer ma pensée ne vous induira pas à croire, je l'espère, que je suis désireux de rompre l'engagement pris. En reculer l'exécution est tout ce que j'ai en vue, car je recommanderai au jeune gentleman, dans ma conscience d'homme d'honneur, de se considérer comme aussi lié envers miss Calvert que s'il était uni par un contrat solennel. »

Cette lettre n'eut pas le résultat qu'en attendait Washington ; il avait contre lui sa femme, dont la fille allait bientôt mourir, et qui avait reporté sur son fils ses dernières espérances. Ce mariage devait le fixer près d'elle ; il fut célébré le 3 février 1774.

M. Custis mourut au mois de novembre 1781, à vingt-six ans, laissant trois filles et un fils. Ce dernier fut adopté par Washington, qui n'avait point d'enfant.

\*
\*\*

Washington menait à Mount Vernon la vie d'un grand planteur virginien ; ce n'était pas une existence oisive, mais un singulier mélange des recherches et des travaux aventureux du pionnier américain, des occupations sédentaires et laborieuses du commerçant de la cité, et de l'existence à la fois opulente et rude du gentilhomme de campagne anglais [1].

[1]. Le sol de la Virginie est uni et toujours gras et fertile ; il est coupé par un nombre infini de rivières qui descendent des Alleghanys, et forment sur presque toute l'étendue de leur cours des canaux navigables par où les récoltes étaient transportées jusqu'à la baie de la Chesapeake, qui s'avance à plus de 68 lieues dans les terres, sur 12 milles environ de largeur moyenne.

Les avantages de cette situation s'opposaient à la formation de grandes villes et d'entrepôts de commerce. Chacun vendait sa récolte, sans sortir pour ainsi dire de sa plantation, et presque partout les navires venaient mouiller à la porte des magasins qui devaient fournir leur chargement, et leur apportaient en échange les produits industriels de la Grande-Bretagne, ses goûts, et ses mœurs, ses modes, ses ameublements et toutes les superfluités du luxe. Williamsburg et Annapolis, capitales de la Virginie et du Maryland, n'étaient que deux grands villages où résidaient les gouverneurs et les fonctionnaires. Ces deux colonies n'avaient que Londres pour capitale et pour marché. G. DE W.

Rien ne peut plus aujourd'hui nous donner une idée du genre de vie qui dominait parmi les opulentes familles virginiennes de ce temps-là. Les maisons étaient spacieuses, commodes, libérales dans toutes leurs aisances, et bâties pour l'hospitalité de franche main et de cœur ouvert, souvent offerte par les propriétaires. Rien n'était plus commun que de voir de riches services de table, d'élégants équipages et de superbes chevaux de carrosse, le tout importé d'Angleterre.

Les Virginiens ont toujours été cités pour leur amour des chevaux; noble passion que dans ces jours d'opulence on satisfaisait sans regarder à la dépense. Les riches planteurs rivalisaient d'amour-propre dans l'entretien de leurs haras, où ils importaient les meilleurs étalons d'Angleterre. Washington, par son mariage, avait ajouté plus de cent mille dollars à sa fortune déjà considérable et se trouvait à même de mener grand et noble train.

Un carrosse à quatre chevaux, avec postillons nègres en livrée, était à la disposition de mistress Washington et des dames qui venaient lui rendre visite. Lui-même montait toujours à cheval. Il avait la plus belle et la plus complète écurie de la contrée. Son haras ne comptait que des chevaux pur sang, dont les noms, l'âge et les signes particuliers étaient inscrits sur un registre spécial; ils s'appelaient : Ajax, Blueskin, Valiant, Magnolia (un arabe), etc. Les chiens, principalement dressés pour la chasse au renard, avaient aussi leur page : c'étaient Vulcain, Singer, Ringwood, Sweetlips, Forrester, Musée, Truelove, Rockwood, etc.

Un large domaine comme Mount Vernon était en ce temps-là un véritable empire dont le gouvernement siégeait à la maison d'habitation. L'autorité suprême appartenait au planteur; le *steward*, son premier ministre ou son exécutif, commandait une escouade de nègres de ville pour le service domestique, et une légion de nègres des champs pour la culture du tabac, du maïs et tous les travaux de la terre. Le quartier de ces esclaves formait une sorte de hameau à part, composé de huttes assez gracieuses, avec un poulailler et un jardin où les négrillons gambadaient au soleil.

Parmi ces serviteurs se trouvaient des artisans de tous les états, tailleurs, charpentiers, forgerons, tourneurs et autres, qui suffisaient à tous les besoins d'un grand domaine.

Presque tous les planteurs abandonnaient l'exploitation de leurs cultures à un intendant, trop enclins qu'ils étaient à regarder le travail personnel comme quelque chose de dégradant. Washington, au contraire, apporta dans ses travaux agricoles la même méthode, la même activité, la même prudence qui l'avaient distingué dans la vie militaire. Il tenait lui-même ses livres, il arrêtait et balançait ses comptes avec toute l'exactitude d'un calculateur consommé.

Sa réputation de producteur émérite et de négociant consciencieux était telle sur les marchés d'outre-mer, que tout baril de farine portant la marque : *George Washington*, MOUNT VERNON, était exempt de l'inspection de la douane dans les ports des Indes occidentales [1].

Il se levait de bonne heure, souvent avant la pointe du jour en hiver. En ces occasions il allumait son feu lui-même, et lisait ou écrivait à la lueur d'une chandelle. Déjeuner à sept heures en été, à huit heures en hiver. Deux ou trois tasses de thé et quelques gâteaux de maïs formaient son premier repas. Immédiatement après il montait à cheval et visitait les parties de son domaine

---

1. Discours de l'honorable Robert C. Winthrop à la pose de la pierre angulaire du monument de Washington.

où quelque travail était en exécution, voyant tout de ses yeux et aidant souvent de ses mains.

Le dîner était servi à deux heures. Il mangeait volontiers, sans être épicurien ni difficile sur le choix des mets. Sa boisson consistait en bière légère ou cidre; à la fin du repas, deux verres de vieux madère. Il reprenait du thé le soir, et se retirait vers neuf heures.

Si le temps le retenait au logis, il profitait de l'occasion pour mettre en ordre ses papiers, arrêter ses comptes ou écrire des lettres; puis il passait le reste de la journée à lire, quelquefois à haute voix, au milieu de sa famille.

Il traitait ses nègres avec bonté, attentif à leur bien-être, les faisait entourer de soins quand ils étaient malades, mais ne tolérant jamais la paresse et exigeant l'exécution consciencieuse de la tâche qui leur était assignée. D'un coup d'œil il calculait la capacité de chaque homme; une observation relevée dans son journal nous en donne un curieux exemple. Quatre charpentiers nègres avivaient et taillaient du bois. Il lui sembla qu'ils flânaient à leur ouvrage. S'asseyant tranquillement près d'eux, il fit le compte de temps qu'exigeait chacune de leurs opérations; combien il en fallait pour apprêter la scie et les autres outils; combien pour couper les branches d'un arbre abattu; combien pour l'équarrir et le scier; ce qui s'en dépensait à regarder et à se consulter : la quantité de bois débitée pendant ces heures d'observation lui donna le chiffre de la tâche pouvant en un jour être accomplie par un ouvrier.

Nous avons vu, dans sa jeunesse, Washington se livrer avec passion aux exercices du corps et aux jeux qui exigent de l'agilité et de la force. Le goût de ces amusements lui resta toujours, et la chasse était pour lui un grand divertissement. surtout quand lord Fairfax, son vieil ami et son maître en ce noble exercice, venait passer quelque temps à Belvoir. Cependant, à en juger par ce qu'il raconte lui-même, il était rare qu'il eût de grands succès dans ses excursions; mais il ne se laissait pas décourager, et, quand le gibier échappait à sa poursuite, il se consolait par cette pensée qu'en se donnant un exercice violent et salutaire et une agréable récréation, il avait réellement atteint son principal but.

Les eaux du Potomac lui fournissaient souvent une occasion de pêche et de tir. La pêche se faisait parfois sur une grande échelle, quand des bancs de harengs remontaient la rivière et que les nègres de Mount Vernon étaient embrigadés pour jeter les filets, opération qui généralement était couronnée de succès. Puis venait la saison des canards sauvages, que Washington aimait particulièrement à tirer.

Quelquefois les rives de son domaine étaient exposées à de véritables invasions. Un pêcheur d'huîtres vint un jour jeter l'ancre au port d'embarquement et troubler le repos des voisins par son attitude insolente et la conduite désordonnée de son équipage. Il fallut une campagne de trois jours pour expulser ces envahisseurs.

On usa, à l'égard d'un autre rôdeur, d'un procédé plus sommaire. C'était un vagabond qui, sur la limite du domaine, infestait les criques et les ruisseaux, et, tapi, avec un canot, dans les roseaux et les buissons, portait la dévastation parmi les canards sauvages. On l'avait chassé à plusieurs reprises, mais sans résultat. Un jour que Washington parcourait à cheval le domaine, il entendit, du côté de la rive du fleuve, le bruit d'un coup de fusil. Il éperonna sa monture dans cette direction, et, la lançant à travers les buissons, arriva sur le coupable qui à ce moment éloignait son canot de la rive. Le maraudeur dressa son arme d'un regard menaçant; mais Washington poussa son cheval dans la rivière, saisit l'amare du canot qu'il attira au bord, mit pied à terre en un clin-d'œil, arracha le fusil des mains du délinquant interdit, et lui infligea, en s'inspirant de la « loi de Lynch », une correction qui le guérit radicalement de toute tendance à s'aventurer désormais sur ces rives défendues.

Le Potomac, aux beaux temps de la Virginie, était parfois le théâtre de petites solennités et de fêtes nautiques dont faisaient les frais les riches planteurs résidant sur ses bords. Ils avaient de beaux bateaux de plaisance, qui, ainsi que leurs carrosses, leur arrivaient d'Angleterre.

Un M. Digges, recevait toujours Washington dans une embarcation de luxe, conduite par six nègres, uniformément vêtus de chemises à carreaux et coiffés de bonnets de velours noir.

Une fois, d'après les notes du journal de Washington, une fièvre de fêtes s'empare de tout le voisinage, à l'occasion de l'arrivée d'une frégate anglaise (*le Boston*) qui vient jeter l'ancre dans le fleuve, en face de la demeure hospitalière des Fairfax. Il s'ensuit une série de dîners et de déjeuners à Mount Vernon et à Belvoir; de çà et de là on vient prendre le thé à bord de la frégate.

Washington et sa femme allaient quelquefois à Annapolis, où siégeait alors le gouvernement du Maryland, et y prenaient leur part des divertissements qui accompagnaient la session législative.

Dans ces petites capitales de provinces, la société était toujours polie et de bon ton; elle n'ouvrait pas facilement ses portes. C'étaient en quelque sorte, les avant-postes de l'aristocratie anglaise; là, toutes les places lucratives ou honorifiques étaient l'apanage de jeunes fils de famille, et de parents pauvres mais fiers. Pendant la session, ce n'étaient que dîners et bals; on se hasardait parfois jusqu'aux représentations scéniques, genre de divertissement pour lequel Washington avait du goût, sans qu'il eût jamais trouvé l'occasion de le satisfaire. Il ne dédaignait pas non plus de se mêler aux danses. W. Irwing se souvient d'avoir entendu de vénérables dames, qui, de son temps, étaient des femmes à la mode, se vanter d'avoir eu Washington pour danseur; elles ajoutaient, il faut l'avouer, que c'était un danseur bien grave et bien cérémonieux [1].

\*\*\*

Les occupations particulières de Washington, pas plus que les fêtes et les plaisirs, ne le détournaient de ses devoirs de législateur à la chambre des bourgeois de Virginie.

Pendant sa dernière campagne, qui aboutit à la prise du fort Duquesne, son nom fut présenté aux suffrages du comté de Frédéric. Il fut élu à une grande majorité contre plusieurs compétiteurs. Le résultat de ce scrutin était pour Washington comme un témoignage de confiance et de bienveillance de la contrée qui, depuis plusieurs années, avait été le théâtre de son commandement militaire et où les circonstances l'avaient plus d'une fois obligé d'imposer de lourdes charges aux habitants.

---

[1]. Un amusant tableau d'Annapolis, telle qu'elle était à cette époque, nous a été tracé par un octogénaire qui y avait passé une partie de son enfance. « Dans les parties de la contrée, dit-il, où les routes n'étaient « pas carrossables, les dames montaient habituellement des poneys, « et se faisaient suivre de domestiques noirs, à cheval. C'est dans cet « équipage que sa mère, déjà avancée en âge, avait coutume de « voyager, vêtue d'un habit de cheval couleur écarlate, qu'elle avait « fait venir d'Angleterre. Et même, ajoute-t-il, les jeunes dames du « pays, pour se rendre aux bals d'Annapolis, usaient, au besoin, de « cette façon d'aller ; elles chevauchaient avec leurs « paniers orientés « de l'avant à l'arrière, » comme des voiles latines ; et, après avoir « dansé toute la nuit, elles remontaient à cheval, le matin, pour re- « gagner leurs résidences. »

M. Wirt, dans sa *Vie de Patrik Henri*, donne l'intéressant récit d'une scène qui se produisit le jour même où Washington vint à Williamsburg siéger à l'Assemblée. Par un vote de la chambre, le président, M. Robinson, fut chargé d'adresser des remerciements au colonel Washington, de la part de la colonie, pour les services militaires distingués qu'il avait rendus à son pays. Aussitôt que le colonel Washington eût pris sa place, M. Robinson, s'acquitta de sa mission avec beaucoup de dignité, mais sa parole était si chaude, si colorée, les expressions si énergiques dans la louange, que le jeune héros en resta entièrement confondu. Il se lève, veut exprimer ses sentiments de reconnaissance pour tant d'honneur ; mais il était si confus, si troublé qu'il ne put prononcer distinctement une seule syllabe. Il rougissait, pâlissait, tremblait tour à tour, quand, heureusement, le président vint à son aide avec autant d'adresse et d'esprit qu'il avait eu d'éloquence.

« Asseyez-vous, monsieur Washington, lui dit-il en souriant ; votre modestie égale votre valeur, et cela surpasse toute la puissance que la parole met à mon service. »

Pendant quinze ans le colonel Washington continua à siéger à la chambre des bourgeois.

D'après un document écrit de sa main, il assista assidûment, et depuis le commencement jusqu'à la fin, à presque toutes les sessions.

Quelle y fut sa conduite? On peut juger de ce qu'il pratiquait lui-même par le conseil qu'il donna à un de ses neveux, au moment où celui-ci venait d'être admis pour la première fois dans l'Assemblée :

« Le seul conseil que je vous donnerai, lui disait-il, si vous avez le désir d'obtenir l'attention de la chambre, c'est de parler rarement, mais sur des sujets importants, excepté quand il s'agit d'affaires qui intéressent particulièrement vos commettants ; et, dans le premier cas, ne manquez pas de vous rendre parfaitement maître de votre sujet. N'allez jamais au delà d'une chaleur convenable, et présentez vos opinions avec défiance. Bien qu'il puisse entraîner la conviction, un ton impérieux blesse et éloigne toujours. »

L'influence qu'il avait dans les Assemblées politiques venait plutôt de la solidité de son jugement et de la promptitude avec laquelle il saisissait les questions, de sa droiture et de son invariable sincérité, que de son éloquence ou de l'art qu'il mettait à soutenir ses opinions.

« Jamais, dit Jefferson, je n'ai entendu le général Washington ou le docteur Franklin parler plus de dix minutes à la fois, ni toucher autre chose que le point principal, bien sûr que toutes les petites raisons suivraient d'elles-mêmes. Je crois, ajoute-t-il, que si les membres des Assemblées observaient cette règle, ils feraient plus de besogne en un jour qu'ils n'en font en toute une semaine [1]. »

*\*\**

Nous ne pouvons terminer cette esquisse, déjà bien imparfaite, du caractère et des mœurs intimes de Washington, sans parler de ses opinions et de ses habitudes religieuses. Beaucoup ont prétendu qu'il n'était pas chrétien, ou du moins qu'il ne croyait pas l'être. M. J. Sparks a consacré à la réfutation de cette opinion une dissertation très-curieuse que nous croyons devoir faire connaître en substance à nos lecteurs.

D'après une tradition reçue dans les environs du lieu de

1. *Memoirs*, I, 50 (ed. 1829)

sa naissance, il fut élevé dans les principes de la religion chrétienne et le respect pour les devoirs qu'elle enseigne. Cette présomption se trouve confirmée par les manuscrits de Washington, qui contiennent des articles et des extraits transcrits par lui pendant son enfance, et prouvent que ses pensées avaient alors une tendance religieuse. Une de ces pièces, composée pour le jour de Noël, commence ainsi :

> Muse, inspire nos chants sur le jour fortuné
> Où, pour racheter l'homme, un Sauveur nous est né.

Dès ses premières campagnes, au milieu même des scènes si vives des *Grandes-Prairies*, Washington attachait beaucoup d'importance à maintenir dans le camp l'exactitude du service religieux. Pendant la guerre avec la France, le gouvernement ayant négligé dans l'armée le service des chapelains, il s'éleva contre un pareil oubli et renouvela ses réclamations jusqu'à ce qu'on y eût satisfait. Il relevait sévèrement et condamnait les habitudes vicieuses et les jurements profanes des soldats. On en jugera par cette citation tirée de ses ordres du jour :

« Le colonel Washington a remarqué que les hommes de son régiment sont très-irréligieux et relâchés dans leurs mœurs. Il saisit cette occasion pour leur faire connaître le profond déplaisir que lui font éprouver de pareilles habitudes, et les assurer que, s'ils ne s'en départent pas, leur punition sera sévère. Les officiers sont invités, s'ils entendent un soldat jurer ou employer un terme d'exécration, à condamner le coupable à recevoir immédiatement vingt-cinq coups de fouet, sans qu'il soit nécessaire pour cela de convoquer une cour martiale. Si la faute se renouvelle, elle sera châtiée encore avec plus de rigueur. »

Après la guerre avec la France, pendant son séjour à

Mount Vernon, si l'on consulte son journal, on voit qu'il allait à l'église régulièrement tous les dimanches. Quand il ne s'y rendait point, c'est qu'il en était empêché par le mauvais temps, ou parce que les routes étaient impraticables, l'église la plus proche se trouvant à sept milles de sa résidence. Il s'intéressait vivement aux affaires de la paroisse de Truro, à laquelle appartenait Mount Vernon, et fut à différentes époques membre du conseil de fabrique.

Une femme qui a vécu vingt ans dans la famille de Washington, sa fille adoptive, donne sur cette partie intime de la vie de notre héros des détails pleins d'intérêt, dans une lettre datée de Wooldlam, 26 février 1833 :

« Le dimanche, tous les visiteurs étaient exclus de Mount Vernon. Personne dans l'église n'apportait au service plus de gravité et de recueillement que Washington. Ma grand'mère, qui était éminemment pieuse, ne se départit jamais de ses habitudes d'enfance. Elle s'agenouillait toujours. Le général, suivant sa coutume d'alors, restait debout pendant qu'on célébrait le service. Les dimanches où l'on communiait, il quittait l'église avec moi après la bénédiction et retournait au logis. Nous renvoyions ensuite la voiture pour prendre ma grand'mère..... *Je n'ai jamais été témoin* de ses dévotions particulières, et je ne m'en suis *jamais enquise*. J'aurais regardé comme la plus grande hérésie le moindre doute sur sa ferme croyance au christianisme. Sa vie, ses écrits, tout prouve qu'il était bon chrétien. Ce n'était pas non plus un de ces hommes qui agissent ou prient pour être vus. C'est en secret qu'il communiait avec Dieu. »

En résumé l'on peut dire que Washington avait des habitudes religieuses, qu'il croyait profondément en la divine Providence, mais que dans aucune occasion il ne fit connaître son opinion dogmatique ni les principes de sa foi. Élevé dans le sein de l'église épiscopale, à laquelle il demeura toujours attaché, il conserva dans son cœur les doctrines du christianisme, telles que les enseigne cette église et telles qu'il les comprenait, sans y mêler jamais la moindre idée d'intolérance ou de mépris pour les croyances et les rites adoptés par les chrétiens des autres communions.

L'heure a sonné où la nation américaine va confier à Washington ses destinées, et, à chacune des étapes de sa laborieuse carrière, c'est à la Providence toute-puissante qu'il demandera des consolations dans les revers, comme aussi il attribuera à son influence favorable tous les événements heureux, tous les succès de ses efforts personnels [1].

*Dieu et mon pays!* voilà la devise du héros de l'Indépendance et du père de la Patrie américaine.

---

1. Voici, sur ce sujet, quelques citations tirées de sa *Correspondance* :

« Nous avons, a-t-il dit, à soutenir une sorte de lutte marquée par la Providence pour éprouver la patience et le courage des hommes. Aussi quiconque est engagé dans cette voie ne doit pas se montrer un instant abattu par les difficultés ou découragé par les épreuves. »

« La Providence a si souvent pris soin de nous relever, lorsque nous avons perdu toute espérance, que j'ose croire que nous ne succomberons jamais. »

« Nous abandonnons le reste à cette sage Providence, qui nous a si évidemment soutenus dans le cours de toutes les traverses. »

« Nous avons de fortes raisons de remercier la Providence de la protection qu'elle nous a accordée. C'est en elle seule que j'ai placé autrefois toute ma confiance, car toutes nos autres ressources semblaient nous avoir manqué.

« Nos affaires ont été amenées à une crise terrible pour que la main de Dieu fût visible dans notre délivrance. Telle est ma conviction. »

DEUXIÈME PARTIE

# LA GUERRE DE L'INDÉPENDANCE

1761-1783

Franklin.

# LA GUERRE DE L'INDÉPENDANCE

## 1761-1783

---

### CHAPITRE PREMIER

LA NOUVELLE-ANGLETERRE. — PRÉSAGES RÉVOLUTIONNAIRES. — OPINION DE WASHINGTON SUR LES DROITS DES COLONIES.

La conquête du Canada, rompant la barrière qui arrêtait à l'ouest le développement des colonies anglaises, préparait de loin leur indépendance.

Si les Anglo-Américains avaient eu toujours pour voisins des peuples inquiets et capables de les occuper sans cesse, la pensée ne leur serait pas venue de se séparer de la mère-patrie, parce qu'ils n'auraient pas pu se passer de ses secours.

La France, en perpétuant le gouvernement militaire, en ne créant que des colonies de soldats, aurait entretenu à grands frais, et sans en retirer aucun fruit, les garnisons qui maintenaient au nord et à l'ouest les provinces anglaises dans la dépendance de leur métropole; l'équilibre se fût maintenu : car il était aussi impossible a une population soumise au régime militaire de se développer et de devenir agricole et commerçante, qu'aux Anglo-Américains de vivre sans la protection de l'empire puissant qui les aidait à réprimer l'audace de leurs belliqueux voisins.

Le sort des Canadiens était d'attaquer sans cesse les colons de la Nouvelle-Angleterre, dans l'espoir de s'attribuer par le droit du plus fort une partie du fruit de leurs travaux; et celui des colonies anglaises, d'implorer l'assistance des flottes et des armées de la mère-patrie. Le courage des Anglo-Américains se serait exercé, mais toujours au profit de l'Angleterre; leur industrie se serait entretenue, mais toujours au profit du commerce métropolitain et selon ses vues. Leur agriculture aurait élevé l'Angleterre au niveau des premières puissances territoriales de l'Europe. Et il devait en être ainsi d'après l'esprit du temps. Ce n'étaient pas seulement les liens d'une sorte de parenté qui unissaient les colonies à la métropole; celle-ci les regardait comme sa propriété, et réglementait suivant ses intérêts leur agriculture, leur industrie et leur commerce.

L'acquisition du Canada ne laissa plus rien subsister de cet ordre politique.

La conclusion de la guerre de Sept-Ans avait sans doute laissé les colonies pauvres et épuisées par des sacrifices énormes en hommes et en argent; mais elles en retiraient des avantages considérables. En effet, par la conquête du Canada, de Louisburg et des postes militaires des frontières occidentales, la source principale de leurs appréhensions et de leurs dangers se trouvait épuisée; ils étaient délivrés pour toujours des Indiens, dont les hostilités cessaient dès qu'ils n'étaient plus soutenus par les Français. D'un autre côté, l'incapacité des généraux anglais et les défaites infligées à des corps considérables de soldats métropolitains avaient matériellement affaibli leur superstitieux respect pour la puissance de la mère-patrie, tandis que leurs propres exploits leur inspiraient, relativement à leur force, une confiance qu'ils n'avaient pas encore ressentie.

Les Anglo-Américains, débarrassés de leurs ennemis naturels et livrés à eux-mêmes, venaient de comprendre tout à coup quelles étaient leur force et leur puissance; la France, qui avait intérêt à ruiner le commerce de l'Angleterre, devait faire des vœux pour leur indépendance. On prétend même que, par une prévoyance habile, elle entretenait déjà dans l'Amérique des émissaires qui fomentaient les mécontentements particuliers. C'est dans ces circonstances que la cour de Londres, craignant les inconvénients du pouvoir trop étendu laissé aux colonies et pressée par de grands besoins d'argent, résolut de leur imposer des taxes qu'elles n'avaient pas votées.

\*\*\*

Déjà les colonies étaient soumises à un régime économique très-dur. Dès 1660, l'Angleterre avait commencé à mettre des entraves à leur commerce par des lois maritimes rendues dans le but égoïste de faire passer par les mains des Anglais tout le commerce américain. En 1719, la Chambre des communes déclarait « qu'en érigeant dans « leur sein des manufactures, les colonies s'habitueraient « à ne plus compter sur la Grande-Bretagne ; » et elle s'empressait de voter des lois pour leur défendre la fabrication du fer et de l'acier, et restreindre les autres branches d'industrie. On interdit, sous peine de forfaiture, de transporter ailleurs que dans les pays appartenant à la couronne d'Angleterre le sucre, le tabac, le gingembre, l'indigo, le coton, le bois de teinture. L'importation dans les colonies de denrées européennes devait être faite à bord des bâtiments anglais, partant d'un port d'Angleterre. Ainsi les colonies étaient obligées d'acheter en Angleterre non-seulement tous les produits anglais, mais encore les produits des autres pays dont elles pouvaient avoir besoin. Les colons ne pouvaient vendre aux étrangers que ce que l'Angleterre ne voulait pas prendre ; le prix de ces ventes payait les articles que leur imposait la métropole. Comme ils étaient obligés de s'adresser à la mère patrie pour le petit nombre de denrées européennes et pour les denrées asiatiques qui leur étaient indispensables, le négociant anglais écoulait ses marchandises à un prix supérieur à leur valeur ; et comme, en même temps, il était seul acquéreur légal des denrées coloniales, il les obtenait à vil prix. En dépit de tous ces obstacles, et grâce à leur énergie et à leur industrie, les colons étaient parvenus à constituer un commerce parfaitement viable et même à créer des manufactures ; celles du Massachusetts, en particulier, produisaient du papier, des lainages, du chanvre, du fer, et chaque famille fabriquait du drap grossier pour son usage.

C'était un régime difficile, mais légal. A part cela, les colonies jouissaient d'une grande liberté.

Le droit commun d'Angleterre, en tant qu'il était applicable à leur situation, était celui des Anglo-Américains ; ils le revendiquaient comme un héritage.

Cette loi commune était celle d'une nation libre, garantissant les droits et les libertés des citoyens contre la tyrannie et l'oppression de la couronne. Elle repose sur les principes dont on retrouve les germes dans la grande charte arrachée au roi Jean en 1215, germes qui se développent dans le fameux acte d'*habeas corpus* de 1679, que les Anglais regardent, avec le droit d'être jugé par leurs pairs, comme le palladium de la liberté individuelle. Le premier de ces principes en Angleterre est *le droit de ne payer que les impôts votés soi-même ou par des représentants librement élus.*

La paix de 1763 ayant rendu l'Angleterre maîtresse incontestée de l'Amérique du Nord, depuis la baie d'Hudson jusqu'au golfe du Mexique, les hommes d'État, au lieu de rattacher les colonies à la mère-patrie par le lien de l'intérêt, du droit et de la liberté, songèrent au contraire à assurer le monopole industriel et commercial de la métropole.

La cour de Londres avait conçu un projet d'asservissement général; elle voulait rendre toutes les provinces dépendantes du parlement, et leur ôter peu à peu leurs chartes particulières et leur droit de législature.

Dans la crainte d'une révolte, on préféra à la violence et à la célérité la lenteur et la persévérance, au risque de voir les peuples profiter de chaque délai pour se fortifier contre l'oppression dont ils étaient menacés. Les ministres demandèrent des impôts; mais ils désiraient un refus, afin d'avoir le prétexte d'introduire des soldats dans la colonie.

La province de Massachusetts avait, suivant sa charte, le droit exclusif de porter dans son assemblée les lois de taxation; cette assemblée engagea les autres colonies à se joindre à elle, pour empêcher le roi et le parlement d'attenter à ce droit; elle déclara que *l'imposition des taxes sur le commerce ou sur les terres, sur les maisons ou sur les vaisseaux, sur les biens réels et personnels, fixes ou flottants dans les colonies, était absolument incompatible avec les droits des Américains, comme sujets britanniques et comme hommes*

Cette déclaration visait un principe de souveraineté. L'Angleterre prétendait que le parlement de l'empire britannique tout entier avait droit de taxer les colonies; les Américains, au contraire, que *taxation et représentation* sont deux termes inséparables; que, les colonies n'étant pas représentées dans le parlement, celui-ci ne pouvait disposer de leurs biens sous forme d'impôts, et que par conséquent c'était aux seules assemblées coloniales qu'il appartenait de voter des taxes.

Telle fut la question très-peu complexe, on le voit, d'où sortit la révolution américaine.

*<br>* *

John Adams, ayant appris le dessein qu'avait l'abbé de Mably d'écrire sur cette révolution, lui donna le conseil de diviser son histoire en trois périodes :

1º Depuis les premiers différends des colonies avec la Grande-Bretagne, en 1761, jusqu'au commencement des hostilités, le 19 avril 1775 : c'est une guerre de plume qui dure quatorze ans;

2º Depuis la bataille de Lexington jusqu'à la signature du traité avec la France, le 6 février 1778, période de trois ans : la guerre se fit uniquement entre la Grande-Bretagne et les États-Unis;

3º Depuis le traité avec la France jusqu'à la reconnaissance définitive par la Grande-Bretagne de l'indépendance et de la souveraineté des États-Unis, en 1783.

Suivant cette division, nous résumerons les faits principaux de la guerre, les actes mémorables du congrès, mais nous aurons surtout pour but de montrer quelle part revient à Washington et à la France dans le triomphe de la révolution américaine.

# CHAPITRE II

GUERRE DE PLUME. — TAXES COLONIALES. — RAPPEL DE
L'IMPÔT DU TIMBRE.
(1761-1775.)

Tant que les mesures prises par l'autorité royale ne furent pas manifestement inconstitutionnelles, les colonies s'étaient soumises avec abnégation à un régime qui préjudiciait à leurs intérêts. Mais, en 1761, le parlement autorisa les shériffs et les collecteurs des douanes à se servir d'*ordonnances de main-forte*, ou de mandats généraux de perquisition, en vertu desquels ils pouvaient pénétrer dans les magasins, dans les dépôts et dans les maisons particulières pour y rechercher les marchandises que l'on supposait n'avoir pas acquitté les droits. Une clameur générale s'éleva dans le Massachusetts, où les agents du fisc essayèrent d'abord d'exécuter les ordonnances de main-forte; on refusa d'y obéir, au nom de la légalité. Dans le premier procès qui fut intenté à cette occasion, l'avocat de la couronne, James Otis, descendit de son siége d'accusateur pour aller défendre les droits coloniaux. Son discours produisit une sensation immense. « Otis était une flamme, dit John Adams; tout
« disparaissait devant lui. L'indépendance américaine date

« de ce moment. Il me sembla que chacun des auditeurs
« se précipitait, comme je le fis moi-même, à la recherche
« de ses armes, afin de résister aux ordonnances de main-
« forte. »

Les juges évitèrent de rendre leur décision, et les mandats de perquisition, quoique accordés secrètement, ne furent jamais exécutés.

Quelques années plus tard, le parlement lance un bill soumettant à l'impôt du timbre (*stamp act*) les treize colonies de l'Amérique du nord (22 mars — 1ᵉʳ avril 1765).

Cet acte déclarait que, sous peine de nullité, tout document commercial devait porter un timbre dont le prix, sans être dans aucun cas inférieur à un shilling, s'élevait progressivement en proportion de la valeur de l'écrit. Pour appuyer l'exécution de cette loi, contre laquelle les colonies avaient énergiquement protesté, le parlement autorisa le ministère à envoyer en Amérique toutes les troupes nécessaires ; les colonies devaient fournir aux soldats le logement, les vivres, l'éclairage et du cidre ou du rhum.

Les Américains accueillirent ces mesures avec indignation : ils représentèrent que jamais rien de semblable n'avait eu lieu ; que c'était bien assez des rigueurs du régime colonial qui leur interdisait la fabrication d'un grand nombre d'objets et les obligeait à demander à l'Angleterre les choses dont ils avaient besoin, alors même qu'ils pourraient les obtenir ailleurs à meilleur marché. Si on voulait les imposer, il fallait tout au moins leur donner des représentants au parlement.

Ces représentations ne furent pas écoutées ; le papier timbré fut expédié.

⁎⁎⁎

A cette nouvelle, l'assemblée de Virginie déclare que le peuple n'est tenu à payer que les impôts votés par sa propre législature ; celle du Massachusetts, que les cours de justice accompliront leurs fonctions sans se servir du timbre ; des sociétés s'intitulant « Fils de la liberté » organisent la résistance à la loi et la défense générale des droits des colonies ; enfin un congrès composé des délégués de neuf colonies s'ouvre à New-York le premier mardi d'octobre 1765.

Cette assemblée rédige une déclaration des droits du citoyen, semblable à celle qui sert de base à la constitution anglaise, un mémoire au parlement et une pétition au roi.

Les législatures locales approuvèrent les actes du congrès : c'est ainsi que, pour la première fois dans leur histoire, une union fédérale fut formée entre les colonies américaines.

Le 1er novembre, jour de la mise à exécution de la loi du timbre, les cloches sonnèrent dans tout le pays et les pavillons furent mis en berne comme pour les « funérailles de la liberté. » Tous les distributeurs de timbres avaient donné leur démission ; le peuple ameuté saisit le papier et le jeta aux flammes ; des mannequins représentant l'impôt objet de la haine publique furent promenés dans les rues et pendus à des arbres, qu'on appela *arbres de la liberté ;* les employés qui tentèrent de vendr quelques parties du papier timbré échappées à la destruction virent leurs maisons assaillies et brûlées, et ce mouvement ne fut pas seulement populaire : toutes les classes de la société y prirent part. Les négociants des principales cités s'entendirent pour ne plus acheter de marchandises en Angleterre jusqu'au retrait de la loi, et les citoyens s'engagèrent à ne plus se servir d'objets de fabrication anglaise.

Une insurrection qui s'annonçait avec tant d'ensemble, une manifestation aussi énergique du sentiment public, ne pouvaient manquer d'agir fortement sur l'opinion en Angleterre. Les nombreux intérêts engagés dans le commerce des colonies s'en émurent, et de vives discussions eurent lieu dans le parlement. Dans des débats animés, Pitt et Burke se firent les avocats du retrait de la loi. « Je me réjouis de la résistance des Américains, dit Pitt ; se soumettre, c'était pour eux se réduire volontairement à l'esclavage. L'injustice les a rendus fous. Mon opinion est que la loi du timbre doit être rapportée absolument, totalement, immédiatement. »

Le cabinet, qui avait pour chef George Grenville, défendit en vain le bill du timbre. La perspective d'une guerre civile, dont nul ne pouvait prévoir le terme et les conséquences, lui fit perdre la majorité ; un autre ministère lui succéda.

La session suivante devait décider des mesures qui seraient prises. Benjamin Franklin avait demandé à présenter au parlement l'adresse de l'assemblée de New-York. On refusa de l'admettre officiellement, pour ne pas paraître approuver une assemblée sans caractère légal ; mais il fut entendu comme particulier, et ses réponses ne contribuèrent pas peu à disposer favorablement les esprits. Franklin dit que les colons n'avaient ni or ni argent pour payer les timbres ; qu'ils avaient supporté plus que leur part dans les frais de la dernière guerre, et qu'ils se trouvaient encore sous le poids des dettes contractées à cette occasion ; qu'ils étaient bien disposés pour la mère-patrie, mais que les actes du parlement affaiblissaient leur affection, et qu'à moins qu'ils ne fussent rapportés, toutes relations entre eux et l'Angleterre seraient brisées ; enfin qu'ils ne se soumettraient jamais à des impôts établis par ceux qui n'avaient aucune autorité pour le faire.

De son côté, George Grenville défendit avec autant d'énergie que d'éloquence la loi qui était son ouvrage.

« S'il ne s'agissait, dit-il, que de mon honneur et de celui de mes collègues, je me tairais, laissant au temps le soin de nous justifier ; mais il s'agit de l'honneur du gouvernement et de la dignité du pays, compromis par la conduite du nouveau cabinet, et je ne saurais m'empêcher de protester. Un an s'est écoulé depuis que le bill du timbre a dû être mis à exécution, et cette loi reste comme non avenue. On brave l'autorité du parlement ; les fonctionnaires qui veulent la faire respecter sont indignement maltraités. Tout ce que savent faire les ministres, qui devraient la soutenir, c'est de leur recommander la prudence et la modération ; aussi l'audace des révoltés croît-elle de jour en jour, et nul doute qu'après avoir obtenu la révocation du bill du timbre, ils aspireront à une complète indépendance.

« De quel droit, en effet, le parlement ferait-il des lois pour restreindre le commerce des colonies, s'il ne peut en faire pour les imposer ? Ces restrictions ne sont-elles pas une autre forme de l'impôt ? C'est le privilége, dit-on, de tout sujet anglais, de n'être imposé que de son consentement, et les colons ne sont point représentés ici. Mais les neuf dixièmes de la population de l'Angleterre, qui ne jouissent point du droit d'élire, y sont-ils représentés davantage ? L'ingratitude des colons ajoute à l'odieux de la rébellion, puisque l'impôt n'est demandé que pour acquitter les dépenses d'une guerre entreprise pour leur défense ; et les ministres cependant ne trouvent pour eux que des paroles d'indulgence, et ils sont prêts à sacrifier, par une concession imprudente, les droits du pays aux prétentions arrogantes d'une partie de ses sujets. »

Guillaume Pitt réfuta ce discours : « Quel est, dit-il, ce conseil qu'on nous donne? Après nous avoir placés au bord d'un abîme, on veut nous persuader de nous précipiter jusqu'au fond ; et quel est le motif qu'on invoque? Ce n'est point la justice et l'intérêt du pays, mais un faux point d'honneur, semblable à celui qui agit sur les individus, comme si l'honneur, pour un gouvernement, n'était pas d'être juste et de sauver le pays! Non, le parlement n'a pas le droit d'imposer les colonies. L'impôt que nous votons est un don volontaire des communes, et nous sommes les représentants des communes d'Angleterre, non point ceux des colonies. Les seuls représentants légitimes de celles-ci, en matière d'impôt, sont les assemblées coloniales, élues par elles. Qu'on blâme, si l'on veut, leurs violences contre le bill qu'elles repoussent, mais qu'on ne conteste pas leurs droits, et qu'on ne nous accuse pas, nous qui les défendons, d'être des factieux. Il faut s'applaudir, au contraire, de ce qu'il y a ici des hommes qui savent, par politique autant que par justice, se dépouiller d'un faux orgueil national, pour prévenir, s'il se peut, par des concessions raisonnables, une guerre civile dont les ennemis de l'Angleterre s'apprêtent à recueillir le fruit. »

Les observations de Franklin et la réfutation de Pitt entraînèrent le parlement, qui révoqua le bill du timbre, le 18 mars 1766.

A cette nouvelle, grandes réjouissances dans les colonies et dans les ports anglais, dont le commerce commençait à se trouver compromis. Mais la paix ne fut pas de longue durée ; de nouveaux sujets de querelle ne tardèrent pas à se produire.

En 1767, pressé par les besoins du trésor, le chancelier de l'Échiquier fit passer au parlement une loi qui reçut l'assentiment royal le 29 juin, et qui établissait des droits sur le papier, le thé, le verre et quelques autres articles importés dans les colonies (20 juin).

De nouvelles associations se formèrent immédiatement contre l'importation ; le Massachusetts devient le foyer principal du mouvement. A Boston les commissaires des douanes veulent saisir une cargaison soumise à l'impôt ; le peuple les attaque et les force à chercher un refuge dans le fond de la baie ; la ville est occupée militairement pour la punir de son *insolence*. Le 5 mars 1770, une collision a lieu entre la troupe et la population : trois citoyens sont tués et cinq blessés.

Le *massacre de Boston*, comme on appela cette affaire, produisit une immense émotion dans le pays : il excita si vivement l'esprit public contre l'Angleterre que le gouvernement se vit obligé d'abolir toutes les taxes, sauf un droit de trois pences sur la livre de thé, maintenu par ordre formel du roi, « parce qu'il devait toujours exister une taxe, ne fût-ce que pour affirmer le droit d'imposer. »

C'était comprendre tout au rebours le sentiment des Américains, qui précisément ne combattaient point le montant des droits, mais leur légalité.

De nouvelles associations se formèrent ; on déclara ennemi du pays « quiconque participerait au déchargement, à la réception ou à la vente de thé. » Des bâtiments de la Compagnie des Indes, chargés de cette denrée, étaient arrivés à Boston, dans la nuit du 18 décembre 1773 ; une bande de citoyens, revêtus du costume indien, se rendirent à bord et vidèrent toute la cargaison dans la mer.

Vers la même époque, John Malcolm, officier des douanes, ayant eu la hardiesse de saisir un navire dans le port de Falmouth, subit le châtiment usité depuis quatre ans pour cette espèce de crime : il fut arrêté par la multitude irritée, roulé dans le goudron, puis dans la plume, et exposé pendant trois jours aux huées de la populace. Comme il eut l'imprudence de s'expliquer avec mépris sur le traitement qu'il avait subi, disant que le roi et le parlement lui feraient bientôt raison de cette canaille, ces propos indignèrent contre lui tout le peuple.

Malcolm ayant fait naître lui-même une nouvelle occasion en frappant de sa canne un marchand de la ville, les Bostoniens entrèrent en foule dans sa maison, l'attachèrent par une corde et le descendirent par la fenêtre dans une charrette. Ils le dépouillèrent de ses vêtements, ce qui n'avait pas eu lieu la première fois ; puis, lui ayant goudronné la tête et le corps tout entier, ils l'emplumèrent. Traîné dans cet état à travers la grande rue et les principaux quartiers, il fut amené au pied du gibet, attaché à la potence et fouetté de verges. Après cette exécution il dut remercier à haute voix le ciel de n'être pas pendu, et le peuple le ramena chez lui, sans lui faire d'autre mal.

A la nouvelle de ces violences, le parlement adopta les mesures les plus sévères. Tout commerce avec Boston fut interdit, et le siége du gouvernement de la colonie transporté à Salem. La nomination de tous les fonctionnaires du Massachusetts, élus par le peuple, passa au gouverneur ; de nouvelles lois imposèrent des garnisons à toutes les colonies, et il fut décrété que tout acte d'opposition à leur mise en vigueur de la part d'un agent du gouvernement colonial serait jugé en Angleterre. En vain le célèbre Burke combattit ces bills dans la Chambre des communes, soutenant qu'ils étaient contraires aux droits d'un peuple libre, et ne pouvaient qu'attiser le feu au lieu de l'éteindre. Ils obtinrent une grande majorité dans les deux chambres.

La conduite du parlement anglais porta l'indignation à son comble.

Boston était devenu comme le champion des droits populaires et la victime de la politique de Londres; toutes les cités firent cause commune avec la capitale de la Nouvelle-Angleterre. Salem refusa de devenir le siége du gouvernement, et Marblehead offrit aux négociants de Boston l'usage gratuit de son port. Les colonies les plus éloignées, les établissements mêmes situés dans les bois au delà des Alleghanys, adressèrent à la ville ruinée et persécutée de l'argent et des provisions. Québec envoya 1,000 boisseaux de froment; à Londres même, une souscription organisée en faveur de Boston atteignit le chiffre de 30,000 livres sterling (750,000 fr.).

Rien ne pouvait plus enrayer la révolution que la reconnaissance formelle par la couronne des droits revendiqués par les citoyens anglais de l'Amérique du Nord.

# CHAPITRE III

ATTITUDE DE LA VIRGINIE. — SENTIMENTS ET CONDUITE DE WASHINGTON PENDANT LA PREMIÈRE PÉRIODE DE LA RÉVOLUTION.

L'émotion produite dans la Nouvelle-Angleterre par la fameuse loi sur le timbre avait bientôt gagné toutes les colonies. On eût dit, pour employer le langage du temps, que l'adoption de cette loi sonnait en Amérique le glas de la liberté. « Le soleil de la liberté vient de disparaître, » écrivait Franklin à Charles Thompson, le futur secrétaire du congrès ; « il faut que les Américains allument la lampe du travail et de l'économie. — Soyez bien assuré, » lui répondit son ami, « que ce que nous allumerons, ce seront des torches d'une toute autre espèce. » Tel était, en effet, le sentiment général des colons : la guerre, plutôt que la soumission à l'injustice.

La chambre des bourgeois de Virginie était en session quand arriva la nouvelle. Tout odieuse que fût la mesure en question, il était dangereux de s'y opposer, et personne n'osait la mettre en discussion. Patrick Henry était le plus jeune membre de la chambre. Après avoir vainement attendu que quelque collègue plus âgé prît l'initiative, il rédigea à la hâte sur la marge d'un vieux code cinq résolutions, qui, en termes énergiques, affirmaient les droits des colonies, et niaient que le parlement eût qualité pour les imposer. La lecture de ce document produisit à la chambre une consternation véritable. Le président était royaliste, ainsi qu'un grand nombre de membres, et il s'ensuivit un débat violent et prolongé. Mais l'éloquence de Henry eut raison de l'opposition. Au milieu d'une harangue passionnée, il prononce ces audacieuses paroles : « César a eu son Brutus, Charles I$^{er}$ son Cromwell, et George III.... — Trahison ! » s'écrie le président. « Trahison ! » répètent plusieurs membres de l'assemblée. « Et George III, » reprend Henry, d'une voix assurée, « peut mettre leur exemple à profit. S'il y a là trahison, faites ce que voudrez. »

Les résolutions proposées furent adoptées. Répandues à profusion dans les colonies, elles excitèrent partout l'enthousiasme et l'esprit de résistance.

\*
\* \*

Au milieu de l'agitation publique, Washington s'efforçait de conserver son égalité d'âme; il était pourtant trop bon patriote pour ne pas embrasser une cause qui était celle de tout le pays, et nous allons le voir entraîné dans le courant de la révolution.

La législature de Virginie devait, au mois de mai 1768, s'ouvrir en brillant apparat. Pendant qu'on réunissait des forces militaires pour écraser les puritains du Nord, on songeait à éblouir les aristocratiques descendants des cavaliers du Sud par un reflet des splendeurs royales. Lord Botetout, chambellan de la couronne, était récemment arrivé comme gouverneur. Il apportait des idées tout à fait fausses sur les Américains, qu'on lui avait représentés comme des factieux, des gens immoraux, prêts à la sédition, mais vaniteux, amoureux du plaisir et faciles à séduire par les apparences du luxe et de la splendeur. Ces faiblesses avaient été visées dans sa nomination. On avait compté sur son titre et son nom, et le roi lui avait fait cadeau, pour les jours de cérémonies, d'un des carrosses de gala de la cour, et de la quantité de vaisselle qu'on donne ordinairement aux ambassadeurs.

Effectivement, le jour de la première séance, le gouverneur se fit conduire de sa maison au Capitole dans un char traîné par six chevaux blancs, et, après avoir fait son discours, il retourna chez lui avec le même appareil.

Le temps était passé où de tels spectacles pouvaient produire quelque effet. Par d'énergiques résolutions l'acte récent du parlement imposant des taxes aux colonies fut déclaré illégal, et copies de ces résolutions furent transmises aux autres colonies, avec prière d'y adhérer.

D'autres actes de la chambre des bourgeois montrèrent sa communauté de vues avec leurs compatriotes de la Nouvelle-Angleterre.

Lord Botetout ne fut pas peu étonné d'apprendre que la chambre le prenait sur un ton si élevé. Revenant au Capitole, le lendemain à midi, il adressa des reproches au président et aux membres de la chambre du conseil, et leur dit :

« Monsieur le président et messieurs les gentlemen de la chambre des bourgeois, j'ai entendu parler de vos résolutions, et j'augure mal de leurs effets. Vous m'avez mis dans l'obligation de vous dissoudre ; vous êtes dissous à l'instant même. »

Il n'était pas si facile d'apaiser des esprits montés au plus haut degré par les derniers décrets du Parlement. Les bourgeois se donnèrent rendez-vous dans une maison particulière. Peyton Randolph, leur ancien président fut élu pour les diriger.

Washington avait concerté avec Mason le plan d'une association dont les membres s'engageaient à n'importer et à ne se servir d'aucune étoffe, marchandise ou produit manufacturé taxés par le parlement à l'effet de prélever un revenu en Amérique. Cet instrument fut envoyé, par ordre de la chambre des bourgeois, dans le pays pour être couvert de signatures, et le plan de non-importation, jusque-là confiné à un petit nombre de colonies du Nord, ne tarda pas à être universellement adopté. Pour sa part Washington y adhéra rigoureusement pendant l'année. Les articles proscrits ne furent plus vus dans sa maison, et son agent de Londres eut l'ordre de ne plus rien lui expédier qui fût sujet à taxation.

La fermentation populaire en Virginie s'était graduellement apaisée par l'esprit aimable et conciliant de lord Botetout, vite revenu des erreurs qu'il avait commises en entrant en fonctions. Il mit de côté son équipage et son train demi-royal; il examina les griefs du public, devint un ardent partisan du rappel des taxes; et, autorisé par les dépêches qu'il recevait du ministre, assura au public que les taxes seraient prochainement rapportées. Sur la foi de cette promesse, pour un temps la Virginie rentra dans la tranquillité.

L'apaisement ne devait pas être de longue durée. La nouvelle du *massacre de Boston* fit éclater de nouveau et avec plus de violence le mécontentement des Virginiens (1770). Ils perdirent toute espérance de voir le Gouvernement revenir à des sentiments plus justes. Lord Botetout, trompé par le ministre, demanda à être rappelé mais il n'avait pas encore reçu de réponse, qu'une fièvre maligne le conduisit au tombeau.

※

Après plusieurs prorogations, le nouveau gouverneur, lord Dunmore, s'était vu forcé par les circonstances de convoquer la chambre des bourgeois le 1ᵉʳ mars 1773.

Washington s'empressa de se rendre à son poste, et fut le premier parmi les patriotes à saisir cette occasion longtemps attendue de légiférer sur les affaires générales des colonies. On nomma un comité de onze membres, dont la mission serait d'obtenir les renseignements les plus authentiques sur tous les actes et résolutions du parlement et sur toutes les entreprises de l'administration relatives aux colonies anglaises et de nature à les blesser. Ce comité devait se maintenir en correspondance permanente avec les colonies sœurs.

Tout marchait à souhait, quand une lettre du comité de correspondance vint annoncer la mesure du parlement qui fermait le port de Boston à dater du 1ᵉʳ juin. Cette nouvelle produisit à la chambre des bourgeois une indignation générale. Une protestation fut enregistrée au procès-verbal, et l'on décida que le 1ᵉʳ juin serait un jour de jeûne, de prière et d'humiliation : on demanderait à l'intervention divine de protéger les droits menacés, et de donner au peuple un seul cœur et un seul esprit dans son opposition aux attentats contre les libertés américaines.

La matinée suivante, pendant que les bourgeois étaient engagés dans un débat très-animé, ils reçoivent l'ordre de se rendre à la chambre du conseil ; là, lord Dunmore leur tint ce laconique discours : « Monsieur le président et vous, « gentlemen de la chambre des bourgeois, j'ai entre mes « mains un écrit publié par ordre de votre chambre, conçu

« en des termes tels qu'il atteint hautement Sa Majesté et
« le Parlement de la Grande-Bretagne ; ce qui me met dans
« la nécessité de vous dissoudre, et vous êtes dissous dès
« ce moment. »

Comme dans une occasion précédente, l'Assemblée ne s'était pas dispersée, ses membres se donnèrent rendez-vous dans une grande salle de la vieille taverne Raleigh, et prirent des résolutions dénonçant le bill du port de Boston comme le plus dangereux attentat contre les libertés constitutionnelles et les droits de toute l'Amérique du Nord ; recommandant à leurs concitoyens de renoncer à l'usage du thé et de toutes les denrées venant des Indes orientales ; déclarant que toute tentative contre une colonie pour y introduire des taxes arbitraires était un attentat contre toutes les autres, et ordonnant au comité de correspondance de communiquer avec les autres comités, à l'effet de faire nommer dans les colonies britanniques des députés qui se réuniraient annuellement en *congrès général*, en tel lieu qu'il serait jugé convenable, pour délibérer sur les mesures à prendre dans l'intérêt commun.

Bien que lord Dunmore eût dissous la chambre des bourgeois, ses membres n'en restèrent pas moins avec lui dans les termes les plus courtois, et un bal qu'ils avaient décrété en l'honneur de lady Dunmore eut lieu le 27 mai.

Quant à Washington, bien qu'il différât complétement de lord Dunmore sur les points les plus importants de la politique, son intimité avec lui n'en était pas moins grande. De ses notes journalières il résulte qu'il dîna et passa la soirée chez le gouverneur le 25, le jour même de la réunion à la taverne Raleigh. Il alla visiter avec lui une ferme des environs, ils déjeûnèrent ensemble le 26, et se retrouvèrent au bal du 27. La politesse de Washington était exquise, mais son énergie n'y perdait rien quand il fallait défendre l'opinion populaire.

Le 29, deux jours après le bal, des lettres arrivèrent de Boston, annonçant que dans un meeting de la cité on avait recommandé la formation d'une ligue générale des colonies, suspendant tout commerce avec la Grande-Bretagne. Il ne restait plus à Williamsburg que vingt-cinq membres de la chambre des bourgeois, y compris Washington. Ils tinrent une réunion le jour suivant, sous la présidence de Peyton Randolph. Après une courte discussion, on décida de lancer une circulaire imprimée, portant leurs signatures et convoquant à un meeting tous les membres de l'ancienne chambre des bourgeois, pour le 1er août, à l'effet de prendre en considération l'établissement de cette ligue. La circulaire leur recommandait en même temps de consulter l'esprit de leurs différents comités.

Washington était encore à Williamsburg le 1er juin, jour où fut mis à exécution le bill du port de Boston. Ce jour fut annoncé par les cloches et observé par tous les patriotes comme un jour de jeûne et d'humiliation. Washington note dans son journal qu'il a scrupuleusement jeûné, et assisté au service qui eut lieu à cette occasion. Et, malgré tout, les relations amicales avec la famille Dunmore se continuèrent durant le reste de son séjour à Williamsburg où il fut retenu par ses affaires jusqu'au 20 juin ; ce n'est qu'à cette date qu'il repartit pour Mount Vernon.

Quelques jours après sa rentrée à Mount Vernon, dans la dernière partie de juin, Washington présida comme *moderator* un meeting des habitants du comté de Fairfax, dans lequel, après qu'on eut discuté les différents actes du parlement, un comité fut institué sous sa présidence lequel était chargé d'exprimer énergiquement les sentiments de la réunion, et de venir les affirmer dans un meeting général du comté qui devait être tenu au Palais-de-Justice le 18 juillet.

Le comité se réunit, comme il avait été arrêté, sous la présidence de Washington. Il fut décidé que les colonies avaient droit au self-gouvernement; que taxation et représentation étaient inséparables de leur nature; que les différents actes du Parlement pour lever des impôts et restreindre le jury, abolir la charte de Massachusetts, indiquaient le dessein d'introduire dans la colonie un gouvernement arbitraire. Les dissolutions soudaines et répétées des assemblées soupçonnées de vouloir examiner l'illégalité des ordres ministériels, ou de délibérer sur les droits violés de leurs constituants, faisaient partie du même système, étaient calculées pour amener le peuple des colonies au désespoir et rompre les liens qui avaient engagé leurs ancêtres et eux-mêmes à rester dépendants de la couronne britannique. Les résolutions recommandaient l'union et la coopération les plus entières entre les colonies, des conventions solennelles de non-importation et de non-commerce, et la rupture de toute affaire avec chaque colonie, ville ou province qui refuserait d'adopter le plan du congrès général.

Une pétition soumise et respectueuse, adressée au roi par le congrès, était recommandée à la signature de tous les patriotes; elle affirmait leur désir de continuer à vivre sous la dépendance de la Grande-Bretagne; et tout en conjurant le souverain de ne pas réduire ses sujets au désespoir, elle le suppliait de réfléchir qu'après un appel inutile à sa justice, il n'y avait plus qu'un seul recours.

Ces résolutions sont d'autant plus dignes d'être notées qu'elles expriment les opinions et les sentiments de Washington à cette époque féconde en événements, si même elles n'ont pas été entièrement dictées par lui. La dernière sentence est même d'une redoutable conséquence, car elle suggère la possibilité d'être obligé d'en venir aux armes.

La mesure populaire sur laquelle comptait le plus Washington pour obtenir du gouvernement le redressement de leurs griefs, était le plan de « non-importation : — « Je suis convaincu comme de mon existence, disait-il, que nous n'avons de ressources que dans leur détresse; et je pense, ou du moins j'espère, qu'il nous reste encore assez de vertu publique pour, dans le but d'arriver à nos fins, nous priver de tout ce qui ne serait pas exclusivement nécessaire à la vie. » En même temps il s'opposa énergiquement à l'idée qu'on suggérait, de retenir toutes les traites de l'Angleterre. « Quand nous accusons les autres d'injustice, dit-il, il faut être justes nous-mêmes; et que nous le puissions en refusant de payer à la Grande-Bretagne la dette considérable que nous avons contractée envers elle, voilà ce que je ne puis concevoir : rien que la dernière extrémité ne saurait justifier cette mesure. »

Le 1er août la convention des représentants de toute la Virginie s'assembla à Williamsburg. Washington présenta la cause du comté de Fairfax, et développa les résolutions déjà citées dans le sens de ses commettants. Un des membres présents rapporte qu'il parla avec une force et une éloquence peu communes; il offrit même de lever mille hommes, de les entretenir à ses frais et de les conduire au secours de Boston.

La convention resta six jours en session. Les résolutions adoptées étaient conçues dans le même esprit que celles du comté de Fairfax ; Peyton Randolph, Richard-Henri Lee, George Washington, Patrick Henry, Richard Blaud, Benjamin Narrison et Edmond Pendleton furent nommés délégués de la Virginie au congrès général.

\* \*

La tournure que prenaient les affaires froissait les sentiments de loyauté d'un des plus précieux amis de Washington, Bryon Fairfax, de Tarlston-Hall, un jeune frère de George William, en ce moment en Angleterre. C'était un homme de sentiments libéraux, mais attaché à l'ancien régime ; aussi, dans une lettre à Washington, lui suggérait-il qu'une pétition à la couronne pourrait donner au Parlement le prétexte de rappeler ses actes offensifs.

« Je voudrais de tout mon cœur, répondit Washington, partager vos sentiments politiques, en ce qui touche une humble et dévouée pétition à la couronne, si c'était là l'espérance même la plus éloignée d'un succès. Mais notre expérience n'est-elle pas déjà faite à ce sujet? N'avons-nous pas envoyé des adresses aux lords, des remontrances à la Chambre des communes ? A quelle fin ? N'est-il pas clair comme le soleil en plein midi qu'il existe un plan régulier, systématique, pour nous soumettre à des droits, nous imposer des taxes?..... L'attentat contre les libertés et les propriétés du peuple de Boston, avant même d'avoir demandé la réparation des pertes subies par la Compagnie des Indes, n'est-il pas une preuve entière, évidente par elle-même de ce qu'on exige? Et les bills subséquents, qui privent la baie de Massachusetts de la charte, ordonnent le transport des accusations dans d'autres colonies, en Angleterre, où il est impossible, d'après la nature même des griefs, que justice puisse être obtenue, tout cela ne nous convainc-t-il pas que l'administration a l'intention de ne se laisser arrêter par rien pour arriver à son but? Ne devons-nous pas alors mettre notre vertu et notre courage à de meilleures épreuves?

# CHAPITRE IV

LE VIEUX CONGRÈS CONTINENTAL. — BATAILLE DE LEXINGTON.

(1775.)

A cette période de la révolution américaine, deux partis divisent le pays, les *whigs*, défenseurs des droits du peuple, et les *tories* ou royalistes, qu'on appelle aussi loyalistes. Malgré le tumulte des meetings où retentit l'éloquence indignée des défenseurs de la liberté, les whigs luttaient énergiquement pour empêcher tout acte qui pût donner prise aux autorités anglaises. Voulant conserver à la résistance un caractère pacifique, on résolut de convoquer à Philadelphie un congrès des députés de toutes les colonies.

Chacun sentait la nécessité de ne pas abandonner Boston aux vengeances de la métropole irritée, car les mesures prises contre cette vaillante cité les menaçaient toutes également.

Cinquante-cinq délégués se trouvèrent réunis, le 4 septembre 1774, à l'hôtel de ville de Philadelphie; ils représentaient toutes les colonies, sauf la Géorgie. Parmi eux se trouvaient Washington, Patrick Henry, Richard-Henri Lee, Edward et John Rutledge, Christophe Gadsden, Samuel Adams, John Adams, Roger Sherman, Philippe Livingston, John Jay et le docteur Witherspoon, président du collége de Princeton.

Comme orateur, Patrick Henry était sans rival; après lui se distinguait John Rutledge; « mais, s'il s'agit d'instruction solide, de jugement sain, dit Patrick Henry, Washington était, sans contredit, le plus grand de tous. »

Peyton Randolph fut élu président (*speaker*), et Patrick Henry ouvrit la discussion en ces termes :

« La tyrannie anglaise a effacé les limites qui séparaient l'une de l'autre les colonies; les distinctions entre Virginiens, Pensylvaniens, New-Yorkais et Néo-Anglais n'existent plus. Je ne suis pas Virginien, je suis Américain. »

On commença par lire une adresse du Massachusetts, qui exposait les dangers dont Boston était menacée et demandait l'assistance des autres colonies. L'assemblée décréta que la cause de Boston était la cause commune, et que rien ne serait épargné pour la défense de cette ville généreuse.

Une déclaration fut ensuite votée, établissant le droit des colons, en leur qualité de sujets britanniques, de participer à la rédaction de leurs propres lois; — le droit de jugement par le jury; — le droit de réunion; — le droit de pétition pour le redressement de leurs griefs.

Le congrès protestait en même temps contre le maintien d'une armée permanente dans les colonies sans leur assentiment, et contre onze lois promulguées depuis l'avénement de George III, au mépris des droits et priviléges coloniaux.

Trois adresses sont rédigées : l'une au roi, pour demander le redressement de ces griefs; l'autre, au peuple anglais, pour invoquer son appui; la troisième, au peuple des colonies, pour l'exciter à faire preuve de persévérance et de courage.

Les mesures proposées eurent un caractère tout pacifique, et consistèrent principalement dans la formation d'une « association américaine » dont tous les membres s'engageraient à n'entretenir aucunes relations avec la Grande-Bretagne et les Indes occidentales, et à ne se servir ni du thé ni des marchandises venant d'Angleterre.

Aveuglés sur leur force, sourds à la voix de la justice, les ministres demandèrent au parlement de 1774 que les mesures prises contre Boston fussent étendues aux autres colonies, et dix mille hommes furent embarqués pour les ramener au devoir.

Voyant que le conflit devenait de plus en plus inévitable, les Américains, de leur côté, se préparaient partout à la guerre : ils organisèrent et armèrent leurs milices, s'emparèrent de tous les dépôts d'armes et de munitions qui n'étaient point gardés ; dans le Massachusetts notamment, presque tous les citoyens valides furent exercés chaque jour au maniement des armes, et on les engagea à se tenir toujours prêts à partir au premier avis : d'où leur nom de *minute men* (hommes à la minute).

Il ne fallait plus qu'une occasion pour qu'on en vînt aux mains; elle ne tarda pas à se présenter.

Toutes les délibérations avaient eu lieu à huis clos, pour qu'on y apportât plus de calme. Les résolutions adoptées produisirent une immense sensation des deux côtés de l'Océan ; elles arrachèrent à lord Chatam ces paroles devenues célèbres :

« Quant à moi, je dois avouer que dans toutes mes lectures, — et, j'ai lu Thucydide, et j'ai étudié et admiré les grands maîtres de toutes les époques et de tous les pays, — je n'ai rien vu qui surpasse les actes du congrès général de Philadelphie, pour la solidité du raisonnement, la vigueur de la discussion et la sagesse des conclusions, eu égard surtout à la complication de si graves circonstances. L'histoire de Grèce et de Rome ne vous offre rien qui les égale, et ce serait en vain qu'on tenterait d'imposer la servitude à une aussi puissante nation continentale. »

En mai 1774 le général Gage, ancien officier de l'armée de Braddock, avait été nommé gouverneur du Massachusetts. Ses mesures inconsidérées hâtèrent l'approche de la crise. Il voulut affaiblir la cause de la liberté en essayant d'acheter Samuel Adams au prix d'un haut emploi. Mais cet homme loyal, considéré à juste titre comme le chef du parti patriotique à Boston, et que Jefferson devait un jour représenter comme « sage dans le conseil, fertile « en ressources, et immuable dans ses résolutions, » Adams était aussi incorruptible que brave. « Je crois, » répondit-il au messager de Gage, « avoir depuis long-« temps fait ma paix avec le Roi des rois, et il n'y pas de « considération personnelle qui puisse m'induire à aban-« donner la cause juste de mon pays. Dites au gouver-« neur Gage que Samuel Adams lui conseille de ne pas « insulter plus longtemps aux sentiments d'un peuple « exaspéré. »

Les enfants de Boston étaient animés du même esprit. Ils avaient coutume, en hiver, de s'amuser à bâtir des maisons de neige, et à patiner sur une mare située dans les terrains communaux. Les soldats se permirent de venir les troubler dans leurs jeux, et leurs plaintes, accueillies avec dédain par les officiers subalternes, furent tournées en ridicule. A la fin, un certain nombre des plus grands se firent admettre près du général Gage, et lui déclarèrent qu'ils venaient lui demander satisfaction. « Eh quoi ! » dit Gage, est-ce que vos parents vous ont enseigné « la rébellion, et vous envoient ici pour faire preuve de « votre savoir? » « Personne ne nous a envoyés, » répondit, l'œil enflammé, celui qui portait la parole. « Nous « n'avons jamais insulté vos soldats; et cependant ils « ont bouleversé nos maisons de neige, et brisé la glace « de l'étang où nous patinions. Nous nous sommes plaints, « et ils nous ont appelés jeunes rebelles, et nous ont dit « de faire ce que bon nous semblerait. *Nous avons parlé « au capitaine, et il nous a ri au nez.* Hier on a détruit « pour la troisième fois ce que nous faisions, et c'est ce « que nous ne voulons pas supporter plus longtemps. » Le général anglais ne put dissimuler son admiration. « Les « enfants eux-mêmes, « dit-il, » respirent ici, avec l'air, « l'amour de la liberté. Allez, mes braves garçons, et, si « mes soldats vous molestent de nouveau, vous pouvez « être assurés qu'ils seront punis. »

A quelque temps de là, Gage, instruit que le gouvernement provincial du Massachusetts formait un dépôt d'armes à Worcester et à Concord, envoya un détachement pour s'en emparer. Celui-ci rencontra un poste de miliciens à Lexington, à mi-chemin entre Boston et Concord, et fit feu sur eux. Plusieurs hommes furent tués. Les Anglais atteignirent Concord et détruisirent quelques dépôts; mais un corps plus nombreux des milices survint et fit battre en retraite les Anglais, qui ne rentrèrent pas sans peine à Boston, après avoir perdu cent soixante-treize tués et blessés (18 avril 1775).

La nouvelle de ces batailles fut comme un coup de clairon appelant le peuple aux armes. C'est l'effet qu'elle produisit sur l'esprit de Washington; on le voit dans une lettre qu'il écrivait le 31 mai 1775 à un ami d'Angleterre. Il regrette évidemment que le sang ait été versé, et surtout qu'il faille en verser davantage; mais il se réjouit de ce que le peuple n'ait pas reculé devant cette terrible alternative, et son esprit est préparé à coopérer avec lui dans la mesure de son habileté.

« Le général Gage reconnaît, écrit-il, que le détachement commandé par le lieutenant-colonel Smith avait été envoyé pour détruire une propriété privée; ou, en d'autres termes, pour détruire un magasin que les habitants avaient établi dans un but de préservation personnelle. Et il confesse aussi, en effet, au moins, que ses hommes avaient opéré une retraite tout à fait précipitée de Concord, malgré le renfort arrivé avec lord Precy. Ce dernier aveu peut servir à convaincre lord Sandwich et ceux qui partagent son sentiment que les Américains se battront pour leurs libertés et leurs propriétés, si pusillanimes qu'ils puissent paraître à d'autres égards aux yeux de Sa Seigneurie.

« Des meilleurs récits que j'ai été à même de rassembler sur cette affaire, il résulte que, si la retraite n'avait pas été aussi précipitée qu'elle le fut, les troupes ministérielles auraient été faites prisonnières ou taillées en pièces; car elles n'étaient pas arrivées à Charlestown (sous le couvert de leurs vaisseaux) depuis une demi-heure, qu'un corps puissant de citoyens de Marblehead et Salem était sur leurs talons, et leur aurait inévitablement coupé la retraite sur Charlestown, s'il était survenu une heure plus tôt. Malheureusement il n'en faut pas moins réfléchir que l'épée d'un frère a été plongée dans la poitrine d'un frère, et que les plaines jusqu'ici heureuses et pacifiques de l'Amérique doivent être aujourd'hui ou arrosées de sang, ou habitées par des esclaves. Déplorable alternative! mais un homme vertueux peut-il hésiter à choisir? »

\*\*\*

La guerre de plume était terminée, le combat de Concord ne laissait plus aucune voie ouverte à la réconciliation.

L'assemblée du Massachusetts, qui avait transporté sa résidence en dehors de Boston, appela tous les Américains aux armes. Trente mille hommes de milices se trouvèrent bientôt rassemblés autour de la ville.

Boston est situé sur une presqu'île qui ne tient au continent que par une étroite langue de terre ; les Américains se portèrent à l'entrée. Ils occupèrent Charlestown, séparé de Boston par un bras de mer, et d'où leur canon pouvait porter sur la ville. Leur projet était de resserrer de plus en plus la garnison, et par le défaut de vivres de l'obliger à se retirer. Le 17 juin 1775, à l'aube du jour, une redoute élevée à la hâte sur les hauteurs de Bunker's Hill, à Charlestown, frappa les yeux des Anglais, qui ne s'attendaient pas à tant d'audace et se préparèrent immédiatement à l'assaut. Les Américains repoussèrent deux fois les assaillants, et déployèrent un grand courage ; mais, attaqués une troisième fois et ayant épuisé toutes leurs munitions, ils furent obligés de se retirer.

La liste des morts et des blessés attestait la supériorité que les Américains avaient eue sur les troupes anglaises dans la journée de Bunker's Hill : les Anglais comptaient onze cent cinquante-quatre hommes, tant tués que blessés, dont deux cent quatre-vingt-six étaient restés morts sur le champ de bataille, nombre prodigieux sur un corps de quatre mille hommes : ils avaient eu quatre-vingt-huit officiers tués ou blessés. La perte des Américains n'était que de quatre cent quarante-neuf tués, blessés ou prisonniers ; mais parmi les morts se trouvait le docteur Warren, l'un des plus éloquents et des plus populaires parmi les chefs patriotes de Boston et qui, après avoir servi son pays dans les conseils, avait voulu combattre pour son indépendance. Le congrès honora sa mémoire par de magnifiques funérailles, à la suite desquelles le ministre Nelson prononça son éloge. La fin de son discours mérite d'être ici rapportée ; elle donnera une juste idée de l'éloquence américaine au début de la révolution :

« .... Approchez aussi, vous pères et mères de famille !
« Approchez du corps sanglant de Warren ; que vos lar-
« mes lavent ces blessures honorables et funestes : con-
« templez l'ouvrage du pouvoir arbitraire ! Mais ne vous
« arrêtez pas trop longtemps auprès de ces restes inani-
« més ; retournez aussitôt dans vos demeures raconter à
« vos enfants les circonstances de ce douloureux spec-
« tacle ; retracez-leur la cruauté des tyrans et les suites
« affreuses de l'esclavage. Qu'ils s'animent, qu'ils s'agi-
« tent à ces peintures sanglantes ; que leurs cheveux se
« dressent sur leurs têtes, que leurs yeux s'enflamment,
« que leurs fronts deviennent menaçants, que leurs bou-
« ches s'entr'ouvrent pour exprimer l'indignation, et
« qu'ils ne puissent former qu'un cri de vengeance et
« d'horreur : alors, alors, montrez-leur l'ancienne charte
« de leurs priviléges, la maison tutélaire où ils ont passé
« leurs jours, le champ qui doit être leur héritage ; et
« soudain donnez-leur des armes et tout l'équipage mili-
« taire. Embrassez-les, qu'ils partent pour les combats,
« et que votre dernier vœu pour eux soit qu'ils reviennent
« vainqueurs, ou qu'ils meurent comme Warren au mi-
« lieu de la gloire et pour la liberté. »

\*
\* \*

La bataille de Bunker's Hill, le premier conflit sérieux de la Révolution, bien qu'elle eût été, en réalité, une défaite, fut universellement considérée par les Américains comme une victoire; de quelque façon qu'on l'apprécie, elle eut cette influence favorable de leur donner la conscience de leur solidité devant les soldats anglais.

D'autres avantages obtenus ailleurs augmentèrent encore leur confiance dans le succès : les milices du Connecticut, sous la conduite du colonel Arnold, homme ardent et aventureux, s'étaient emparées du fort Ticondéroga, sur la route du lac Champlain et du Canada. Poussant de là jusqu'à Crownpoint, autre fort du New-York, à l'entrée du lac, elles s'en rendirent également maitresses, et mirent ainsi en la possession de l'armée coloniale deux forts importants, et des ressources en armes et en munitions dont elles étaient dépourvues.

Telle était la situation des parties belligérantes, quand le second congrès se réunit à Philadelphie, le 10 mai 1775.

Hancock, qui, avec Samuel Adams, avait été proscrit comme rebelle, fut élu président.

Dans une nouvelle pétition adressée au roi, on repoussait toute idée de se séparer de la mère-patrie, mais on demandait justice pour les griefs dont se plaignaient les colonies.

Toutefois, si la guerre n'avait pas été ouvertement déclarée, elle existait de fait. Le congrès crut donc devoir constituer immédiatement une union fédérale et s'emparer du pouvoir central. Il décréta les mesures nécessaires pour lever une armée, équiper une flotte et acheter des armes et des munitions. Il créa pour plus de dix millions de francs de papier-monnaie dont l'amortissement était garanti sur l'honneur « des colonies unies. » Les forces campées devant Boston devinrent l'armée continentale; il ne restait plus qu'à en confier la direction à un homme capable de rallier les forces éparses, et d'en tirer le meilleur parti pour le succès de la cause commune.

Sur la proposition des représentants de la Nouvelle-Angleterre, Washington fut, à l'unanimité, nommé général en chef. Il avait quarante-quatre ans. Lui seul ne se croyait pas à la hauteur de la position à laquelle on l'appelait.

Quand le président de l'assemblée proclama son élection, il se leva, pénétré d'une émotion profonde. « Si « j'accepte, dit-il, la mission qui m'est donnée, c'est parce « que des périls y sont attachés, qui pourraient faire « douter de mon courage si je refusais, et parce que, dans « de telles circonstances, c'est le devoir d'un citoyen « d'obéir aveuglément à l'appel de son pays. Mais j'espère « qu'on me tiendra compte de cette obéissance, pour ne « point juger mes actes avec trop de rigueur. J'entends « aussi ne recueillir d'autre avantage du poste où je suis « appelé, que l'honneur de servir mon pays ; ma fortune « me permet d'en supporter les dépenses, et je ne veux « pas que mon traitement vienne s'ajouter aux charges « déjà trop pesantes dont mes concitoyens sont grevés. »

Quatre jours après la bataille de Bunker's Hill, Washington, accompagné de Charles Lee, fait major général, quitta Philadelphie pour se rendre au camp sous Boston, où il trouva quatorze mille hommes rassemblés, mais sans organisation et sans discipline. Chacun partait et revenait à son gré ; le service était mal distribué et les postes à peine gardés. L'égalité civique nuisait à l'obéissance, et la principale faiblesse de l'armée consistait dans le corps des officiers. Washington l'épura ; il réprima la familiarité excessive qui existait entre les soldats et leurs chefs, et rétablit la hiérarchie des rapports et des grades.

Après avoir imposé une discipline sévère, il répartit l'armée en trois corps, à chacun desquels il attribua une partie de la ligne à défendre, et fit construire de nouvelles redoutes sur les points où elle pouvait être forcée.

En même temps, il informait le congrès de sa situation militaire : des régiments sans consistance, pas d'enrôlements permanents, des engagements d'une année, ce qui menaçait l'armée d'une dissolution à peu près totale vers le mois de décembre ; une artillerie insuffisante ; ni tentes, ni ambulances ; pas même de poudre : il n'en restait qu'un seul tonneau, et le général en chef dut lui-même s'en procurer en recourant aux comités de résistance.

Trois membres du congrès, Franklin, Thomas Linch et Benjamin Harrison, avec un délégué de chacun des gouvernements de la Nouvelle-Angleterre, se rendirent au camp pour concerter avec le général en chef les moyens de lever une armée de 33,000 hommes. En attendant, le blocus de la place était de plus en plus resserré, et toutes les communications coupées.

Le 17 mars 1776, les Anglais évacuèrent la ville et se retirèrent à Halifax, en emmenant avec eux un certain nombre de citoyens fidèles à la couronne (loyalistes).

Washington déconseilla d'attaquer la Nouvelle-Écosse, mais il traça le plan d'une invasion du Canada, dont on disait les habitants impatients du joug britannique. Le général Montgommery commença l'entreprise avec des forces insuffisantes. Il prit Montréal, et, le 31 décembre 1775, attaqua Québec en tête, avec une partie de son armée, tandis que l'autre partie, sous les ordres d'Arnold, montait par la basse ville. Malgré leur courage et leur opiniâtreté, les soldats américains furent repoussés et le brave Montgommery mortellement frappé.

Arnold reçut dans cette affaire, une balle à la jambe.

Après que l'attaque contre Québec eut échoué, il rassembla les débris de sa petite armée, et vint prendre position à trois milles au-dessus de la ville, sans que les Anglais, qui avaient également beaucoup souffert, osassent le poursuivre. Les Américains durent se retirer du Canada, en juin 1776, devant les puissants renforts amenés à leurs adversaires.

*<br>* *

La guerre civile entre l'Angleterre et ses colonies durait depuis plus d'une année, et cependant celles-ci continuaient de protester de leur fidélité, et déclaraient être prêtes à rentrer dans l'obéissance aussitôt qu'on respecterait leurs priviléges en révoquant le bill dont elles se plaignaient. La justice se rendait, comme par le passé, au nom du roi, et tous les actes entre particuliers étaient revêtus du sceau de ses armes. Le congrès pensa qu'il était temps de sortir de cette situation fausse, et d'abdiquer une sujétion qui n'était plus que nominale. Il n'y avait désormais aucun espoir de conciliation; le sang versé de part et d'autre avait creusé entre les deux pays un abîme plus profond que la mer qui les séparait. Cette dépendance fictive ne servait qu'à entretenir en Angleterre de fausses espérances, et à soutenir en Amérique le zèle de ses partisans. Elle empêchait les puissances étrangères, rivales de l'Angleterre, de prêter leur appui aux colonies, soit parce qu'elles auraient à regretter de s'être compromises inutilement si celles-ci venaient à se réconcilier avec leur métropole, soit parce qu'il devait leur répugner davantage de soutenir des rebelles contre leur gouvernement que de s'allier à une nation qui aurait franchement déclaré son indépendance.

Trois millions d'habitants, ayant un territoire aussi riche qu'étendu, de beaux ports et des fleuves magnifiques, étaient en état de former une nation, et avaient plus d'avantage à se régir eux-mêmes qu'à obéir à un gouvernement dont ils étaient séparés par toute la largeur de l'Atlantique.

De nombreux écrits avaient été publiés dans ce sens, la cause était gagnée dans le sentiment public; le 7 juin, Richard-Henri Lee proposa au congrès une résolution, déclarant que *les colonies unies sont et doivent être des États libres et indépendants, sous le nom d'*ÉTATS-UNIS D'AMÉRIQUE, *et que tout lien avec la Grande-Bretagne est et doit être brisé.*

Dans cette déclaration se remarquaient les grands principes suivants :

« Tous les hommes sont créés égaux ; — ils ont été doués par le Créateur de certains droits inaliénables ; — pour s'assurer la jouissance de ces droits, les hommes ont établi parmi eux des gouvernements dont la juste autorité émane du consentement des gouvernés ; — toutes les fois qu'une forme de gouvernement quelconque devient destructive des fins pour lesquelles elle a été établie, le peuple a le droit de la changer et de l'abolir. »

Après des débats animés, la résolution de Lee fut votée par neuf colonies, et la déclaration d'indépendance, rédigée par Jefferson, adoptée à l'unanimité, le 14 juillet 1776.

« Cette déclaration, dit Bancroft, ne fut pas seulement l'annonce de la naissance d'un peuple, mais l'établissement d'un gouvernement national ; gouvernement imparfait, il est vrai, mais enfin gouvernement réel, en rapport avec les pouvoirs constituants limités que la colonie avait conférés à ses délégués au congrès. Dès lors la guerre ne fut plus une guerre civile ; la Grande-Bretagne était devenue pour les États-Unis une nation étrangère. Chacun des anciens sujets du roi d'Angleterre dans les treize colonies devait maintenant son serment de fidélité à la dynastie du peuple et devenait citoyen de la nouvelle république ; à cette exception près, toute chose demeura dans le même état que devant ; chaque individu garda ses droits ; la dissolution des colonies n'eut pas pour objet le retour à l'état de nature, et le peuple nouveau n'accomplit pas une révolution sociale. Les affaires concernant la police et le gouvernement intérieur furent soigneusement retenues par chaque État, qui pouvait individuellement entrer dans la carrière des réformes domestiques. Mais les États désormais affranchis de la souveraineté de la Grande-Bretagne ne devenaient pas, par ce fait, indépendants l'un de l'autre ; les États-Unis d'Amérique s'attribuèrent les pouvoirs relatifs à la guerre, à la paix, aux alliances étrangères et au commerce. »

# CHAPITRE V

GUERRE D'AMÉRIQUE, DEPUIS LA DÉCLARATION D'INDÉPENDANCE
JUSQU'AU TRAITÉ D'ALLIANCE AVEC LA FRANCE.

(1776-1778.)

La guerre continentale se fit principalement sur trois points :

Au nord-est, les belligérants se disputent Boston, New-York et Philadelphie;

Au nord-ouest, le Canada, que les Américains essayent en vain d'attirer dans leur mouvement, sert de base aux opérations d'une armée anglaise, qui doit partir de là pour prendre à revers les colonies menacées de front du côté de l'Atlantique;

Enfin on bataille dans le sud, autour de Charlestown, dans la Caroline méridionale.

\*\*\*

Peu de temps après l'évacuation de Boston, Washington avait transféré son quartier général à New-York. Le

28 juin une flotte anglaise, portant à son bord le général lord Howe, entrait dans le port de cette ville et débarquait à Sandy-Hook et à Staten-Island un corps de trente mille hommes, en partie composé de mercenaires achetés au grand duc de Hesse-Cassel.

L'armée de Washington, bien inférieure quant à l'effectif, était aussi mal équipée que mal approvisionnée. Il eut néanmoins le temps de jeter six mille hommes dans Long-Island, pour empêcher l'ennemi d'y entrer; il établit des postes d'observation et de défense sur les points où il craignait une surprise, et s'installa lui-même avec le gros de ses troupes, toutes composées de miliciens, dans l'île dont New-York forme la pointe [1].

Le général Howe, avant de pousser plus loin ses opérations, lança une proclamation promettant le pardon à tous ceux qui déposeraient les armes et imploreraient la miséricorde royale. En même temps il envoyait un parlementaire au commandant américain, avec cette suscription : *A M. George Washington*. Celui-ci refusa de la recevoir, parce qu'on ne lui donnait pas le titre qui lui appartenait. Lord Howe, espérant éluder la difficulté, envoya son aide de camp auprès de Washington, pour essayer de négocier verbalement avec lui. Cette tentative n'eut pas de résultat. Comme les Américains ne croyaient avoir commis aucun crime en maintenant leurs droits, Washington répondit à l'aide de camp qu'ils n'avaient pas besoin de pardon; qu'ils formaient désormais une

---

[1]. New-York est bâtie à la pointe méridionale d'une île située dans la rivière d'Hudson. L'île est entourée d'un côté par cette rivière, de l'autre par la rivière d'Est, qui vient y confondre ses eaux. Au-dessous de New-York se trouvent *Long-Island* (l'île longue) qui borde l'Hudson à l'est, et *Staten-Island* (l'île des Etats), qui le borde à l'ouest. Au bas est *Sandy-Hook*, pointe de terre avancée, appartenant au New-Jersey, qui commande l'entrée de l'Hudson.

nation indépendante, et que toute proposition de paix qui ne reposerait pas sur la reconnaissance de cette indépendance ne saurait être écoutée.

Washington rendit compte au congrès de cette conférence, dont le récit fut publié dans tous les journaux, avec la proclamation qui promettait l'amnistie, afin de prouver au peuple que le roi n'entendait accorder aucune concession et qu'il fallait ou combattre ou se résoudre à l'esclavage.

Le général anglais, n'ayant plus rien à attendre des négociations, fit ses dispositions pour s'emparer de New-York. La lutte commença sur Long-Island, que les Américains, après une sanglante défaite, furent forcés d'évacuer. Ils durent également quitter la ville de New-York et le bas Hudson.

Il s'ensuivit une série de désastres. — A la fin de l'année, Washington avait été obligé de se retirer sur la rive droite de la Delaware, qu'il mit entre lui et les Anglais (8 décembre 1776) : il n'avait plus que 4,000 hommes sordidement vêtus, mourant de faim, sans tentes et sans couvertures. Philadelphie, le siège du congrès, était sérieusement menacée. La cause de la liberté semblait désespérée ; un profond découragement avait envahi tous les esprits.

Au bruit des succès de l'ennemi, les royalistes relevèrent partout la tête : les défenseurs de l'indépendance perdaient courage.

Ce fut la période la plus sombre de la guerre. Au milieu de ces scènes d'épreuves, Washington conserve toute son énergie et reste aussi ferme que s'il avait encore toute sa foi dans le succès final. En même temps qu'il écrit à son frère Jean-Augustin Washington : « Soit dit entre nous, je crains que la partie ne soit bientôt perdue, » il déclare au général Mercier, qui lui demandait ce qu'il ferait si Philadelphie était prise : « Nous nous retirerons au delà de la Susquehanna, puis, si c'est nécessaire, au delà des monts Alleghanys. »

Heureusement les Anglais s'étaient arrêtés à Trenton, sur la rive gauche de la Delaware, attendant que les glaces leur facilitassent le passage. Washington consacra ce temps de répit à se mettre en état d'arrêter les progrès de l'ennemi, en appelant les milices des environs. Il pensait avec raison qu'il ne fallait renoncer ni à l'indépendance ni à la liberté, tant qu'on pourrait tenir en campagne l'ombre même d'une armée, et forcer le gouvernement britannique à continuer une guerre ruineuse qui ne tarderait pas à lasser les contribuables anglais.

⁂

Tandis que s'accomplissaient, entre l'Hudson et la Delaware, les tristes événements que nous venons de raconter, une autre armée, occupant Rhode-Island, tenait en échec les milices de la Nouvelle-Angleterre, et les empêchait de se porter au secours de Washington.

A Baskingridge, New-Jersey, le général Charles Lee, l'un des meilleurs officiers de l'armée, trahissant la cause nationale, se laissait enlever dans son lit.

Les tribus indiennes des Creeks et des Cherokees, voisines de la Virginie et de la Caroline, faisaient irruption sur leur territoire, massacraient les colons, sans épargner les femmes et les enfants; le congrès se voyait obligé d'envoyer de ce côté des forces que la guerre contre les Anglais eût réclamées.

A toutes ces causes d'affaiblissement allait se joindre l'expiration des engagements de ces miliciens auxquels on donnait une prime de dix dollars pour un service de six semaines.

Une lettre adressée par Washington au président du congrès, le 20 décembre 1776, donnera une juste idée de ce qu'était l'armée américaine au début de la guerre de l'Indépendance :

« Tout ce que j'ai senti comme officier et comme homme me force à dire que personne n'a jamais eu un plus grand nombre de difficultés à combattre que moi. Il est inutile d'ajouter que les enrôlements de courte durée et une confiance mal entendue dans la milice ont été l'origine de tous nos malheurs et du grand accroissement de notre dette. On peut bien arrêter un peu de temps les progrès des armes de l'ennemi ; mais dans peu de temps aussi la milice de ces États, qui a été fréquemment appelée, ne marchera plus du tout ; ou, si elle marche, ce sera avec tant de lenteur et de répugnance que cela reviendra au même. Voyez, par exemple, New-Jersey ; voyez la Pensylvanie ! Rien autre que la rivière Delaware pouvait-il sauver Philadelphie ? Peut-il y avoir quelque chose de plus funeste pour le recrutement (et cependant la nécessité du moment peut justifier cette mesure) que de donner une prime de dix dollars pour un service de six semaines, à des miliciens qui consomment vos provisions, épuisent vos munitions, et vous abandonnent enfin dans un moment critique ?

« Voilà, monsieur, les hommes sur lesquels il faudra que je compte dans dix jours d'ici ; voilà la base sur lesquelles votre cause reposera et devra toujours s'appuyer, jusqu'à ce que vous ayez une grande armée permanente, suffisante par elle-même pour combattre l'ennemi. »

L'armée américaine ne s'élevait pas devant Trenton

à plus de 3,000 de ces soldats que le général en chef anglais, avec moins d'indolence et de prudence craintive, pouvait facilement anéantir. Washington conçut le projet hardi d'infliger une cruelle leçon à son trop timide adversaire. Son entreprise fut couronnée d'un plein succès.

Le 23 décembre, à minuit, malgré la neige et la glace, il traverse la Delaware sur des bateaux plats, fond à l'improviste sur les troupes ennemies, et fait mille Hessois prisonniers. Quinze jours après (8 janvier 1777) un nouvel avantage remporté à Princeton ranimait l'esprit de la nation et remplissait de confusion et d'effroi un ennemi qui comptait sur une victoire prochaine et décisive.

*⁎*

Pendant cette période d'épreuves, le congrès, déployant une admirable fermeté, avait investi Washington de pouvoirs presque dictatoriaux, et pris des mesures pour une levée d'hommes dont l'engagement devait durer trois années au lieu d'une. Quand la campagne s'ouvrit, au printemps de 1777, Washington comptait sept mille soldats sous les drapeaux.

Apres avoir vainement essayé d'amener un engagement général, Howe, évacuant le New-Jersey, revient à Staten-Island, d'où il s'embarque pour la Chesapeake avec 16,000 hommes. Le 25 août il débarquait à la rivière de l'Élan (*Elk river*) et menaçait Philadelphie. Washington, à cette nouvelle, quitta les hauteurs du Jersey, traversa la Delaware et le Schuylkill, et vint se placer sur la rive gauche du Brandywine, en face des Anglais. Il fut obligé de livrer bataille le 11 septembre ; mais écrasé par des forces supérieures, il se vit contraint de battre en retraite, après avoir perdu un millier de soldats.

La perte de cette bataille ouvrit aux Anglais le chemin de Philadelphie ; ils y entrèrent le 26 septembre : le congrès se retira, d'abord à Lancastre, puis à York, dans l'état de Pensylvanie.

Le général Howe, voulant se porter vers le nord, avait établi son camp à Germantown, à sept milles de Philadelphie. Washington résolut de l'y attaquer. Il fit subir à l'ennemi de grandes pertes, mais il fut à la fin repoussé et obligé de reprendre ses positions, après avoir eu deux cents hommes tués et mille blessés ou faits prisonniers (3 octobre).

Peu après les deux armées prirent leurs quartiers d'hiver ; mais quelle différence de situation ! Les Anglais avaient de bons logements dans Philadelphie, et, comme ils payaient tout en argent, des vivres en abondance ; les Américains, au contraire, campées à Valley-Forge, sous des barraques construites par eux-mêmes, manquèrent plusieurs fois de vivres ; — on évitait de leur en fournir en échange d'un papier discrédité.

« Pendant quelque temps, écrivait Washington, il y a eu presque une famine au camp. Une partie de l'armée a été une semaine sans recevoir aucune espèce de viande, et le reste en a été privé pendant trois ou quatre jours. Les soldats sont nus et meurent de faim. On ne peut trop admirer leur extrême patience et leur fidélité ; il est étonnant que leurs souffrances ne les aient pas tous portés à la rébellion et à la désertion. Cependant de graves symptômes de mécontentement se sont manifestés dans des cas particuliers, et une catastrophe aussi funeste ne peut être arrêtée que par les efforts les plus soutenus. »

Malgré l'état déplorable où se trouvait ainsi l'armée, il ne manquait pas de gens qui se plaignaient de son inaction, et qui insistaient pour qu'on fît une campagne d'hiver.

Quand commença le campement de Valley-Forge, on comptait en tout sous les drapeaux onze mille quatre-vingt-dix-huit hommes, sur lesquels deux mille huit cent quatre-vingt-dix-huit n'étaient pas en état de faire leur service, « car ils étaient nus et n'avaient point de chaussures. »

Dans un rapport au Congrès, Washington disait, en faisant allusion à un mémoire de la législature de la Pensylvanie :

« Il y a des personnes qui, sans savoir si l'armée entre ou non dans ses quartiers d'hiver, blâment cette mesure comme si elles croyaient que les soldats sont faits de bois ou de pierre, et insensibles au froid ou à la neige, et comme si elles pensaient qu'une armée inférieure en nombre, et ayant contre elle tous les désavantages que je viens de vous dépeindre sans exagération, peut facilement tenir en respect des corps considérables, bien équipés sous tous les rapports, et abondamment pourvus pour une campagne d'hiver, les renfermer dans la ville de Philadelphie, et garantir du pillage et de la dévastation les États de Pensylvanie et de Jersey.... A ceux qui regardent une campagne d'hiver et la défense du pays contre l'invasion de l'ennemi comme une chose si praticable et si facile, je puis assurer qu'il est plus aisé et beaucoup moins pénible de faire des remontrances dans une chambre bien commode, au coin d'un bon feu, que d'occuper une colline froide et stérile, et de coucher sur la glace et la neige, sans habits et sans couvertures. »

Le général déplorait profondément les misères de ses soldats; il cherchait par tous les moyens à les soulager et à les prévenir. Le congrès, pour remédier au mal, fixa le *maximum* du prix des denrées; mais cette mesure eut un effet contraire à celui qu'il se proposait : les cultivateurs cachèrent plus que jamais leurs produits, et la disette fut encore plus grande. On dut envoyer les troupes *en réquisition* dans les campagnes, comme dans un pays ennemi. Les officiers eux-mêmes, privés de tout et sans moyens de se procurer les choses nécessaires à la vie, parlaient de se retirer.

Telle était la situation malheureuse et précaire des États du centre, où commandait Washington.

Il n'en était pas de même dans le nord-ouest, où la cause de l'indépendance obtenait un éclatant succès, qui devait être bientôt fécond en résultats.

Une armée anglaise, forte de 7,000 hommes, non compris les Canadiens et les Indiens, et commandée par le général Burgoyne, venue du Canada et marchant par le lac Champlain, avait pris Ticondéroga et Skenesborough. De puissants détachements, envoyés du fort Édouard, sur le haut Hudson, pour détruire les magasins de Bennington (Vermont), furent assaillis et défaits avec une perte de 600 hommes, par les milices de Vermont et du New-Hampshire commandées par le général Stark. Burgoyne traversa les forêts, atteignit Saratoga, où il fut rejoint par le général Gates, récemment nommé général en chef du département du Nord. Le 19 septembre, à Stillwater, dans un premier engagement sans résultat décisif, les Anglais perdaient 600 hommes; le 7 octobre les Américains remportaient au même lieu un avantage signalé; — dix jours plus tard Burgoyne obtenait une capitulation honorable et se rendait avec toute son armée.

Un parti se forme alors, qui, loin de plaindre Washington de ses revers, lui impute les souffrances de l'armée du centre et les malheurs de ses dernières campagnes. Sa prudence était taxée de pusillanimité; sa temporisation, de faiblesse. On affectait d'exalter, au contraire, le courage et l'activité du général Gates, comme s'il fallait un homme nouveau pour ramener la fortune sous les drapeaux de l'Indépendance.

Blessé de l'ingratitude des partis, Washington, qui n'avait pas désiré le commandement, eut un moment de défaillance. Il écrivit au congrès en se plaignant de l'abandon où on le laissait : le dévouement seul, disait-il, le retenait à l'armée ; il y restait comme un soldat à qui un poste a été confié, et qui ne peut l'abandonner avant d'avoir été relevé ; mais il s'estimerait heureux le jour où un autre viendrait prendre sa place.

Le congrès lui répondit par de nouvelles promesses d'assistance, accompagnées des témoignages les plus vifs de son approbation ; — pour le venger des attaques de quelques journaux, la grande masse des citoyens lui témoigna plus de confiance et d'admiration que jamais.

# CHAPITRE VI

ALLIANCE FRANÇAISE. — LAFAYETTE ET ROCHAMBEAU.

(1778-1783.)

Les espérances des Américains s'étaient de bonne heure portées vers la France, et ces espérances n'avaient pas été trompées.

L'indépendance déclarée, le congrès envoya trois commissaires à Paris, chargés de négocier un traité d'alliance. L'un d'eux, Benjamin Franklin, était admirablement choisi pour remplir efficacement cette mission : sa réputation scientifique et littéraire lui ouvrit de suite l'accès de tous les salons; on le rechercha pour la simplicité de ses manières et l'originalité de son esprit. « Sous son air simple, dit M. Laboulaye, le *bonhomme*, plus malin que le Français le plus rusé, avait su bientôt s'emparer à Paris de l'opinion et du gouvernement. » Mais le succès de ses négociations était subordonné à ceux que les belligérants obtiendraient eux-mêmes.

En attendant, quelques gentilshommes français, amoureux de gloire et de liberté, traversent l'Atlantique pour aller mettre leur épée au service de la cause de l'Indépendance. Le marquis de Lafayette, âgé de dix-neuf ans, s'arrache à sa famille, à ses amis, à la jeune femme qu'il venait d'épouser ; il équipe un vaisseau et vient demander à Washington deux choses seulement : combattre comme volontaire et servir à ses frais. Le congrès, sentant toute l'importance de cet exemple, lui fit un accueil empressé et lui conféra le grade de général. Lafayette avait quitté la France le 26 avril 1777 ; le 11 septembre il était grièvement blessé à la bataille de Brandywine.

Franklin et ses deux collègues, Silas Deane et Arthur Lee, n'avaient pas encore été reçus officiellement à la cour avant la victoire de Saratoga. Cette brillante campagne produisit en France un immense effet; l'élan de l'opinion entraîna le gouvernement : en février 1778, un traité d'alliance, d'amitié et de commerce était signé à Paris.

Quand la nouvelle de cette alliance nouvelle parvint aux soldats de Valley-Forge, toutes les souffrances qu'ils avaient endurées pendant le rigoureux hiver de 1777-1778 furent oubliées, et, le 7 mai, l'artillerie américaine salua et l'armée acclama le nom de Louis XVI.

Un mois plus tard, une flotte française, sous les ordres du comte d'Estaing, envoyé pour bloquer la flotte anglaise dans la baie de Delaware, abordait le nouveau continent; mais les vaisseaux ennemis avaient déjà cherché un refuge dans la baie de Ratiran.

*
* *

L'Angleterre alarmée tente alors un effort suprême pour ramener ses anciennes colonies.

Le ministère anglais propose au parlement ce que l'on a appelé les *Bills conciliatoires* de lord North, deux bills votés le 11 mars 1778, rapportant tous les actes qui avaient excité le soulèvement des Américains : les colonies conserveraient non-seulement leurs gouvernements particuliers, mais leur congrès pour régler leurs affaires intérieures et leurs intérêts communs; aucune force militaire ne pourrait être envoyée chez elles sans le consentement de ce dernier; elles auraient leurs députés au parlement pour concourir au vote des lois qui intéressaient la généralité de l'empire. Un tel arrangement n'aurait laissé à l'Angleterre qu'une souveraineté nominale. Elle aurait conservé seulement quelques priviléges commerciaux pendant la paix et l'alliance en temps de guerre. Mais le congrès rejeta ces bills, par le motif qu'ils ne faisaient aucune allusion à l'indépendance des colonies, et refusa de traiter avec les commissaires, tant que la Grande-Bretagne n'aurait pas retiré ses flottes et ses armées.

Sir Henri Clinton, le successeur de Howe dans le commandement de l'armée, crut prudent d'évacuer Philadelphie; le 18 juin, toute son armée, de 11,000 hommes, commença sa marche rétrograde sur New-York. Washington, accompagné d'un nombre à peu près égal de soldats, le poursuivit et lui livra bataille, le 28, dans les plaines de Monmouth, près du village de Freehold (New-Jersey). L'action fut indécise, mais les Américains restèrent maîtres du champ de bataille, tandis que les Anglais se retirèrent à New-York, où ils demeurèrent dans l'inaction jusqu'à la fin de l'été.

En août, une tentative faite de concert avec la flotte américaine échoua complétement : d'Estaing, battu par une violente tempête, avait été obligé d'abandonner ses projets contre Rhode-Island et d'aller réparer ses vaisseaux à Boston, laissant à elle-même l'armée de terre qui comptait sur son concours.

En résumé, à la fin de la campagne de 1778, les troupes britanniques se trouvaient circonscrites dans la même position qu'elles occupaient en 1776; elles ne tenaient que Rhode-Island et l'île de Manhattan, tandis que les Américains avaient acquis une certaine connaissance de l'art de la guerre, et s'étaient assuré l'alliance de la France, ainsi que les sympathies et l'assistance secrète de la cour d'Espagne.

\*\*\*

Ici nous ne pouvons passer sous silence les regrettables dissensions qui s'élevèrent entre les officiers français et les officiers américains après l'échec de l'expédition combinée contre Rhode-Island. Les généraux de l'armée de terre lancèrent contre l'amiral français une protestation violente, aussi injuste qu'injurieuse; le peuple de Boston l'accueillit par une émeute; on prononça le mot de trahison dans le congrès; toutes les défiances contre la France se rallumèrent : l'alliance française était compromise.

Washington déplora cette circonstance comme un malheur pour la cause publique : il s'efforça de calmer l'animosité croissante des partis par des conseils qui font également honneur à ses sentiments de *gentleman* révolté et à son intelligent patriotisme. « Je sens vivement, écrit-il à Lafayette[1], tout ce qui blesse la susceptibilité d'un homme bien élevé (*a gentleman*), et par conséquent, dans l'occasion actuelle, je suis très-peiné pour vous et pour nos bons alliés les Français. Je me

1. Lafayette était général dans l'armée de Rhode-Island.

sens aussi blessé de toutes les réflexions imprudentes et légères qu'on peut avoir faites sur le comte d'Estaing et sur la flotte qu'il commande ; enfin je souffre pour mon pays. Permettez-moi donc, mon cher marquis, de vous prier de ne pas vous formaliser d'expressions insignifiantes, qu'on a peut-être prononcées sans réfléchir et dans le premier transport d'une espérance déçue. Tout homme qui raisonne reconnaîtra, monsieur, les avantages que nous avons retirés de la flotte française et du zèle de son chef ; mais, dans un gouvernement libre et républicain, on ne peut réprimer la voix de la multitude. Tout homme veut parler comme il pense, ou plutôt sans penser, et juge des effets sans considérer les causes. Les reproches qu'on a adressés aux officiers de la flotte française seraient tombés probablement avec bien plus de force sur une flotte américaine, si nous en avions eu une dans la même position. Il est dans la nature de l'homme d'être mécontent de tout ce qui trompe une espérance chérie ou un projet flatteur, et trop de gens ont la folie de condamner sans examiner les circonstances. Permettez-moi donc, mon cher marquis, de vous supplier de travailler à guérir la blessure qui a été faite sans intention. L'Amérique apprécie vos vertus et vos services, et admire les principes qui vous font agir. Ceux de vos compatriotes qui sont dans notre armée vous regardent comme leur patron. Le comte et ses officiers vous considèrent comme un homme distingué par son rang et par la grande estime dont vous jouissez ici et en France ; et moi, qui suis votre ami, je ne doute pas que vous n'employiez tous vos efforts pour rétablir l'harmonie, afin que l'honneur, la gloire et l'intérêt mutuel des deux nations se développent et s'affermissent solidement. »

Il adressa en même temps au comte d'Estaing quelques

lignes pleines de délicatesse pour dissiper les impressions défavorables et calmer son légitime mécontentement :
« Les ressources d'un esprit aussi éminent que celui de
« votre Excellence, et les qualités d'un grand général se
« révèlent bien plus brillamment encore au milieu des
« revers que dans la victoire ; les éléments conjurés ont
« pu vous enlever le succès ; ils ne pourront jamais vous
« dépouiller de la gloire qui vous est due. »

\*\*\*

Les erreurs du peuple américain ne pouvaient altérer le dévouement des Français engagés au service de sa cause. Pendant l'été de 1779, Lafayette, qui était allé en France pour solliciter l'envoi d'un secours plus efficace que celui de ses vaisseaux, revint en annonçant qu'il avait laissé une armée prête à partir. A cette nouvelle, le ministère anglais ordonna à lord Clinton d'évacuer le Rhode-Island et de concentrer ses forces à New-York. En effet six mille hommes, sous le commandement du maréchal de Rochambeau, prirent terre à New-Port, dans le Rhode-Island. La ville fut illuminée. L'assemblée générale de l'État alla complimenter le général français, et lui témoigner la gratitude du pays pour ce généreux secours. Toutes les forces furent réunies à celles du maréchal. L'armée française était placée, par les ordres de son gouvernement, sous le commandement suprême du général américain, aussi bien que les troupes des États-Unis. Washington, pour consacrer cette union des deux armées et des deux peuples, fit ajouter à la couleur noire du drapeau américain le blanc, qui était la couleur du drapeau français. Il campait à ce moment dans le New-Jersey, refusant l'engagement général auquel les Anglais essayaient de l'entraîner et les obligeant à regagner leur forte position de New-York, après que le général Greene leur eut, le 23 juin, infligé, à Springfield, une sanglante défaite.

Rochambeau et ses 6,000 soldats d'élite étaient sur le continent américain depuis le 10 juillet; Washington ne se rendit à Hartford, dans le Connecticut, qu'en septembre pour conférer avec l'état-major français et dresser le plan de campagne que suivraient les armées alliées.

C'est à ce moment qu'un odieux complot fut tramé contre la jeune Amérique par un des généraux qui s'étaient le plus couvert de gloire en défendant sa liberté et son indépendance.

# CHAPITRE VII

LE COMPLOT D'ARNOLD ET DU GÉNÉRAL CLINTON.

(1780.)

La trahison n'est pas difficile à sentir et à définir lorsqu'il s'agit d'une nation dont l'existence est déjà longue, et qui lutte pour défendre ses frontières et sa nationalité contre une puissance étrangère.

Il n'en était pas tout à fait ainsi dans les nouveaux États-Unis, qui ne dataient en réalité que de la déclaration d'indépendance, déclaration dont l'efficacité dépendait encore du sort des batailles.

Avant que le congrès eût officiellement proclamé la séparation, on avait vu à New-York, à Boston, à Philadelphie, un certain nombre de citoyens se déclarer plus ou moins ouvertement pour la mère-patrie; ils étaient comptés sous la dénomination de *loyalistes;* et dans les luttes des premiers jours, les révoltés, ceux qui revendiquaient la pratique des libertés américaines, se conduisirent à leur égard avec une parfaite mansuétude; on ne voit pas le sang couler, dans toute cette période de la révolution américaine.

Immédiatement après la déclaration d'indépendance, les royalistes et les républicains se séparèrent nettement, et, lorsque chacun se fut prononcé, on ne vit presque aucune défection, ni parmi les républicains ni parmi les royalistes. Il est vrai que des sectes entières, telles que celle des *quakers*, ne prirent aucune part à la guerre; mais les insurgés se contentèrent de leur neutralité apparente, quoique bien assurés que les vœux de la plupart de ces prétendus indifférents étaient favorables à l'ennemi. D'autres familles, sans être ainsi retenues par un lien religieux, gardèrent le même attachement à l'Angleterre; la modération des esprits était si grande qu'elles furent tolérées au sein de la République : on comptait qu'avec le temps les regrets s'affaibliraient, et que les espérances même s'évanouiraient devant la volonté générale.

La plupart des malintentionnés, appelés *tories*, jouissaient donc de leurs propriétés; ils admiraient à leur gré les anciennes institutions. Ils gardaient les vieilles habitudes, et n'étaient point troublés dans l'exercice de leurs professions. On se bornait à ne point les choisir pour remplir *les emplois publics*, et on les croyait suffisamment contenus et punis par cette exclusion.

Les autres, faibles par leur nombre, mais aveuglés par un intérêt malentendu, s'obstinèrent longtemps à repousser les ouvertures des hommes sages et modérés, qui croyaient que rien ne justifie une injustice, et que les efforts et les sacrifices communs de toute la société devaient tendre à la réparer, fût-elle empreinte du sceau de la loi et consacrée par le temps.

C'est dans une de ces familles que s'était marié un des plus distingués entre les généraux américains, Bénédict Arnold. Il aimait sa femme avec passion, et elle méritait son attachement par ses vertus et la solidité de son esprit. A ces avantages elle joignait une beauté extraordinaire,

Avant son mariage, lorsque Philadelphie était entre les mains des ennemis, ses parents avaient accueilli avec empressement les chefs de l'armée anglaise ; son aversion pour la révolution était connue. On fut surpris de voir Arnold entrer dans cette famille, mais il était engagé à la république par tant de services rendus et de bienfaits acceptés, que cette alliance ne donna ombrage à personne.

Né dans le Connecticut, au sein d'une obscure famille, Arnold n'avait reçu qu'une éducation médiocre. Les occupations de sa jeunesse ne l'avaient point préparé au rôle qu'il joua dans la suite : il avait débuté comme marchand de chevaux et fait de mauvaises affaires dans ce commerce.

Passionné pour la gloire, avide d'argent, quand éclate la révolution, il demande à la profession des armes la renommée et la fortune.

Lors de l'invasion du Canada, il déploie non-seulement les qualités d'un habile stratégiste, mais un courage à toute épreuve. Déserts à traverser, rivières à franchir, lacs à tourner, rien ne pouvait arrêter son audace ; toujours il arrivait à son but avant que l'ennemi fût averti, et il mettait en pratique cette maxime qui lui était familière : « Promptitude en guerre vaut autant que force. »

L'attaque de Québec, que nous avons racontée plus haut, l'avait rendu célèbre ; il y conquit la réputation d'un des officiers les plus intelligents et les plus intrépides de l'armée américaine.

Arnold avait pris aussi une grande part au succès de la campagne où Burgoyne et son armée furent faits prisonniers. Entré l'un des premiers dans les retranchements ennemis, il fut de nouveau blessé à la jambe; mais, quoique emporté hors des rangs, il n'en donnait pas moins les derniers ordres qui décidèrent de la victoire.

S'engageait-il trop témérairement dans la bataille, et, général, n'empiétait-il pas sur le rôle de soldat intrépide? Ses rivaux l'en accusaient; mais ils durent reconnaître qu'au milieu de l'action la plus téméraire, il ne perdait jamais sa clairvoyance et son sang-froid, et qu'un discernement prompt justifiait toujours ses entreprises les plus audacieuses.

L'admiration de ses concitoyens le récompensa largement de ses services.

Mais la gloire ne lui suffisait pas; l'amour du bien-être, une soif insatiable de richesses, ternissaient en lui les éminentes qualités dont il avait donné tant de preuves dans la vie militaire. A Montréal, la seconde ville du Canada, qu'on avait confiée à son commandement, il avait commis de telles exactions que les Canadiens avaient renoncé à la pensée d'entrer dans l'Union américaine.

Obligé par ses blessures de se retirer du service actif, il avait été nommé au commandement de Philadelphie, le poste le plus considérable dont on pût disposer en sa faveur.

L'activité de son esprit, l'ardeur de ses passions, qui l'avaient rendu capable de grandes choses pendant la guerre, le perdirent dans une vie moins agitée. Il se livra à un luxe désordonné, et déploya une magnificence qui faisait un contraste fâcheux avec la simplicité des mœurs américaines et les calamités publiques. Il donnait, dans la maison de Penn, qu'il avait luxueusement meublée, l'hospitalité aux envoyés de la France; dès ce moment, il se montra notre plus ardent ami.

Pour satisfaire à ces dépenses il eut recours à toute espèce de vexations, se comportant envers ses concitoyens comme il avait fait en pays ennemi. Des plaintes s'élevèrent de tous côtés, et l'on eut recours aux tribunaux. Mais que lui importaient la justice et les lois?

Le président du conseil exécutif de la Pensylvanie présenta au congrès une liste des griefs reprochés à Arnold. Arnold nia tout avec une arrogance suprême. Les juges inclinaient vers l'indulgence, en considération de ses services passés ; plusieurs étaient d'avis de s'en rapporter au chef de l'armée :

« Si les talents d'Arnold, disait l'un d'eux, sont néces-
« saires à notre pays, Washington jugera peut-être qu'il
« faut fermer les yeux sur ses fautes, dont aucune n'est
« irréparable. Si, au contraire, il croit devoir l'accuser, la
« discipline militaire recevra une nouvelle force de son
« intervention. »

Cette opinion ne prévalut pas ; elle fut combattue victorieusement par celle d'un autre délégué du congrès :

« Les services de Washington, dit-il, et vos propres
« suffrages l'ont élevé si haut qu'un mot de sa bouche
« peut rendre un homme innocent s'il l'absout, criminel
« s'il l'accuse ; car, lorsqu'un citoyen si justement révéré
« se rend accusateur, il condamne. Nous ne voulons point
« qu'un seul parmi nous exerce un si grand pouvoir, et
« le commandant en chef ne doit point être juge dans
« cette affaire. C'est déjà beaucoup qu'il désigne les mem-
« bres de la cour martiale. »

Toutes les pièces du procès furent transmises au commandant en chef, qui devait charger les juges militaires d'en connaître.

La cour siégeait à Morristown, dans l'État du Nouveau-Jersey. Arnold, qui s'était démis de son commandement, se rendit au camp non loin de Jersey, et épuisa toutes les intrigues et toutes les habiletés de son esprit pour se concilier l'intérêt des juges. Les faits dont on ne pou-

vait fournir la preuve directe et matérielle, mais qui néanmoins étaient de notoriété publique, il les nia effrontément. « On m'accuse, dit-il, d'avoir abusé de mon com-
« mandement à Philadelphie pour m'enrichir; si j'ai
« commis ce crime, je suis le plus vil des mortels, et
« tout le sang que j'ai versé pour mon pays ne peut ef-
« facer mon infamie. Sur l'honneur d'un soldat, j'atteste
« à tous mes camarades que cette accusation est fausse. »

C'était, pour tous les Américains, un général glorieux qui parlait avec l'accent de l'innocence émue.

La cour eût désiré trouver Arnold innocent de tous les méfaits qui lui étaient imputés; mais l'évidence de quelques-uns, — et dans la suite tous les autres furent prouvés, — n'ayant pas permis de lui accorder un acquittement honorable, on prit contre lui le parti le plus clément. La sentence, rendue le 20 janvier 1779, et confirmée par le congrès, le renvoya simplement devant le général en chef pour être réprimandé.

« Notre profession, » dit Washington à Arnold amené devant lui, « est la plus chaste de toutes. L'ombre d'une
« faute ternit l'éclat de nos plus belles actions. La moin-
« dre négligence peut nous faire perdre cette faveur pu-
« blique, si difficile à obtenir. Je vous réprimande pour
« avoir oublié qu'autant vous vous étiez rendu terrible
« à nos ennemis, autant vous deviez être modéré envers
« vos concitoyens. Montrez-nous de nouveau ces belles
« qualités qui vous ont mis au rang de nos plus illustres
« généraux; je vous donnerai moi-même, autant que je
« pourrai, les occasions de recouvrer l'estime dont vous
« avez joui. »

Ces nobles paroles ne purent toucher Arnold, ni désarmer son ressentiment; il affecta l'attitude d'un mécontent, d'un homme victime de l'injustice et de l'envie, et s'éloigna du Gouvernement.

Il eut d'abord la pensée de fuir chez les sauvages; il espérait, par son énergie, ses connaissances, ses talents militaires, conquérir leur faveur, les soumettre à son obéissance, et devenir le chef de nombreuses tribus. Son ambition apercevait dans ce rêve la possibilité de faire échec à la nouvelle république.

Ce dessein lui fut inspiré par la présence d'un sachem ou chef d'une tribu illinoise, qui se rendait auprès du général en chef. Mais ce qui dut lui faire abandonner son projet, ce fut sans doute une conversation qu'il eut avec le sachem lui-même : « Tous les hommes, qui habitent
« nos forêts, qui pêchent sur nos lacs, sont libres, lui dit
« celui-ci; dès qu'un étranger est admis parmi nous, il
« est au rang de nos guerriers. Un guerrier ne peut être
« esclave, et je ne le suis pas moi-même, *quoique je sois*
« *leur chef, et le moins libre de tous.* »

L'idée vint ensuite à Arnold de s'adresser à l'envoyé de France, M. de la Luzerne, que signalaient sa franchise et sa droiture, et dont la libéralité et la magnificence, commandées par sa haute situation plutôt que par son goût personnel, l'avaient séduit.

L'ambassadeur français, admirateur des talents d'Arnold, l'avait recherché; il ne se dissimulait pas combien seraient précieux pour l'Union les services d'un tel général, si l'on parvenait à le ramener dans les voies de la droiture.

Arnold vint trouver M. de la Luzerne, et, après s'être plaint amèrement du congrès, il fit à l'envoyé de France cette étrange proposition... « Les affaires de la Répu-
« blique sont entre des mains inhabiles; il vous importe
« à vous, ministre de France, d'y faire attention. J'ai
« versé mon sang pour ma patrie; elle s'en montre in-
« grate; mais le dérangement que la guerre a mis dans
« mes affaires peut me forcer à la retraite, et je quitterai
« une profession plus à charge que lucrative, si je ne

« trouve.à emprunter une somme égale à mes dettes. Il
« convient à vos intérêts qu'un général américain vous
« soit attaché par les liens de la reconnaissance, et je puis
« vous promettre la mienne sans manquer à mes devoirs
« envers mon pays. »

La Luzerne, douloureusement impressionné de voir des qualités si brillantes alliées à tant de bassesse, lui répondit : « Un service pareil nous avilirait l'un et l'au-
« tre. Quand l'envoyé d'un gouvernement étranger prête,
« ou plutôt donne de l'argent, c'est pour corrompre ceux
« qui le reçoivent. L'union formée entre le roi et les
« États-Unis est l'ouvrage de la justice et de la plus sage
« politique. Que nous offririez-vous, pour prix de ces
« présents, qui pût justifier devant la postérité d'avoir
« ainsi terni une gloire immortelle ? Pourriez-vous avouer
« les dons de la France ? Mais leur publicité n'est pas
« dans votre intention. D'ailleurs vos amis s'empresseront
« à vous aider dans le rétablissement de vos affaires,
« aussitôt qu'elles seront conduites avec plus de sagesse.
« Êtes-vous malheureux, ajouta-t-il, sachez l'être avec
« dignité, — et, si vous vous croyez obligé à la retraite,
« je ne vous en détournerai pas, s'il est vrai que vous
« puissiez en dissiper l'obscurité par l'éclat d'une vie ho-
« norable et sans reproches. Mais croyez-en mon amitié ;
« attendez pour prendre une résolution que vous soyez
« moins irrité. Conservez votre ambition, puisqu'à votre
« âge et avec vos qualités, elle peut vous conduire à de
« grandes choses ; mais qu'elle soit réglée par le devoir.
« C'est cette réunion qui constitue la véritable grandeur. »

L'envoyé de la France et le sauvage de l'Amérique parlaient un trop noble langage pour l'ambition et les appétits d'Arnold. Il ne lui restait qu'à se tourner vers l'Angleterre. Il se résolut à trahir la cause des colonies, « méditant de rendre ce forfait si utile à l'Angleterre

« qu'elle n'y voie plus qu'un service dont l'importance et
« l'éclat anéantissent le souvenir de la rébellion : il es-
« père qu'on va le considérer comme un sujet rentré
« dans le devoir et digne des récompenses honorables
« dues aux citoyens fidèles et vertueux [1]. »

Dans ces dispositions, on sent combien pouvait devenir dangereux le milieu où il vivait. Au sein de la famille de sa femme on ne parlait que de l'ingratitude du gouvernement à son égard, de l'honneur qu'il se ferait en mettant un terme à cette longue guerre civile par un service éclatant rendu à la cause royale et des récompenses magnifiques qu'il en obtiendrait.

Arnold consentit donc un jour à entrer en rapport avec le général anglais : il voulait se venger en trahissant la cause de l'Indépendance, pour laquelle il avait deux fois versé son sang.

Un premier écrit, qui lui fut adressé de New-York par un agent de sir Henri Clinton, nous fait assister pour ainsi dire aux préliminaires de cette trahison. Le voici, tel qu'il a été trouvé dans les papiers d'Arnold :

« Parmi les Américains qui ont joint les drapeaux des
« rebelles, on compte une foule de bons citoyens qui n'ont
« eu pour objet que le bonheur de leur pays. Ce ne sont
« point des motifs d'intérêt privé qui les détacheront de la
« cause qu'ils ont embrassée. On leur offre tout ce qui
« peut rendre les colonies véritablement heureuses, et c'est
« la seule récompense digne de leur vertu. »

Suit l'énumération des offres faites par le gouvernement britannique, et qui ne sont autres que celles des *bills conciliatoires*.

---

1. BARBÉ-MARBOIS. *Le complot d'Arnold et du général Clinton.*

Ces offres sont faites, ajoute le mémoire, au moment même où l'Angleterre va déployer des efforts extraordinaires. « L'Amérique doit-elle être, sans terme connu,
« un théâtre de désolation ? Ou voulez-vous jouir de la
« paix et de tous les biens qui l'accompagnent ? Vos pro-
« vinces seront-elles, comme autrefois, florissantes sous
« la protection de la plus puissante nation du monde ? Ou
« poursuivrez-vous toujours ce fantôme de liberté qui
« vous échappe quand vous croyez le saisir ? Cette liberté
« même, une fois obtenue, se changerait bientôt en li-
« cence, si elle n'était sous la garde d'une des puissances
« de l'Europe. Aurez-vous recours à la France et à l'Es-
« pagne ? Ignorez-vous que ces deux puissances ont un
« intérêt égal à vous asservir et se réunissent pour y par-
« venir ?..... Tout nous presse de mettre fin à ces dissen-
« sions aussi funestes aux vainqueurs qu'aux vaincus ;
« mais cette paix si désirable ne peut être négociée et
« conclue entre nous comme entre deux puissances indé-
« pendantes : il faut qu'un avantage signalé mette l'An-
« gleterre en situation de dicter les articles de la réconci-
« liation. Il est de son intérêt, autant que de sa sagesse,
« de la rendre aussi avantageuse à un parti qu'à l'autre ; il
« faut en même temps parvenir à cette réunion sans verser
« un sang dont nous voulons être aussi avare que si déjà
« nous ne formions plus qu'un même peuple.

« Il n'y a que le général Arnold qui puisse surmonter
« d'aussi grandes difficultés.....

« Brave général, rendez à votre pays ce service impor-
« tant.... Soyons unis d'une union d'égalité, et nous régi-
« rons l'univers ; nous le tiendrons soumis, non par les
« armes et la violence, mais par les liens du commerce,
« les plus légers et les plus doux que les hommes puis-
« sent supporter. »

⁎⁎⁎

Arnold, aveuglé par ses passions, égaré par son ressentiment, ne demandait qu'à se laisser convaincre.

Sa femme était trop bien disposée à encourager de telles résolutions; aussi se hâta-t-il de lui découvrir son dessein; mais elle fut la seule personne qui reçut ses confidences.

Le plan arrêté entre Clinton et Arnold était très-habilement conçu.

Arnold ferait en sorte d'obtenir le commandement de la forteresse de West-Point, le boulevard des Américains sur l'Hudson; il la livrerait aux Anglais, et les mettrait ainsi à même de détruire peut-être d'un seul coup l'armée américaine.

West-Point, situé à vingt lieues au-dessus de New-York, sur la rive droite de l'Hudson, était une position tellement forte par la nature et par l'art, que la trahison seule pouvait la faire tomber aux mains de l'ennemi. Le fort était construit sur un rocher à pic au pied duquel coulait le fleuve, et plusieurs rangs de batteries en défendaient l'approche; une chaîne de fer, tendue depuis ce rocher jusqu'à une île placée au milieu du fleuve, fermait ce seul bras par lequel les navires ayant un certain tirant d'eau pussent passer. C'était là que les Américains avaient leurs principaux magasins d'armes et de munitions, et ils étaient assurés, tant qu'ils posséderaient West-Point, d'empêcher que les Anglais ne pénétrassent plus haut dans le pays, et de priver leur garnison de New-York des approvisionnements que la partie supérieure du fleuve pouvait leur fournir.

Arnold s'était bien engagé à livrer la forteresse, mais

il fallait en obtenir le commandement. On le voit alors complétement changer de conduite, de langage et d'attitude. Il est plein des dispositions les meilleures pour le gouvernement; il se rapproche de ses anciens compagnons d'armes et leur parle de son désir d'effacer par de nouveaux services rendus à son pays les préventions dont il était l'objet. Le commandement du fort avait été confié au général Howe, homme d'un courage éprouvé, mais d'une capacité très-ordinaire. Arnold insinua aux amis puissants qu'il avait conservés dans l'état de New-York que, si ses blessures ne lui permettaient pas encore de monter à cheval, elle ne lui interdisaient pas cependant la défense d'une citadelle. Ceux à qui il fit part de son ambition furent touchés de ce qu'elle avait de légitime et des motifs qui semblaient l'inspirer. Ils en parlèrent à Washington, et le pressèrent d'y souscrire; celui-ci hésita longtemps.

« J'ai peine, disait-il au général Shuyler, à donner ma
« confiance à un homme d'une aussi mauvaise réputa-
« tion. — Prenez garde, répliqua celui-ci, que, dans une
« révolution, l'on n'est pas toujours maître de choisir
« parmi des hommes irréprochables. Ceux de la trempe
« d'Arnold, tout vicieux qu'ils sont, peuvent rendre de
« grands services, et il y a du danger à les laisser à l'écart
« et dans l'oisiveté : il y aurait moins d'inconvénients à y
« laisser un homme de bien. »

Washington, ainsi pressé, répondit à Shuyler qu'il avait d'autres propositions à faire au général Arnold; il voulait lui confier le commandement de l'armée d'attaque contre New-York, ajoutant toutefois que, s'il persistait à demander West-Point, il n'éprouverait pas de refus.

Arnold allégua de nouveau ses blessures, et dit que, jusqu'à son entière guérison, il ne désirait pas d'autre poste. « Eh bien, répondit Washington, en attendant que

« vous puissiez accepter un autre commandement plus
« digne de vous, je vous donne celui que vous demandez. »

Quand Mme Arnold apprit cette nouvelle à Philadelphie, elle éprouva une émotion si vive qu'elle faillit se trouver mal. Mais elle seule, parmi son entourage, connaissant le dessein de son mari; personne ne songea à attribuer son trouble à la crainte ou à l'espérance de voir le complot avorter ou réussir; il était plus naturel de penser que, remplie d'ambition, elle était vivement impressionnée de la nouvelle qu'Arnold était revêtu d'un grand commandement militaire.

Pour prix de sa trahison, le général américain reçut la promesse d'un don de 30,000 livres sterling et du grade de brigadier général dans l'armée anglaise.

\*\*\*

Arnold ayant pris le commandement de West-Point, le général Clinton lui envoya le major André, son aide de camp, jeune officier plein d'espérance et qu'il affectionnait beaucoup, afin de s'entendre sur les moyens par lesquels on livrerait la forteresse aux Anglais.

Le major s'embarqua à New-York, sur un bâtiment parlementaire, autorisé par les Américains à remonter l'Hudson, jusqu'à une certaine distance au-dessous de West-Point, pour les échanges de prisonniers qui se négociaient entre les deux armées ennemies ; il se fit débarquer, à l'entrée de la nuit, dans un lieu convenu, en dehors des lignes américaines où Arnold ne tarda pas à se rendre. Celui-ci, trouvant l'endroit peu favorable, conduisit André vers une habitation située dans l'intérieur des lignes, où ils examinèrent les plans de la forteresse, et discutèrent les mesures qu'il convenait de prendre.

Arnold voulait qu'on profitât de l'absence de Washington, qui était allé conférer avec le général Rochambeau. Il annonça qu'un anneau de la chaîne avait été détaché, sous prétexte de la réparer, en sorte que les bâtiments anglais pouvaient passer sans difficulté; de son côté il se chargeait d'occuper la garnison sur un autre point de la défense. Mais le major avait d'autres vues. Il exigeait, au contraire, qu'on attendît le retour de Washington, qui, n'ayant aucun soupçon, descendrait chez Arnold, où il serait facile de s'emparer de sa personne : cette capture devait désorganiser l'insurrection et assurer dans un temps prochain le triomphe définitif de l'Angleterre.

Devant cette proposition, Arnold hésita un moment : violer les lois saintes de l'hospitalité lui semblait un plus grand crime que vendre la liberté de son pays; mais, pressé par le jeune et ardent officier qui rêvait la gloire d'un si éclatant succès, il finit par consentir.

Cependant la conférence s'était prolongée toute la nuit, et, quand le jour arriva, la prudence ne permettait pas au major de partir. Il resta jusqu'à la nuit suivante, et regagna alors, sous un déguisement, le point du rivage où on l'avait débarqué. Le bateau qui devait l'attendre n'y était plus. L'attention dont il était devenu l'objet de la part des Américains l'avait contraint de s'éloigner. Le major sollicita vainement plusieurs bateliers américains de le conduire au bâtiment anglais, et leur offrit un salaire considérable; cela même leur ayant paru suspect, ils s'y refusèrent.

Sa seule ressource fut de continuer sa route à pied. Il passa heureusement devant plusieurs postes américains, et allait se trouver hors de leurs lignes, quand, à la hauteur de Tarry-Town, village mi-parti, un homme armé d'un fusil, sortant d'un bois où il s'était tenu caché, s'élança soudain sur lui, et, saisissant les rênes de son cheval, lui cria : « Où allez-vous ? » Au même instant accoururent deux autres hommes armés comme le premier ; c'était une des patrouilles de miliciens volontaires, qui gardaient les lignes et ne portaient pas d'uniforme. André, préoccupé de l'idée qu'il n'était plus sur le territoire ennemi, au lieu de leur répondre, leur demanda d'où ils étaient? Ils lui dirent: « Nous sommes d'en bas, » expressions relatives au cours du fleuve, qui signifiaient : Nous sommes du parti anglais. Et moi aussi, dit André, confirmé par cette ruse dans son erreur, et, prenant alors un ton de commandement : « Je suis, ajouta-t-il, un « officier anglais chargé d'une affaire pressée, et je ne « veux pas être retenu plus longtemps. — Vous êtes de « nos ennemis, dirent-ils, et nous vous arrêtons. »

On trouva dans ses bottes les plans de la forteresse de West-Point, et tous les détails du complot, écrit de la main d'Arnold.

Le traître ne pouvait plus se soustraire que par la fuite à un châtiment ignominieux. Il avait appris en même temps et l'arrestation d'André et l'arrivée de Washington. Dissimulant son agitation en recevant les deux officiers d'ordonnance qui précédaient de quelques heures le général en chef, il leur dit qu'il voulait aller seul à sa rencontre. Il court chez sa femme : « Tout est découvert, « lui dit-il : André est prisonnier ; le commandant en « chef va tout savoir ; il approche. Brûlez tous mes pa- « piers ; je fuis à New-York. » Éperdu, il embrasse sa femme et son enfant, prend le cheval d'un de ses officiers, arrive à fond de train vers l'Hudson, se jette dans une barque qu'on tenait toujours prête, et, arborant le pavillon parlementaire, gagne un sloop anglais qui était en observation.

Lorsqu'on mit sous ses yeux les plans et les projets saisis

sur le major André, Washington resta un instant consterné, puis s'adressant aux officiers qui l'entouraient, il leur dit : « J'ai cru qu'un général habile, intrépide, qui
« avait souvent versé son sang pour son pays, méritait
« de la confiance, et je lui ai donné la mienne. Je recon-
« nais aujourd'hui, et pour toute ma vie, qu'il ne faut
« jamais se fier à ceux qui manquent de probité, quelques
« talents qu'ils puissent avoir. Arnold nous a trahis. »

Et cette trahison arrivait au moment où allait se livrer la bataille décisive, grâce aux plans que venaient d'arrêter Washington et Rochambeau, aux conférences de Hartfort, pour préparer la campagne de 1781.

Ces deux généraux affermissaient les bases de l'indépendance et de la liberté d'un des plus vastes pays de l'univers, au jour, au moment même où Arnold en préparait l'asservissement au prix de sa propre gloire et de son honneur.

Cette odieuse tentative frappa le pays de stupeur ; on recueillit avec effroi les circonstances du péril auquel on venait d'échapper, ignorant si d'autres dangers n'étaient pas à craindre, si le traître n'avait pas de complices.

On prit de toutes parts les précautions exigées par la prudence. Le général Heath, homme loyal et vigilant, remplaça Arnold à West-Point ; Green garnit les forts, et fit avancer une division jusqu'auprès des Anglais ; des messagers furent envoyés à tous les États de l'Union et au général français pour les informer de ces événements.

Arnold n'avait pas de complices ; ses deux aides de camp, un instant soupçonnés, ignoraient ses desseins.

Le conspirateur qui a pris des confidents de son secret s'est en même temps donné des maîtres dont il a tout à redouter, indiscrétion, faiblesse, remords ; il s'associe ordinairement des hommes qui ne lui offrent d'autre garantie que leurs vices, leur cupidité et le désordre de leurs affaires. On se souvint, depuis, de plusieurs circonstances qui ont donné lieu de croire qu'il avait eu d'abord l'intention d'entraîner quelques officiers dans sa défection, mais de plus mûres réflexions l'avaient fait changer de dessein.

Un général en chef qui veut livrer une forteresse, une armée, inspire à ses soldats la confiance, les emploie sans qu'ils s'en doutent à servir ses projets, et, quand il se découvre, les choses sont tellement avancées que les plus braves doivent rendre les armes [1].

On a vu comment la trahison avait échoué; il restait à punir les traîtres.

\*
\* \*

Les perquisitions faites dans la maison d'Arnold, l'examen de ses papiers, ne donnèrent aucun résultat relativement au complot : Mme Arnold avait eu le temps d'en faire disparaître les traces. Mais des registres qu'on avait négligé de détruire donnèrent la preuve des exactions dont Arnold s'était rendu coupable antérieurement, et au sujet desquelles il avait été réprimandé par le général en chef.

On trouva chez Mme Arnold des lettres où M. de la Luzerne était assez légèrement traité; l'envoyé de France, à qui on les remit, se contenta de les brûler sans les lire. On y trouva également des lettres d'André, de New-York; on y chercha un motif d'arrestation contre Mme Arnold; mais le magistrat qui avait deux ans auparavant poursuivi Arnold, dit à ceux qui voulaient se constituer accusateurs : « Mme Arnold est une excel-

[1]. Barbé-Marbois.

lente épouse et une bonne mère de famille; elle est assez malheureuse; ne l'inquiétons pas sur ses sentiments politiques. » Au moment de la fuite précipitée de son mari, la malheureuse femme avait perdu connaissance; les cris de son enfant l'avaient rendue à la vie. « Mon mari est-il sauvé ? » s'écria-t-elle aussitôt en interrompant ses domestiques. Washington eut la délicatesse de l'informer qu'Arnold avait échappé à ceux qu'on avait envoyés à sa poursuite.

Celui-ci demanda, par une lettre écrite à bord du *Vultur*, qu'elle pût, à son choix, rejoindre ses proches à Philadelphie ou se réunir à lui. Elle opta pour ce dernier parti; mais avant de rejoindre son mari, elle voulut dire adieu à sa famille. Elle partit pour Philadelphie, et arriva au moment où Arnold allait être brûlé en effigie. On lui épargna ce triste spectacle, et elle ne fut pas même exposée à un interrogatoire.

On n'ignorait pourtant pas l'influence pernicieuse qu'elle avait exercée sur son mari; mais la honte attachée désormais à son nom semblait une punition suffisante de ses fautes.

La victime expiatoire de cette odieuse trahison allait être le moins coupable des trois agents du complot.

Le major André, qui avait été arrêté comme espoirécrivit d'Old-Salem à Washington, le 25 septembre 1780, cette lettre fière et respectueuse :

Monsieur,

« Je prie votre Excellence de croire que mon seul but en m'adressant à elle est de me défendre de l'imputation d'avoir fait un vil métier dans des vues de trahison. Je vous écris pour conserver ma réputation et non ma vie. Votre prisonnier est le major John André, adjudant-général de l'armée anglaise. Les lois de la guerre permettent de prendre avantage de l'influence qu'on a sur un général ennemi. Autorisé par sir Henry Clinton, je suis venu pour conférer avec un des vôtres; j'étais en uniforme et je m'exposais bravement; mais, sans égard pour des conditions convenues et sans me prévenir, on m'a fait passer la ligne de vos postes, et je me vois votre prisonnier dans la situation abjecte d'un ennemi déguisé. J'ai tout avoué; mais il me reste à vous faire une demande, et je sais que je ne puis mieux l'adresser qu'à vous. Si les lois d'une politique rigoureuse veulent que je subisse la mort, je demande d'être traité comme un homme qui n'a rien fait de déshonorant. »

Washington, quelle que fût son humanité, ne pouvait enfreindre les décisions du congrès, et rien n'était capable d'arrêter le cours de la justice.

On convoqua un conseil de guerre, composé de six majors généraux et de huit brigadiers généraux, parmi lesquels figurèrent deux étrangers, le général français Lafayette, et Steuben, général allemand.

L'attitude d'André devant ses juges fut noble et digne; il ne chercha pas à se justifier : « Je ne m'avoue pas coupable, dit-il; mais je suis résigné à mon sort. »

La sentence du bureau fut qu'André devait être traité comme espion de l'ennemi, et que, conformément à la loi et aux usages des nations, il avait mérité la mort.

André entendit d'un cœur ferme cette sentence, et repoussa une proposition qui consistait à prêter son concours pour faire enlever Arnold de New-York : si le coup réussissait, on faisait grâce au prisonnier.

Le général Clinton descendit jusqu'à la prière pour sauver la vie d'André; l'audacieux Arnold écrivit une lettre de menaces, disant qu'il vengerait la mort du major par des représailles terribles sur les officiers de l'armée américaine qui tomberaient en son pouvoir.

André, quoique justement condamné, inspirait un intérêt général. Il était bravement résigné à la mort. Mais quel genre de mort l'attendait? Le jugement était muet sur ce point. Les espions, d'après les lois, subissent une mort infamante. Serait-il fusillé ou pendu?

Dans cette perplexité, André écrivit encore à Washington :

« Ma vie a été consacrée à l'honneur; les souvenirs que j'en conserve ne sont troublés par aucun remords, et ils m'élèvent au-dessus de la crainte de mourir. Votre Excellence ne rejettera pas une prière que je lui adresse, si près de mon dernier moment; je fonde mon espérance sur cette bienveillance mutuelle qui existe entre tous les soldats et que vous aurez pour moi; faites en sorte, monsieur, que le tribunal m'accorde un genre de mort qui se concilie avec les sentiments qu'éprouve un homme d'honneur. Si j'ai pu vous inspirer quelque estime; si dans mon malheur, je suis désigné comme une victime de la politique plutôt que du ressentiment, votre cœur [sera touché, et j'espère apprendre que je ne mourrai pas à un gibet. »

Sa prière ne put être exaucée. Le cas d'espionnage prouvé n'admettait pas qu'un ennemi fût passé par les armes. En marchant au lieu de l'exécution, raconte Bancroft, André affectait de sourire; mais la réalité de sa violente émotion se trahit quand il arriva au lieu fatal; il n'en garda pas moins un empire courageux sur lui-même. « Je suis, dit-il, réconcilié avec ma destinée, mais non pas « avec le genre de ma mort. » On lui demanda, au dernier moment, s'il avait à dire quelque chose : « Rien, ré-

« pondit-il, si ce n'est que je vous requiers de rendre té-
« moignage au monde que je meurs comme un brave sol-
« dat. »

Arnold fut payé de sa trahison : outre les 30,000 livres sterling qui lui avaient été promises, il reçut le titre et le rang de brigadier général dans l'armée anglaise et servit en cette qualité jusqu'à la fin de la guerre.

Pendant qu'il se battait contre sa patrie dans les rangs ennemis, il avait l'habitude, toutes les fois qu'il faisait des prisonniers américains, de les interroger. Il demanda, un jour, à l'un d'eux, ce qu'on ferait de lui s'il était fait prisonnier par les soldats de l'Union. L'Américain hésitant à répondre, Arnold le pressa de s'expliquer avec franchise : « Eh bien, lui dit le prisonnier, je crois qu'ils en-
« seveliraient avec les honneurs de la guerre cette jambe
« blessée deux fois quand vous serviez avec tant de gloire
« la cause de la liberté. Le reste du corps serait livré
« à l'infamie. »

# CHAPITRE VIII

PRISE DE YORK-TOWN. — PAIX DE 1783. — RETRAITE DE WASHINGTON.

L'armée américaine du Nord, sous Washington, et l'armée du comte de Rochambeau, ayant opéré leur jonction sur l'Hudson, on songea d'abord à attaquer les Anglais à New-York. Mais les alliés changèrent subitement leur plan de campagne, et tandis que le commandant anglais, sir Henry Clinton, croyait toujours New-York menacé, Lafayette et Rochambeau marchèrent rapidement avec 12,000 hommes vers les États du Sud, où une victoire importante devait bientôt terminer la guerre.

Ce pays était devenu le principal théâtre des opérations militaires. La Géorgie, les Carolines et la Virginie étaient tour à tour témoins des combats que livraient les Anglais et les Américains. Le général Green, secondé par Kosciusko, faisait tête partout au corps de Cornwallis; celui-ci traitait en rebelles ceux qui tombaient dans ses mains; ce n'était pas une guerre étrangère, mais une véritable guerre civile qui désolait ces malheureuses contrées.

Les principales forces de l'Angleterre se trouvaient alors rassemblées à York-Town. Les alliés réunirent autour de cette place l'armée la plus nombreuse qu'on eût vue en Amérique : elle se composait de vingt mille hommes, dont sept mille Français, et parmi les Américains il y avait très-peu de milices. Le dernier jour d'août 1781, une flotte française commandée par de Grasse arriva dans la baie de la Chesapeake ; les Français et le général américain se décidèrent, d'un commun accord, à attaquer Cornwallis, qui s'était fortement retranché à York-Town. Washington, quittant avec son armée la région de l'Hudson, exécuta une marche rapide sur la Virginie. Clinton essaya en vain de le rappeler en arrière, en envoyant Arnold dévaster le Connecticut.

Washington ne se laissa pas détourner de son dessein ; il opéra sa jonction avec Lafayette et les troupes françaises, déjà débarquées devant York-Town. Elles étaient commandées par le comte de Rochambeau. Le 28 septembre, les armées alliées prirent leurs positions respectives. Leurs batteries ne tardèrent pas à ouvrir le feu. Les boulets rouges incendièrent dans le port quatre vaisseaux anglais. Deux ouvrages avancés, placés de manière à gêner beaucoup les assaillants, furent pris d'assaut, l'un par les Américains, l'autre par les Français, avec un sang froid héroïque qui parut à Washington une sûre garantie du succès.

Des brèches ne tardèrent pas à être pratiquées aux fortifications anglaises. Une sortie désespérée, couronnée d'abord de succès, se trouva finalement n'avoir produit aucun résultat. Les batteries des assiégeants se rapprochaient peu à peu, et tout espoir disparut. Cornwallis ne voyait plus qu'une chance d'échapper au sort qui l'attendait, et il résolut de tenter l'aventure. Sur la rive opposée de la rivière d'York se trouve la Pointe de Gloucester, où

2,000 Français s'étaient retranchés. Le plan du général anglais consistait en ceci : détruire ses bagages, abandonner ses malades et ses blessés, faire traverser la rivière à ses hommes valides dans le silence de la nuit, et ouvrir un passage à travers les lignes françaises, puis faire monter à cheval le plus grand nombre de ses hommes qu'il lui serait possible, et rejoindre Clinton à marches forcées.

Dans la nuit du 16 octobre, le premier détachement aborda sans encombre à la Pointe de Gloucester ; mais il s'éleva une tempête si furieuse que les bateaux montés par la seconde division furent entraînés dans le sens du courant de la rivière.

Comprenant que toute résistance était désormais inutile, Cornwallis demanda, le 17, une suspension d'armes, avec l'intention de se rendre. C'est dans la maison d'un certain M. Moore, située dans le voisinage de York, que furent réglées les conditions de la capitulation ; et le 19 octobre, les troupes de terre, l'artillerie et les bagages furent livrés à Washington, les navires et leurs équipages à de Grasse. Il y avait en tout 7,015 prisonniers. Les Anglais avaient perdu au cours du siége 552 hommes ; les alliés environ 300. 11,000 Américains et 5,000 Français avaient pris part au siége.

La reddition donna lieu à une scène imposante. De tous les alentours accoururent des milliers de patriotes, avides d'assister à l'humiliation de ces soldats sans pitié et de leur chef détesté. Les Anglais se présentèrent en grand uniforme, mais sans enseignes déployées, vu que cet honneur avait été refusé à l'armée américaine lors de la reddition de Charlestown. Cornwallis n'apparut pas en personne, mais rendit son épée par l'intermédiaire du général O'Hara. Vingt-huit drapeaux furent remis à des sergents américains par pareil nombre de capitaines anglais.

Malgré les excès dont Cornwallis et bon nombre de ses

officiers s'étaient rendus coupables, ils furent traités avec beaucoup de considération par leurs vainqueurs. Le général anglais cependant ne pouvait prendre son parti de sa défaite. Un jour qu'il restait tête nue en présence de Washington, ce dernier lui dit : « Mylord, il fait froid, « et vous feriez bien de vous couvrir. — Peu importe, « répondit Cornwallis en portant la main à son front, « peu importe ce qu'il adviendra désormais de cette « tête. »

La nouvelle de la prise de York-Town se répandit rapidement dans tout le pays; Washington chargea un de ses aides de camp de la porter à Philadelphie. La cloche de la Halle de l'Indépendance ne tarda pas à lancer au loin ses joyeuses volées. Les uns restaient muets de saisissement, d'autres pleuraient de joie. Le Congrès vota les plus grands honneurs à tous ceux qui avaient concouru à remporter cette éclatante victoire.

*<br>* *

Qu'il nous soit permis de nous arrêter un instant sur la belle conduite de l'armée française dans cette croisade pour la liberté.

Les chefs y surent allier une prudence consommée dans les desseins à une fermeté inébranlable dans l'exécution. Les soldats furent constamment aussi dociles aux ordres de leurs officiers que s'ils eussent été en garnison dans une ville de la Champagne, et les vieux régiments français se placèrent sans répugnance, et même avec joie, à côté de ces milices nouvellement levées, qui avaient en maints combats fait preuve d'un grand courage.

Parmi les chefs, plusieurs portaient des noms illustrés par les vertus et la gloire pendant une longue suite de siècles. Ils trouvaient l'armée américaine commandée par des généraux et des capitaines tirés de toutes les professions, de celles qui n'ont rien de commun avec les armes, de celles même qui, en Europe, sembleraient en éloigner. Toutefois les habitudes d'une franche égalité s'introduisirent d'abord ; les nouveaux venus avaient complétement oublié les priviléges de la naissance, déposé cet orgueil dont les plus raisonnables ont peine à se défendre, et sur lequel les Anglais fondaient l'espoir d'une division entre les alliés. Les Américains, à leur tour, savaient gré aux Français de cette familiarité que n'accompagnait aucune apparence de contrainte et à laquelle ils s'étaient peu attendus.

Les bonnes dispositions réciproques des alliés rendirent les communications et les opérations combinées plus faciles ; la subordination et la discipline se fortifièrent par une sorte d'émulation. Le général français témoigna surtout le plus grand respect pour les usages du pays et une entière soumission à des lois dont il avait tous les moyens de s'affranchir. Étranger parmi ces peuples, il s'étonnait d'exercer sur eux une autorité presque égale à celle de leurs propres magistrats, et un jour qu'il en demandait la cause, un Américain lui dit : « C'est parce que, chef tout-puissant d'une armée étrangère, vous respectez nos lois. »

*
* *

La prise de York-Town termina la guerre et assura l'indépendance de l'Amérique.

En apprenant cette nouvelle imprévue, le chef du ministère anglais, lord North s'écria : « Mon Dieu ! tout est fini ! tout est fini ! » Il dut se retirer avec tous ses collègues, le 20 mars 1782, et céder la place à un cabinet opposé à toute poursuite ultérieure de la guerre. Des ordres expédiés en

Amérique aux généraux anglais leur enjoignirent de cesser les hostilités. Adams, Franklin, Jay et Laurens, chargés par le congrès de négocier la paix, après en avoir établi les bases dans des articles préliminaires signés à Paris le 30 novembre 1782, signèrent également à Paris, le 3 septembre 1783, le traité définitif par lequel la Grande-Bretagne reconnaissait formellement la liberté, la souveraineté et l'indépendance des États-Unis.

New-York, le dernier point de la côte encore occupé par les Anglais, fut évacué le 25 novembre 1783.

Ce fut une grande joie aux États-Unis, et la reconnaissance publique se partagea entre l'armée nationale et celle des alliés. Le maréchal de Rochambeau et ses troupes, quand ils se rembarquèrent pour retourner en France, en reçurent les plus vifs témoignages de la part de la population, heureuse d'avouer que, sans leur généreux secours, la lutte eût été beaucoup plus longue, et son dénoûment incertain.

Quant à Washington, qui avait avec tant de courage et de prudence dirigé la défense du pays, sans jamais désespérer de sa cause dans les moments les plus critiques, le peuple lui donna le titre de *Libérateur de la patrie* et le congrès décréta qu'une statue équestre transmettrait à la postérité son image vénérée et le souvenir impérissable de ses services.

*\*\**

A la fin de la guerre un mouvement sérieux avait éclaté dans l'armée, qui réclamait le paiement des arriérés de solde et de rations. Le papier-monnaie émis par le congrès avait subi une si forte dépréciation que les troupes refusaient de le recevoir. La désaffection des soldats allait de jour en jour grandissant ; on craignait même une révolte provoquée par une adresse du major général John Amstrong, qui circula, en mars 1783, dans le camp de Newburg (New-Jersey) : cet officier invitait l'armée à prendre en main ses propres intérêts et à forcer le congrès et le peuple à faire droit à ses réclamations. L'influence de Washington put seule mettre fin à cet alarmant conflit ; et, peu après, le congrès donna satisfaction aux troupes en acquittant une partie de l'arriéré.

Ce devoir accompli, le 2 novembre, le général en chef adressa ses adieux aux armées des États-Unis. Le 4 décembre, à New-York, il prit congé de ses officiers, et se rendit à Annapolis (Maryland) où le congrès se trouvait alors en session. Le 29, il demanda à être reçu par l'assemblée, et, dans une séance solennelle, en présence d'un public nombreux, il déposa les pouvoirs dont il était revêtu.

« Monsieur le président, dit-il, la guerre étant heureusement terminée, et l'indépendance pour laquelle nous avions pris les armes ayant été obtenue, j'en offre au congrès nos sincères remerciments, et le prie de permettre que je dépose entre ses mains le commandement qu'il m'avait confié. Je ne l'avais accepté, malgré une juste défiance de nos forces, que parce que la justice de notre cause me faisait compter sur la protection du ciel. Cette protection ne m'a pas manqué. Plus je considère les difficultés que j'ai traversées, plus je sens croître ma reconnaissance envers Dieu qui m'a soutenu, et envers mes concitoyens qui m'ont prêté leur appui.

« Qu'il me soit permis de parler surtout de ce que je dois à l'armée et aux braves officiers qui la commandaient ; je remercie en particulier ceux qui étaient placés auprès de ma personne, et qui sont restés avec moi jusqu'au dernier moment. Leur dévouement et leur courage leur donnent droit à la reconnaissance du pays.

« Je supplie, en me retirant, le Dieu tout-puissant de continuer sa protection à ma chère patrie, et à ceux qui sont appelés à la gouverner. Rien ne manquera à mon bonheur, si je vois ma patrie heureuse et libre. »

Le président lui répondit :

« Le congrès accepte la démission que vous donnez d'un commandement que vous avez exercé avec tant de succès et tant de gloire. La postérité n'oubliera pas que vous en avez accepté le péril dans un temps où nous étions sans alliés et sans appui ; que vous avez toujours donné, dans l'exercice du pouvoir militaire, l'exemple de l'obéissance aux lois et du respect pour le pouvoir civil, et que la confiance que vous inspiriez a contribué plus que toute autre chose à soutenir le courage de vos concitoyens.

« Comptez que les services de ceux qui vous ont secondé dans cette noble tâche ne seront point oubliés. Ils trouveront dans le congrès la protection et la faveur qui leur sont dues.

« Jouissez du repos que vous avez si bien mérité ; la bénédiction de vos concitoyens vous suivra dans votre retraite, et la gloire que vous avez acquise y brillera aussi bien que dans le poste le plus élevé.

« Nous nous joignons à vous pour remercier la divine Providence de ses bienfaits, et pour la prier de nous continuer sa protection. Puisse-t-elle protéger surtout le plus cher et le plus illustre de nos concitoyens, et rendre son existence aussi heureuse dans la vie privée qu'elle a été glorieuse dans les camps. »

Après cette imposante cérémonie, Washington était retourné à Mount Vernon reprendre sa vie de famille et ses travaux agricoles qu'il n'avait abandonnés qu'à regret. C'est de là qu'il écrit alors en France cette lettre charmante qu'on ne peut lire sans une profonde émotion.

« Mount Vernon, 1ᵉʳ février 1784

*Au marquis de Lafayette.*

« Mon cher marquis, — Enfin, je suis devenu un simple particulier sur les bords du Potomac; et à l'ombre de ma vigne et de mon figuier, délivré du tumulte des camps et des scènes agitées de la vie publique, je jouis avec délices de ces plaisirs paisibles que ne peuvent guère comprendre le soldat qui poursuit sans cesse la renommée, l'homme d'état, dont les jours sans repos et les nuits sans sommeil se passent à méditer des plans pour le bonheur de sa patrie, et peut-être pour la ruine des autres peuples, — comme si ce globe n'était pas assez grand pour nous tous, le courtisan qui épie constamment la figure de son prince, dans l'espoir d'obtenir un sourire gracieux. Je ne me suis pas seulement retiré de tous les emplois publics; je me retire encore en moi-même, et je pourrai contempler la solitude et suivre les sentiers de la vie privée avec une vive satisfaction. N'enviant personne, je suis décidé à être content de tout le monde; et tel étant, mon cher ami, l'ordre de ma marche, je descendrai doucement le fleuve de ma vie, jusqu'au moment où je m'endormirai avec mes pères. »

A la fin de la même année, le chevalier de la Luzerne manifesta à Washington le désir qu'auraient Louis XVI et toute la cour de le recevoir à Versailles.

Washington déclina cette invitation dans une lettre qui mérite d'être ici rapportée.

« MOUNT VERNON, 5 décembre 1784.

*Au chevalier de la Luzerne.*

« Votre prompt et aimable souvenir, après votre arrivée à la cour de Versailles, au milieu des plaisirs de la cour et des félicitations de vos amis, me fait un grand honneur et excite ma plus vive reconnaissance. Que votre auguste souverain, que son aimable épouse, et que les princes, ses frères, daignent s'intéresser aux circonstances de ma vie et désirent les connaître, c'est là un des incidents les plus flatteurs, et cette idée me touche beaucoup plus que je ne puis le dire...

« Si le nom de votre souverain a été cité dans votre lettre avec son approbation ou son autorisation, vous savez, monsieur, jusqu'à quel point mes respectueux remerciments sont dus, et peuvent être présentés avec convenance. Je ne veux pas être indiscret, ni dépasser la ligne que l'usage a tracée. Bien que je sente plus de respect et de vénération pour le roi et pour la reine, que je ne puis l'exprimer, je dois, en cette circonstance, m'en reposer sur ce tact parfait que vous possédez pour leur faire connaître mes sentiments, et sur votre bonté plutôt que sur mes faibles efforts. »

M. de la Luzerne lui répondit à ce sujet :

« J'ai exécuté vos commissions auprès de Sa Majesté et de la famille royale ; le roi regrette que vos affaires domestiques le privent du plaisir de voir un homme dont les talents et les vertus ont fait le bonheur de sa patrie, et ont excité l'admiration de tous les autres pays. »
(*Paris, 15 février* 1785).

⁂

On montre encore aujourd'hui à la bibliothèque de Mount Vernon un portrait en pied de Louis XVI dans son costume d'apparat, magnifique gravure offerte à Washington par le roi. Le cadre doré qui l'entoure a été fait tout exprès : il porte en haut, entouré d'emblèmes choisis, l'écusson royal de France, et au bas les armoiries de la famille Washington ; aux angles, les monogrammes du Roi et du Président : L. XVI. et G. W. [1].

---

[1]. Singulier rapprochement ! A peu de distance du portrait royal se trouve un tout autre souvenir : la clef de la Bastille, envoyée par Lafayette à Washington, en mai 1790, et confiée aux soins de Thomas Payne, alors à Londres, avec une esquisse au crayon représentant la destruction de l'édifice. Le tout était accompagné d'une lettre où Lafayette disait :

« Permettez-moi, mon cher général, de vous offrir une vue de la Bastille telle qu'elle était quelques jours après que j'en eus ordonné la démolition, ainsi que la principale clef de la forteresse du despotisme. C'est un tribut que je dois, comme fils, à mon père adoptif — comme aide-de-camp, à mon général — comme missionnaire de la liberté, à son patriarche. »

Washington répondit :

« J'ai reçu par un courrier votre affectueuse lettre du 17 mars, et, par un autre, le gage de la victoire remportée par la liberté sur le despotisme ; ce sont là deux témoignages de votre amitié et de votre estime, pour lesquels je vous prie d'accepter mes remerciements les plus sincères. Dans ce grand sujet de triomphe pour le Nouveau-Monde et pour l'humanité tout entière, on n'oubliera jamais quelle part éminente vous y avez prise, quel éclat vous avez réfléchi sur un pays où vous avez déployé pour la première fois vos grandes qualités. »

TROISIÈME PARTIE

# LA RÉPUBLIQUE DES ÉTATS-UNIS

## PRÉSIDENCE DE WASHINGTON

1783-1799

Lafayette.

# LA RÉPUBLIQUE DES ÉTATS-UNIS

## PRÉSIDENCE DE WASHINGTON

### 1783-1799

---

## CHAPITRE PREMIER

HISTOIRE DE LA CONSTITUTION. — WASHINGTON EST ÉLU PRÉSIDENT DES ÉTATS-UNIS.

« Qu'un peuple lutte avec énergie pour conquérir son indépendance, c'est un spectacle que tous les siècles ont pu fournir. On a beaucoup exagéré d'ailleurs les efforts que firent les Américains pour se soustraire au joug des Anglais. Séparés par 1,300 lieues de mer de leurs ennemis, secourus par un puissant allié, les États-Unis durent la victoire à leur position bien plus encore qu'à la valeur de leurs armées et au patriotisme de leurs concitoyens. Mais ce qui est nouveau dans l'histoire des sociétés, c'est de voir un grand peuple, averti par ses législateurs que les rouages du gouvernement s'arrêtent, tourner sans précipitation et sans crainte ses regards sur lui-même, sonder la profondeur du mal, se contenir pendant deux ans entiers, afin d'en découvrir à loisir le remède, et, lorsque ce remède est indiqué, s'y soumettre volontairement sans qu'il en coûte une larme ni une goutte de sang à l'humanité[1]. »

Ce spectacle nouveau, les Américains l'ont donné, quand, après avoir conquis leur indépendance, ils ont fondé la république des États-Unis. Washington prit une part importante à cette grande œuvre, comme législateur et comme chef du pouvoir exécutif : troisième phase de cette belle existence, qui ne sera pas moins glorieuse que les deux autres.

Mais, avant de revenir à notre héros, il importe d'examiner ce qu'était le gouvernement central après le traité de 1783.

*
* *

Au point de vue purement philosophique, la guerre de la révolution fut entreprise par le peuple moins pour défendre les libertés civiles que pour revendiquer l'exercice direct des pouvoirs publics. La question débattue était celle-ci : Qui doit exercer le pouvoir politique sur toutes les colonies américaines? les colonies elles-mêmes ou le gouvernement de la Grande-Bretagne ? Le sort des armes décida que les colonies se gouverneraient elles-mêmes; que la Grande-Bretagne n'aurait plus sur elles aucune autorité. Le résultat de la révolution fut donc de créer des États indépendants et libres de se gouverner à leur guise ; chacun d'eux vota une constitution républicaine, sous des formes diverses, mais reposant sur les principes de l'ordre et de la liberté.

Toutefois la victoire qui avait donné l'indépendance, la sagesse d'où étaient sorties treize constitutions républicaines, ne suffisaient point encore pour assurer la prospé-

1. De Tocqueville.

rité et le bonheur des Américains. Il fallait faire de ces États une nation, et trouver une forme de gouvernement capable de régir à l'intérieur les intérêts communs et de pourvoir à la défense du pays contre l'étranger.

Depuis leur origine jusqu'à la veille de la révolution, les colonies avaient grandi séparément et vécu complétement indépendantes les unes des autres. Pour rendre plus formidable leur résistance aux prétentions de la Grande-Bretagne et lui donner plus de chance de succès, il devint indispensable de créer d'abord l'unité de direction. Voilà pourquoi le Massachusetts, en 1774, avait recommandé la réunion, à Philadelphie, d'un congrès continental composé de délégués choisis dans toutes les colonies, à l'effet de délibérer sur l'intérêt commun et d'arrêter un plan général de conduite. Conformément à cet avis, des délégués furent choisis dans les différentes colonies, les uns par le corps législatif entier, les autres par la chambre élective seulement, quelques-uns par des conventions populaires, suivant les circonstances ou l'organisation particulière de chaque colonie.

Le premier congrès continental, assemblé le 4 septembre 1774, choisit ses fonctionnaires, et traça les règles fondamentales et les limites de leurs attributions.

Signalons la plus importante de ses décisions, celle en vertu de laquelle chaque colonie ne devait avoir qu'un vote, quel que fût le nombre de ses délégués : on s'y conforma pendant tout le cours de la révolution. Ce premier congrès répondit par d'autres mesures aux exigences de la situation, et proposa un autre congrès qui fut accepté et fixé au mois de mai 1775. La même assemblée, après avoir pourvu aux nécessités d'une guerre inévitable, finit, en 1776, par la déclaration d'indépendance, qu'adopta à l'unanimité le peuple américain. C'est à sa recommandation que les États réformèrent leurs constitutions, et depuis cette époque les délégués au congrès continental furent tous nommés par les législatures d'État.

Le congrès continental, ainsi organisé par l'association volontaire des États, et renouvelé de temps à autre par les délégués de leurs législatures, constituait en fait le gouvernement national, et conduisit les affaires du pays jusqu'au jour où l'on adopta les articles de confédération.

Quant aux pouvoirs du congrès, ils n'étaient ni définis ni limités. Il s'attribuait le droit de déclarer la guerre et de faire la paix, de signer des traités et des alliances avec les nations étrangères, de contracter des emprunts, lever des armées, équiper des navires, de faire en un mot tous les actes de la souveraineté indispensables au salut des colonies unies. Tous les pouvoirs qu'il réclamait semblaient légitimés par la nécessité et n'avoir d'autres bornes que les circonstances; c'étaient de véritables pouvoirs révolutionnaires qui s'étendaient ou se resserraient en proportion des exigences et des nécessités des affaires publiques : le peuple, par son approbation et son acquiescement, ratifiait les actes de ses délégués, plein de confiance en leur patriotisme, leur intégrité et leur sagesse politique.

Mais il était évident pour les esprits réfléchis qu'une union ainsi formée n'était que temporaire, qu'elle dépendait du consentement de toutes les colonies devenues des États souverains, et par conséquent pouvait être à tout moment brisée par la retraite de l'un ou de plusieurs d'entre eux. Elle était née des exigences et des dangers des temps, son but ne s'étendait pas au delà du maintien des libertés publiques et de l'indépendance des États durant le conflit avec la Grande-Bretagne; elle devait par conséquent cesser avec le retour de la paix et le triomphe de la révolution.

Il y avait là un danger sérieux. Qu'adviendrait-il de la séparation des États confédérés en communautés indépendantes, ne reconnaissant aucune autorité supérieure, n'agissant pas dans leurs affaires générales d'après un système uniforme ? Rivalités, jalousies, griefs réels ou imaginaires, diversité des intérêts locaux et des institutions, tout contribuerait bien vite à briser les liens d'une amitié récente, à troubler la paix nécessaire à leurs progrès réciproques.

Après les mesures que demandait le salut immédiat du pays, le congrès continental s'occupa donc en première ligne des moyens d'établir une union permanente de toutes les colonies sous un gouvernement général. Les premières délibérations sur ce sujet sont de la même époque que la déclaration d'indépendance, et, à la suite de longs débats qui revinrent à différentes reprises, le congrès continental finit par adopter, en novembre 1778, une forme de gouvernement définie dans une sorte de constitution qu'on appela les Articles de confédération. Ces Articles, immédiatement envoyés à tous les États et soumis à leur approbation, ne furent adoptés qu'en mars 1781, après l'adhésion du Maryland, qui accepta le dernier.

Différentes objections étaient faites à la nouvelle confédération ; on critiquait notamment le mode de répartition des taxes entre les États, le contingent militaire à fournir, le droit d'entretenir une armée permanente en temps de paix, surtout l'oubli qu'on avait fait de réserver pour les besoins nationaux toutes les terres publiques qui avaient appartenu à la couronne dans la limite des frontières des États-Unis. C'était là un sujet de perpétuelles récriminations, et la confédération n'eût jamais abouti si la Virginie et le New-York n'avaient pas fait l'abandon au trésor public de toutes les terres qui se trouvaient à l'ouest de leurs établissements.

⁎⁎⁎

La Confédération n'était pas adoptée que les défauts du plan sur lequel avait été construit le gouvernement national se manifestèrent d'eux-mêmes. Du reste l'œuvre n'avait point été accomplie dans des conditions favorables pour mesurer exactement les proportions que devaient avoir les pouvoirs publics. Les États, au temps où ils n'étaient que colonies, avaient vécu sous le contrôle et l'autorité d'un souverain étranger dont les lois restrictives s'étaient fait durement sentir et dont les prérogatives, réelles ou usurpées, avaient été une source perpétuelle d'alarme et de jalousie. De là un esprit de résistance à l'autorité du dehors, toujours nourri et entretenu. Comme on ne connaissait pas par expérience tous les inconvénients qui résultent de l'absence d'un gouvernement général pour les affaires et les intérêts communs, les Américains ne faisaient de concession qu'à contre-cœur; à leur sens, réduire à sa plus simple expression pratique la délégation du pouvoir était un sacrifice suffisant pour maintenir l'existence nationale, bien que la confédération eût inscrit sur son frontispice que les articles étaient destinés à consacrer une perpétuelle union.

Le défaut capital des articles consistait à ne pas fixer les points principaux de la législation commune à tout le pays, tels que l'organisation du commerce, la défense générale, le règlement des discussions entre les États, les traités avec les nations étrangères. Il était aisé de voir que ses principaux articles concernant les pouvoirs conférés au gouvernement central ne s'appliquaient qu'au temps de guerre, et qu'ils dormiraient en temps de paix. Même en guerre, c'étaient des ombres de pouvoirs, sans consistance, puisqu'ils étaient privés de toute autorité coercitive.

Un éminent homme d'État faisait cette judicieuse remarque: « Le congrès a le droit de conclure des traités ; mais il ne peut que recommander leur observance. Il nomme des ambassadeurs; mais il est incapable de défrayer leur dépense de table. Il battra monnaie, empruntera sur la foi de l'Union; mais il ne peut pas payer un dollar, importer une once de billon. Il peut faire la guerre et déterminer le nombre de troupes nécessaires, mais pas lever un simple soldat. En un mot, il peut tout dire, mais ne peut rien faire. » Cela était strictement vrai; le congrès n'avait d'autre pouvoir que de recommander à la bonne volonté des États les mesures qu'il croyait nécessaires au bien de la chose publique.

Les articles de la confédération adoptés en 1778 ne fondaient donc point, pour la nation, une constitution suffisante. On ne tarda pas à le reconnaître. Presque aussitôt après sa ratification, les États commencèrent à lui refuser une prompte et stricte obéissance. A mesure que s'éloignait le danger, les preuves de négligence devenaient de plus en plus fréquentes, et, avant la conclusion de la paix en 1783, la faiblesse inhérente au gouvernement s'était augmentée d'une manière véritablement inquiétante. Les fautes d'un État devinrent le prétexte ou l'excuse des délits commis par un autre. On dut reconnaître qu'il serait illusoire de compter sur eux pour subvenir aux exigences pécuniaires du pays. Les engagements nationaux semblaient avoir été totalement méprisés. Les contributions destinées à couvrir les dépenses ordinaires du gouvernement furent presque entièrement supportées par les deux États qui possédaient le plus de ressources domestiques. Le congrès tenta de bonne heure, mais vainement, d'obtenir le droit d'établir temporairement une taxe générale, exclusivement destinée à l'amortissement de la dette nationale. Il vit tout de suite qu'il y avait impossibilité absolue d'obtenir collectivement aucune provision applicable à la sécurité et à l'honneur de la nation. Les conflits soulevés par des règlements commerciaux et des réclamations de territoires dissolvaient peu à peu les relations amicales et le sentiment d'intérêt général qui avaient si puissamment contribué à cimenter et à consolider l'union pendant les rudes épreuves de la lutte révolutionnaire.

Les symptômes de détresse et d'affaissement s'accumulaient avec rapidité. L'indifférence des États était devenue telle qu'on ne pouvait même leur faire comprendre qu'il était de leur intérêt d'envoyer au congrès un nombre suffisant de représentants. Les finances étaient épuisées. L'armée ne comptait plus, en 1784, que quatre-vingts personnes, et les États furent instamment requis de fournir quelques miliciens pour tenir garnison dans les places de l'ouest. Bientôt, pour employer l'expression du *Fédéraliste*, « chaque État, sourd à tout, excepté à la voix « de son intérêt immédiat et de ses convenances particu- « lières, refusa peu à peu toute assistance à la Confédéra- « tion; si bien que le frêle et tremblant édifice fut sur le « point de tomber sur la tête des Américains et de les « ensevelir sous ses ruines. »

C'est à ce moment qu'apparaît de nouveau sur la scène politique le héros de l'indépendance; après avoir affranchi son pays, il va se mettre à la tête de ces grands citoyens, de cette pléiade de sages qui fondèrent la République, c'est-à-dire un pouvoir fort et des citoyens libres!

\*
\* \*

Dès le début de la guerre, Washington avait pu se convaincre, pour en avoir trop souffert, de l'insuffisance du congrès pour la défense des intérêts et la conduite des affaires de la Confédération [1]. Dès qu'il apprend la conclusion de la paix, il s'occupe immédiatement des mesures qui permettront aux Américains de fonder une nation grande, heureuse et respectable. Mais pour y parvenir il faut, suivant ses propres expressions, « des « moyens autres qu'une politique étroite, des jalousies « sans motifs. Il reste aux États à agir avec prudence, et « à établir leur indépendance sur la base d'une union « réelle, inviolable, et d'une confédération qui les empê- « che de devenir le jouet de la politique européenne. »

Ses vues sur le présent et l'avenir des États-Unis sont très-nettement exprimées dans sa correspondance. Voici d'abord une appréciation des conditions particulièrement favorables dans lesquelles est née la république américaine. C'est une lettre adressée au marquis de Lafayette, datée du quartier général, 5 avril 1783 :

« Nous voilà donc une nation indépendante; mais nous avons à apprendre la tactique politique. Nous voilà au rang des nations sur la terre; mais nous avons une réputation à acquérir. Le temps montrera comment nous saurons nous acquitter de nos devoirs. Il est probable (je le crois, du moins) que la politique locale, ou de chaque État en particulier, cherche à prévaloir sur les vues plus libérales et plus étendues du gouvernement, beaucoup

---

[1]. « Personne, dans les États-Unis, n'est ou ne peut être plus profondément pénétré que moi de la nécessité d'une réforme dans notre Confédération actuelle. Personne n'en a peut-être éprouvé d'une manière plus sensible les mauvais effets, car la prolongation de la guerre, et par conséquent les dépenses qu'elle a occasionnées, peuvent être avec justice attribuées à ces défauts et au manque de pouvoir dans le congrès. C'est là l'origine de plus de la moitié des embarras qui ont pesé sur moi pendant le cours de mon commandement, et de presque toutes les difficultés et tous les maux que l'armée a eu à supporter. »

plus que ne l'exigeraient la prévoyance et la sagesse débarrassées de tout préjugé ; nous commettrons plus d'une faute en marchant sur ce vaste théâtre, avant d'arriver à la perfection de l'art ; en un mot, l'expérience, achetée peut-être très-cher, nous convaincra seule que l'honneur, la puissance et le vérible intérêt d'un État sont l'honneur, la puissance et l'intérêt du continent tout entier. C'est donc un devoir pour tout homme qui veut le bien de son pays de resserrer le lien qui nous rattache les uns aux autres, et de fonder une nouvelle constitution qui donne de la stabilité, de la dignité, de la réalité à l'union ; *j'y contribuerai aussi efficacement que je le pourrai dans la vie privée.* »

Les craintes de Washington ne se réalisaient que trop ; l'expérience se faisait chaque jour plus douloureuse pour les vrais patriotes, et surtout pour lui. Dès 1783, dans une *lettre-circulaire adressée aux gouverneurs de tous les États au moment du licenciement de l'armée*, il avait indiqué les choses qui lui semblaient essentielles, non-seulement au bien-être, mais même à l'existence des États-Unis comme puissance indépendante ; et il plaçait au premier rang *l'indissoluble union des États sous un chef fédéral.*

« Les citoyens de l'Amérique, disait-il, placés dans la situation la plus digne d'envie, seuls maîtres et seuls propriétaires d'un vaste territoire comprenant toutes les variétés de sol et de climat répandues dans le monde entier, riche de toutes les productions nécessaires ou seulement agréables à la vie, sont maintenant reconnus, par le traité de paix, entièrement libres et indépendants. Dès ce moment ils sont considérés comme acteurs sur l'un des théâtres les plus élevés que la Providence ait désignés à la grandeur et à la félicité humaines.

« La fondation de notre empire ne remonte point à un siècle obscur d'ignorance et de superstition, mais à une époque où les droits du genre humain sont mieux compris et plus clairement définis qu'à aucune époque antérieure. L'esprit humain a poussé jusqu'à ses dernières limites ses recherches sur le bonheur de l'homme ; les trésors de science acquis par les travaux des philosophes, des sages et des législateurs pendant une longue suite d'années, sont à notre disposition ; et leur sagesse réunie peut être fort heureusement mise à profit dans le choix de notre forme de gouvernement : la libre culture des lettres, l'extension illimitée du commerce, l'amélioration progressive des mœurs, l'élévation croissante des sentiments, et surtout la pure et bienfaisante lumière de la révélation, ont exercé la plus heureuse influence sur le genre humain, et porté très-haut les biens de la Société : c'est à cet heureux moment que les États-Unis prennent naissance comme nation ; et si leurs citoyens ne sont pas complétement libres et heureux, la faute en sera entièrement à eux. »

Après ce tableau des brillantes perspectives qui s'ouvraient devant la jeune Amérique, Washington ajoutait :
« Tout tendra très-rapidement à la confusion et à l'anarchie, si les États ne permettent pas que le congrès exerce les pouvoirs et les prérogatives dont la constitution l'a certainement investi. Il est indispensable au bonheur particulier des États qu'il existe quelque part un pouvoir supérieur, appelé à régler et à surveiller les intérêts des républiques confédérées, pouvoir sans lequel l'Union ne pourrait être de longue durée. » Et il ajoutait : « On doit considérer comme hostile à la liberté et à l'indépendance de l'Amérique toute mesure qui tendrait à dissoudre l'Union, ou qui contribuerait à affaiblir

ou à méconnaître l'autorité souveraine, et ses auteurs doivent être traités en conséquence. En effet, si, par leur harmonie, les États ne nous mettent pas en position de jouir des fruits de la Révolution, des bienfaits de la société civile, sous une forme de gouvernement libre, incorruptible, heureusement à l'abri de tout danger d'oppression, on aura à regretter la perte inutile de tant d'hommes et de tant d'argent, tant de souffrances endurées sans compensation, tant de sacrifices sans résultat.

« Les traités passés entre les puissances européennes et les États-Unis d'Amérique n'auront plus aucune valeur après la dissolution de l'Union; nous reviendrons presque à l'état de nature, et nous reconnaîtrons par notre malheureuse expérience qu'il y a de l'extrême anarchie à l'extrême tyrannie une progression naturelle et nécessaire, et qu'il est très-facile d'établir le pouvoir arbitraire sur les ruines de la liberté, quand on en a abusé jusqu'à la licence. »

Les faits dépassèrent les conjectures les plus sombres émises par Washington, mais le remède sortit du mal lui-même. La dissolution de l'Union, ou une réforme prompte et complète, se présentait comme un dilemme inévitable. Le peuple finit par *sentir* ce que des hommes d'Etat avaient *vu* depuis longtemps; une puissante réaction contre l'esprit qui avait dicté les articles de Confédération se déclara dans tous les États; les intérêts privés se liguèrent contre les intérêts locaux, et l'on demanda à une convention, comme on l'avait fait en 1775, la révision d'une constitution impuissante à garantir la dignité, l'indépendance et le crédit de la jeune nation américaine. Cette convention se réunit à Philadelphie le 14 mai 1787.

⁎⁎

Le nom de Washington avait été placé en tête de la liste des délégués de la Virginie, et il fut élu à l'unanimité, malgré sa répugnance à autoriser une tentative qu'il craignait de voir échouer. D'autre part, les engagements de son adresse d'adieux l'embarrassaient beaucoup. Il avait « pris congé de tous les emplois de la vie publique ». Ne taxerait-on pas sa conduite d'inconséquence, s'il paraissait de nouveau sur la scène politique, après sa déclaration solennelle d'une résolution contraire ? C'est ce qu'il écrivait à Edmond Randolph, gouverneur de la Virginie, en demandant que les électeurs portassent leur choix sur un autre citoyen.

L'opinion publique triompha de tous les scrupules du général Washington, et l'unanimité avec laquelle la partie la plus éclairée de la nation approuva le projet d'une Convention lui fit accepter les fonctions de délégué de la Virginie. Un fait surtout eut sur son esprit une influence décisive.

Le bruit courut sourdement que les gens opposés à la révision de la constitution n'étaient autres que les anciens *royalistes* de la révolution. Restés monarchistes dans le cœur, ils s'applaudissaient de voir la division, l'émeute, l'anarchie, désoler le pays, et espéraient que le peuple fatigué demanderait un jour la sécurité à un gouvernement monarchique. On disait et l'on croyait, rapporte Sparks, qu'un petit parti avait jeté les yeux sur quelque membre d'une des familles royales de l'Europe, pour en faire un souverain des États-Unis. Washington [1] avait

---

[1]. Les anciens royalistes et ceux qui doutaient de l'efficacité du gouvernement républicain avaient songé, dès 1872, à relever le trône,

déjà repoussé avec indignation la proposition d'une royauté pour lui-même, au moment où, par l'armée, la nation était comme entre ses mains. Défenseur décidé du système républicain, depuis le commencement de la Révolution jusqu'à la fin de sa vie, devant les rumeurs répandues il ne crut pas pouvoir décliner la mission de faire à nouveau l'expérience d'une forme de gouvernement qui lui paraissait la meilleure pour le bonheur et le progrès de son pays.

Washington se rendit donc à Philadelphie à l'époque indiquée. A son arrivée dans cette ville, on lui rendit les honneurs publics, et quand les délégués de tous les États, à l'exception du Rhode-Island, furent réunis, on le désigna à l'unanimité pour occuper le fauteuil présidentiel. Après quatre mois de délibération, la convention adopta la constitution actuelle des États-Unis; elle fut expédiée au congrès, qui la transmit ensuite aux législateurs des États-Unis, pour être en dernier ressort soumise à la ratification du peuple.

C'est le 17 septembre 1787 que les délégués signèrent la constitution. Les États la discutèrent avec le plus grand soin pendant trois ans; le Delaware donna le pre-

---

et leurs vues se portèrent sur Washington. Ces idées étaient partagées par l'armée, et le colonel Lewis Nicola osa communiquer au général les vœux et les espérances de ses compagnons d'armes.

Washington lui répondit : — « C'est avec un mélange de surprise
« et de douleur que j'ai lu attentivement les pensées que vous m'avez
« soumises. Soyez-en bien sûr, monsieur, aucun événement dans le
« cours de cette guerre ne m'a autant affligé que d'apprendre, par
« vous, que de telles idées circulent dans l'armée. Je dois les regarder
« avec horreur, et les condamner sévèrement. Quant à présent, elles
« resteront renfermées dans mon sein, à moins que de nouvelles ma-
« nifestations n'en rendent la révélation nécessaire. Je cherche en
« vain ce qui dans ma conduite a pu encourager une proposition qui,
« à moi, me semble grosse des plus grands malheurs qui puissent
« fondre sur mon pays. Si je ne me fais pas illusion, vous ne pouviez
« trouver personne à qui vos plans fussent plus désagréables. »

mier son approbation, le 7 décembre 1787, et le Rhode-Island le dernier, le 27 mai 1790. Washington, qui suivait avec anxiété tous les détails de la lutte, écrivait à Lafayette le 18 juin 1788 :

« Dans une lettre précédente, je vous annonçais l'adhésion du Maryland au gouvernement proposé, et je vous faisais connaître l'état de la politique à cette époque. Depuis lors, la convention de la Caroline du Sud a ratifié la Constitution à une grande majorité. Celle de notre État (la Virginie) a siégé près de trois semaines; et les opinions paraissent si balancées, que chaque côté prétend qu'il a l'avantage des votes en sa faveur. Il est donc probable que, de quelque côté que penche la balance, la majorité sera peu considérable. Je suis porté à croire qu'elle sera en faveur de l'adoption. Les conventions du New-York et du New-Hampshire s'assemblent toutes deux cette semaine. Dans la première, on dit qu'une grande partie des membres, le gouvernement à leur tête, sont contraires au gouvernement proposé. On pense que le New-Hampshire l'adoptera sans beaucoup d'hésitation ni de retard. Il est un peu étrange que les hommes du Sud qui ont de grandes propriétés, craignent beaucoup plus de voir la Constitution amener une aristocratie ou une monarchie que les habitants vraiment démocrates de l'est. Telles sont les espérances actuelles. L'adhésion d'un seul État de plus complétera le nombre qui, d'après le règlement constitutionnel (les deux tiers), suffira d'abord pour faire mettre le gouvernement en vigueur.

« Et alors j'espère que l'on attribuera à l'influence de notre gouvernement des biens qui paraissent maintenant provenir de l'activité et de la frugalité que la nécessité a imposées au peuple. Je crois réellement qu'on n'a jamais montré parmi nous autant de disposition au travail et à l'économie que dans ce moment. Si l'on conserve les habitudes acquises, on en apercevra bientôt les bons effets. Lorsque le peuple se sentira en sûreté sous un gouvernement énergique, lorsque les nations étrangères seront disposées à nous donner des avantages égaux pour le commerce dans la crainte des représailles, lorsque les fardeaux de la guerre auront en quelque sorte disparu par la vente des terres de l'ouest, lorsque les germes du bonheur se développeront, et lorsque chaque habitant, sous sa vigne et son figuier, commencera à goûter les fruits de la liberté, alors tous ces bienfaits (et tous ces bienfaits se réaliseront) seront rapportés à la vertu protectrice du gouvernement. Cependant plusieurs causes se seront combinées pour les produire. Vous voyez que je suis aussi enthousiaste que jamais, si c'est être enthousiaste que de croire que des trésors particuliers de bonheur sont réservés à ce pays. Je ne pense pas, en effet, que la Providence ait fait tant de choses pour rien. Ma croyance a toujours été que *nous ne deviendrions pas un monument destiné à prouver que l'espèce humaine, dans les circonstances les plus favorables à la liberté civile et au bonheur, est incapable de se gouverner elle-même, et par conséquent faite pour un maître.* »

Aussitôt que la Constitution eut reçu la sanction des deux tiers des États, elle devint valide, et le 4 mars 1789 elle commença à être mise à exécution.

\*\*\*

La voix du peuple appelait de toutes parts Washington à la présidence. Tous ses amis lui conseillaient de l'accepter. Sans y mettre une invincible résistance, il montrait cependant beaucoup d'hésitation, qui tenait à son amour de la retraite, à une certaine lassitude de la vie publique, et peut-être un peu à la crainte d'échouer dans cette œuvre qui consistait à mettre en train tous les rouages d'un nouveau gouvernement.

Voici quelques fragments d'une lettre que lui écrivit à ce sujet le colonel Hamilton :

« Toutes les considérations publiques et personnelles exigent de vous un acquiescement à ce qui sera *certainement* le vœu unanime de votre pays.

« La retraite absolue que vous avez méditée à la fin de la dernière guerre était naturelle et convenable. Si le gouvernement produit par la révolution avait marché d'une manière *tolérable*, il aurait été très à propos de persister dans cette retraite. Mais mon opinion positive est que la crise qui vous a mis de nouveau en évidence ne vous a pas laissé d'autre alternative que celle de céder ; et je vois aussi clairement que vous êtes *tenu* par cet acte de prendre part au gouvernement.....

« On ne peut regarder comme un compliment, de dire que le succès dans les commencements peut dépendre en grande partie de votre acceptation de la charge de président.....

« L'estime dont vous jouissez dans le pays et à l'étranger établira une différence infinie dans le respect qu'obtiendra le gouvernement en commençant ses opérations, selon que vous serez ou non à la tête de l'administration.....

« Un citoyen qui peut tant contribuer que vous au succès et à la prospérité d'un gouvernement nouvellement institué n'a pas la liberté du choix, et doit prêter ses services s'il est appelé. Permettez-moi de dire qu'il serait peu glorieux, dans une telle position de ne pas hasarder la gloire qu'on peut avoir acquise précédemment, quelque grande qu'elle soit. »

Washington répondait qu'il voudrait bien savoir si en effet son concours serait aussi satisfaisant, aussi efficace que le disaient ses amis, afin de se décider conformément aux principes de la saine raison et aux inspirations d'une conscience éclairée, sans trop considérer les *conséquences imprévues qui pourraient affecter sa personne et sa réputation.* « Vous croirez mon assertion, ajoutait-il, quand je vous dirai que si je recevais ma nomination et que l'on me décidât à accepter, ce serait avec plus de défiance et de répugnance que je n'en ai éprouvé jusqu'ici dans tout le cours de ma vie. Je le ferais cependant avec la détermination fixe et unique de travailler de tout mon pouvoir au bien public, dans l'espoir qu'à une époque convenable et rapprochée on pourrait se passer de mes services et me permettre de me retirer encore une fois, pour passer loin du bruit et dans le sein de la tranquillité domestique le soir d'une journée orageuse. »

Au marquis de Lafayette, il écrit le 29 janvier 1789

« Si je connais bien mon propre cœur, le sentiment profond du devoir pourra seul m'engager à prendre une seconde fois une part active dans les affaires publiques ; et, dans ce cas, si je puis former un plan pour ma conduite, j'emploierai constamment tous mes efforts, même *au risque d'exposer mon ancienne réputation ou ma popularité actuelle*, à tirer mon pays des embarras dans lesquels il est plongé par suite du manque de crédit, et à établir un système général de politique qui, s'il est bien suivi, assurera à la république un bonheur permanent. Je crois voir devant moi un sentier aussi direct et aussi clair qu'un rayon de lumière et qui nous conduira à ce but. Il ne faut que *de l'harmonie, de l'honnêteté, de l'activité et de la frugalité*, pour faire de nous un peuple puissant et heureux. »

Le peuple américain, comprenant, comme son libérateur, que ces quatre points étaient essentiels à la félicité publique, choisit à l'unanimité George Washington pour premier président des États-Unis.

Le 14 avril, il reçoit de M. John Langdon, président du Sénat *pro tempore*, communication officielle de sa nomination, et répond que, pour obéir à l'appel grave et flatteur de sa patrie, il se mettra en route le surlendemain afin d'être auprès du congrès, comme il lui semblait convenable, aussitôt que possible. Puis il se prépare au voyage, comme un condamné qui marcherait au supplice.

« Je vous dis en confidence, écrit-il à Knox (auprès du monde cette assertion obtiendrait peu de crédit), que tous mes pas vers la présidence du gouvernement seront accompagnés de sentiments assez semblables à ceux d'un coupable qui s'approche du lieu de son exécution. Tant je me résous avec peine, vers le soir d'une vie presque entièrement passée dans les soucis publics, à quitter une demeure paisible pour une mer de difficultés, sans avoir assez d'habileté politique, de talent et d'inclination pour bien manier le gouvernail. Je sens que j'expose avec moi, dans ce voyage, le suffrage du peuple et une *bonne renommée* ; et que recevrai-je en retour ? Dieu seul peut le prédire. L'intégrité et la fermeté sont tout ce que j puis promettre. Ces qualités, que le voyage soit long ou de courte durée, ne m'abandonneront pas, lors même que tous les hommes m'abandonneraient : car le monde ne peut me priver des consolations qui viennent de la conscience et du devoir accompli. »

Deux jours après avoir reçu la notification du président Langdon, Washington partit de Mount Vernon pour se rendre à New-York. « Vers dix heures, écrit-il dans son journal, je dis adieu à Mount Vernon, à la vie privée et au bonheur domestique ; et, l'esprit accablé de sensations plus tristes et plus pénibles que je n'ai de paroles pour l'exprimer, je partis pour New-York avec M. Thompson et le colonel Humphreys, disposé à rendre service à mon pays en obéissant à son appel, mais avec peu d'espoir de répondre à son attente. »

Tout le voyage fut une espèce de marche triomphale ; le 30 avril 1789, Washington *jurait*, en présence du peuple de New-York, *de remplir fidèlement les fonctions de Président, et de faire tout ce qui serait en son pouvoir pour maintenir, protéger et défendre la Constitution des États-Unis.*

# CHAPITRE II

ORGANISATION DES SERVICES PUBLICS. — LA MAISON DU PRÉSIDENT. — MORT DE LA MÈRE DE WASHINGTON.

Le 4 mai 1789, Washington avait inauguré à New-York la première présidence de la République américaine; le 5 mai suivant, de l'autre côté de l'Atlantique, les États-Généraux qui allaient devenir l'Assemblée nationale étaient ouverts à Versailles par Louis XVI. En signalant cette coïncidence, nous n'entendons pas établir une comparaison impossible entre ces deux grands faits. En Amérique la révolution de 1776, essentiellement conservatrice, avait eu pour but de maintenir et de défendre contre des usurpations récentes les mœurs et les droits établis depuis un grand nombre d'années ; elle n'apportait aucun changement dans l'état social. C'est une tâche plus facile de faire une nouvelle constitution politique quand on peut l'appuyer sur des mœurs et des droits anciens et que l'état social ne subit aucun trouble. En France, ce fut le contraire. La révolution avait non-seulement à décréter une nouvelle constitution, mais encore à former de nouvelles mœurs; à faire du même coup non-seulement des lois politiques qui déterminent la forme du gouvernement, mais encore les lois sociales qui régissent la famille, la propriété, les successions, les contrats [1].

La constitution des États-Unis ne touchait qu'aux intérêts généraux et communs de treize communautés poliques souveraines chez elles, qui n'avaient rien changé à leur droit de famille et de propriété. La mettre en œuvre présentait sans doute des difficultés assez grandes, mais point insurmontables, car elles tenaient plus à des vues différentes sur les moyens qu'à des divergences fondamentales sur le but.

On s'accordait unanimement sur les vérités suivantes : — Tous les hommes sont créés égaux ; — il sont doués de certains droits inaliénables ; — parmi ces droits se trouvent *la vie, la liberté et la recherche du bonheur*. Mais les uns considéraient l'autorité du congrès comme destructive du but que l'on voulait atteindre, les autres au contraire voyaient le danger dans la souveraineté des États. De là deux partis qui vont diviser la société américaine dès le début de la République [2], le premier ayant à sa tête Thomas Jefferson, le second George Washington.

\* \* \*

Le congrès avait créé trois départements ministériels : le département d'État (embrassant les affaires étrangères

---

1. FAUSTIN ADOLPHE HÉLIE. *Les constitutions de la France*. Paris, A. Maresq, 1875.
2. *Anti-fédéralistes* et *Fédéralistes;* les premiers s'appellent aussi à cette époque *républicains*. De nos jours ces deux partis ont en quelque sorte changé de nom. Les anti-fédéralistes, les républicains de 1789 sont devenus les *démocrates* ou partisans de la doctrine du droit des États, et les anciens fédéralistes, les défenseurs du pouvoir central et des droits du congrès, portent le nom de *républicains*.

et intérieures), le département de la guerre (armée et marine), et le département du Trésor, dont les titulaires, nommés et révoqués à volonté par le Président, seul responsable, devaient avec le procureur général former son cabinet

Une longue expérience des affaires publiques, une haute position politique et des talents signalés désignaient Thomas Jefferson comme un homme éminemment propre à diriger le département d'État. Washington n'hésita pas à le lui confier.

Alexandre Hamilton fut mis à la tête de la trésorerie. Son esprit transcendant, son intégrité, sa fermeté et son patriotisme étaient bien connus du Président. Dans la convention, Hamilton avait désapprouvé et combattu quelques-uns des principaux articles de la Constitution : il n'en mérite que plus d'éloges, car lorsque cet acte eut été sanctionné par la majorité comme ce qu'on pouvait espérer de mieux dans les circonstances, Hamilton, renonçant à ses idées, se réunit cordialement aux partisans de la constitution, et lui prêta tout le concours de son éloquence et de sa forte argumentation.

Henri Knox conserva l'emploi de secrétaire de la guerre, qu'il avait occupé sous la confédération. Washington l'estimait comme officier, comme homme et comme ami ; la sûreté de ses principes et ses services publics lui avaient attiré la confiance générale.

Le poste de procureur général fut donné à Edmond Randolph, qui s'était distingué soit par ses succès au barreau, soit par la manière dont il avait rempli les fonctions de gouverneur de la Virginie.

Restait la distribution des emplois. Inutile de dire que le président était accablé de demandes qui lui causaient beaucoup de soucis. Décidé à ne pas se laisser influencer dans ces nominations par des considération de famille et d'amitié, il ne considéra que trois choses dans ses choix : l'aptitude des personnes aux emplois; les droits acquis et les malheurs éprouvés au service du pays ; enfin une répartition aussi juste que possible entre les individus appartenant aux différents États de l'Union.

Son premier soin fut d'organiser la cour suprême chargée d'administrer la justice et de veiller à l'exécution des lois relatives aux affaires nationales.

« Profondément convaincu, disait-il, que l'administration
« de la justice est la plus ferme colonne d'un bon gouver-
« nement, j'ai considéré la première organisation du
« département judiciaire comme une chose extrêmement
« essentielle pour le bonheur du pays et la stabilité de
« son système politique. Le choix des hommes les plus
« propres à interpréter les lois et à rendre la justice a
« donc été constamment l'objet de ma vive sollicitude. » Il plaça à la tête de la cour suprême John Jay : aucun homme dans la nation ne pouvait inspirer plus de confiance par son habileté et ses conseils, aucun n'était plus apprécié pour les services rendus à son pays, plus estimé pour ses vertus privées. Le choix de ses collègues ne fut pas moins heureux, et les premiers magistrats de la cour suprême, clef de voûte du nouvel édifice politique, la placèrent dès le début au rang qui lui avait été conféré par la constitution, grâce aux talents, aux connaissances et à l'intégrité qu'ils déployèrent dans l'exercice de leurs hautes et délicates fonctions.

*<br>* *

Pour le règlement de sa vie intime, de sa maison, de ses relations officielles, laissons parler Washington.

Il écrit de New-York, le 26 juillet 1789, à M. David Stuart, pour lui demander ce que l'opinion publique pensait de lui, des mesures qu'il avait prises, des hommes dont il s'était entouré :

« A une certaine distance du théâtre de l'action, la vérité n'est pas toujours rapportée sans embellissements ; elle est quelquefois complétement dénaturée par suite de l'ignorance des causes qui ont produit les effets que l'on blâme. Ceci me conduit à penser que le système que j'ai trouvé indispensable d'adopter, à mon arrivée en cette ville, pourrait avoir subi des censures sévères, et avoir été attribué à des causes très-différentes des motifs qui me dirigent.

« Je veux parler, premièrement, de l'usage de ne rendre aucune visite ; secondement de la désignation de certains jours pour recevoir en général, sans exclure toutefois les visites les autres jours, dans des circonstances particulières ; troisièmement enfin, de l'usage de n'inviter personne à ma table dans le principe, et ensuite de me borner aux fonctionnaires publics. Au bout de peu de jours, la nécessité de ces premiers points fut si clairement démontrée que, si je n'avais adopté cette marche, j'aurais été hors d'état de m'occuper d'aucune espèce d'affaires, à moins que je n'y eusse consacré les heures destinées au repos et au sommeil ; car, dans le moment où j'avais fini de déjeuner, jusqu'au dîner, et ensuite jusqu'à l'heure du coucher, je ne pouvais me délivrer de la gêne d'une visite que pour en subir une autre. En un mot, je n'avais aucun loisir pour lire les dépêches qui fondaient sur moi de tous les côtés ou pour y répondre.

« Quant au troisième point, j'appris bientôt, par des voies très-respectables, qu'il n'était pas moins essentiel que les deux autres, si le président voulait conserver la dignité et le respect dus au premier magistrat. Une conduite opposée avait entraîné les derniers présidents des congrès dans des embarras insurmontables et avait attiré, à cet égard, sur ces fonctions un mépris complet. Leur table était regardée comme une table publique, et tous ceux qui pouvaient se faire présenter pensaient qu'ils avaient le droit d'y être invités. Bien que la table fut toujours encombrée (la compagnie y était fort mêlée, et le président n'était guère considéré que comme *maître d'hôtel*), c'était une chose impraticable, et l'on offensait autant de gens que si l'on n'avait pas tenu table ouverte. »

Quand Washington invitait à sa table les ministres plénipotentiaires, les officiers du gouvernement et les étrangers, il n'y avait ni ostentation ni contrainte, et l'on voyait toujours régner chez lui la même aisance et la même simplicité avec lesquelles il recevait ses hôtes à Mount Vernon.

On n'admettait aucune visite le dimanche. Le matin, Washington allait régulièrement au temple, et, dans l'après-midi, il se retirait dans son appartement particulier. La soirée se passait avec sa famille; il venait quelquefois un ami intime, mais la société en général n'était pas admise.

Washington introduisit dans sa résidence de New-York le même ordre, la même économie qu'à Mount Vernon. Tout le personnel relevait d'un intendant muni de ses instructions générales, qui lui soumettait chaque semaine les comptes et mémoires des marchands, avec les pièces à l'appui. Il pouvait dire avec Sénèque : « Je tiens un compte de mes dépenses; je ne puis pas affirmer que je ne perds rien, mais je puis vous dire ce que je perds, et expliquer pour quoi et de quelle manière. » Malgré l'économie la plus sévère, les dépenses de sa charge dépassaient ordinairement les 25,000 dollars que la loi alloue chaque année comme traitement au président des États-Unis.

Au mois de juillet, Washington fit une grave maladie qui mit un instant sa vie en danger, et dont il se ressentit jusqu'à la fin de ses jours. A peine avait-il recouvré quelques forces qu'il apprit la mort de sa mère, qui succomba au mois d'août, à l'âge de quatre-vingt-deux ans. Toutes les joies que l'amour orgueilleux d'une mère peut éprouver des succès et de la renommée d'un fils tendrement chéri et soigneusement élevé, Mary Washington eut dû les ressentir, mais elle ne connut ni la vanité ni l'orgueil ; rien n'altéra la simplicité de ses mœurs, rien n'amena de changement dans sa conduite et dans sa manière de vivre.

Lorsqu'elle entendait faire l'éloge du héros de la guerre de l'Indépendance, du fondateur de la République, le plus souvent elle gardait un silence embarrassé ou se contentait de répondre qu'il avait été bon fils, et qu'elle croyait qu'il avait rempli ses devoirs d'homme et de citoyen.

Elle s'était, en dernier lieu, fixée à Frédéricksburg. Toutes les fois que Washington allait la voir dans cette résidence, même à l'apogée de sa grandeur, il se trouvait comme reporté aux scènes et aux habitudes domestiques de son enfance. Peu de temps avant de quitter Mount Vernon pour se rendre à New-York, il alla passer une journée près d'elle ; il la trouva très-affaiblie et lui dit un dernier et touchant adieu, convaincu qu'il ne la reverrait jamais. Quand la fatale nouvelle lui parvint, il écrivit à sa sœur ces paroles pleines de résignation : « Quelque imposante et quelque douloureuse que soit la mort d'une mère, c'est une consolation de savoir que le ciel a épargné la nôtre jusqu'à un âge que peu de gens dépassent, et qu'il lui a accordé la faveur de jouir de toutes ses facultés mentales, et d'autant de force corporelle qu'en conservent ordinairement les personnes de quatre-vingts ans. Ses vertus lui ont assuré une place dans un monde plus heureux, notre devoir est de nous soumettre aux décrets du Créateur. »

\*\*\*

Pour rétablir sa santé, faire diversion à ses chagrins, dans le but aussi d'examiner l'état du peuple et les dispositions générales des esprits, il fit un voyage dans les États de l'Est, théâtre de ses premières campagnes. Il quitta New-York vers le milieu d'octobre, accompagné de ses deux secrétaires, M. Lear et M. Jackson. Son absence dura un mois. Il voyagea dans sa voiture, et, passant par New-Haven, Hartford, Worcester, Boston, Salem et Newburgport, il alla jusqu'à Porstmouth, dans le New-Hampshire. Il revint par un autre chemin, traversa l'intérieur du pays jusqu'à Hartford, et rentra à New-York.

Ce voyage le satisfit sous tous les rapports : non-seulement il recueillit partout des preuves de vif attachement, mais il put se convaincre de la prospérité croissante du pays, et de la faveur que la constitution et l'administration du nouveau gouvernement acquéraient dans l'opinion publique.

# CHAPITRE III

SITUATION FINANCIÈRE DES ÉTATS-UNIS. — CONGRÈS DE 1790. — DETTE PUBLIQUE. — INSURRECTION DU WISKEY. — GUERRE INDIENNE.

En 1789, la situation financière des États-Unis donnait lieu a de graves inquiétudes.

La dette nationale devait principalement son origine à la révolution. Elle était de deux sortes : la dette étrangère et la dette domestique. La dette étrangère se montait à environ 12 millions de dollars, dus à la France, aux Hollandais, et pour une très-faible portion à l'Espagne. La dette domestique, contractée envers des individus dans les États-Unis pour des prêts faits au gouvernement et pour des subsides fournis aux troupes, était d'à peu près 42 millions. Ces dettes avaient été contractées par le congrès, et reconnues comme charges nationales.

Il y avait une autre espèce de dettes qui montaient à environ 25 millions de dollars, et qui différaient d'origine. Les États avaient construit des ouvrages de défense dans leurs limites respectives, avancé la solde et des primes aux troupes continentales et à la milice, et fourni des provisions, des habillements et des munitions de guerre.

Hamilton proposa que toutes les dettes domestiques, en y comprenant celles des États particuliers, fussent consolidées, et que la nation en devint responsable jusqu'au payement intégral, car ces dettes étaient « le prix de la liberté, » sans lequel la nation elle-même n'aurait jamais pu conquérir une existence indépendante.

Il ne suffisait pas de concentrer à la charge de l'Union toutes les dettes, étrangères ou domestiques, contractées pour la cause commune, il fallait encore établir des impôts suffisants pour couvrir cette dette publique et l'amortir. Le secrétaire des finances proposait, en outre, de fonder une banque nationale, qui seconderait le gouvernement dans les opérations financières et soutiendrait le crédit public.

Le système d'Hamilton, a dit M. Guizot, était seul moral, seul sincère, seul capable de consolider l'Union, en unissant les États par les finances, comme ils l'étaient déjà par la politique, et de fortifier le crédit des Américains par un grand exemple de fidélité aux engagements publics et par les garanties assurées à leur exécution. Néanmoins le parti anti-fédéraliste combattit ce projet avec une ardeur qui alla quelquefois jusqu'à la violence, prétendant qu'il était inconstitutionnel et injuste ; que la concentration des dettes par un acte du congrès était un empiètement sur la souveraineté des États, l'établissement d'un système régulier d'impôts, une illusion économique, et la fondation d'une banque, un moyen de créer une aristocratie d'argent, la plus égoïste et la plus détestable des aristocraties.

Washington, passé maître en économie domestique, n'était pas très-entendu dans les hautes questions financières. Il puisa son inspiration dans sa seule conscience,

Les sacrifices faits à la cause commune par les divers États, le montant des dettes contractées par eux pendant la guerre, leurs efforts depuis la paix pour les amortir, tout cela était fort inégal. Le Massachusetts, le plus prodigue de ses ressources, était resté le plus obéré. La Virginie, la Pensylvanie, à la fois plus prudentes dans leurs dépenses et plus pressées d'acquitter leurs engagements, s'étaient déjà libérées en grande partie, en s'imposant de lourdes taxes. Cette concentration des dettes semblait donc être au profit du nord et à la charge du midi. Elle est injuste! s'écriait-on dans cette partie de l'Union; et David Stuart se faisait auprès de Washington l'écho de ces clameurs. « Elle est juste, « répondait Washington; la cause pour laquelle les dé- « penses de la guerre ont été faites, c'est la cause com- « mune. Les États au Congrès l'ont déclaré dès le début, « et ils se sont engagés à se soutenir les uns les autres. « Si donc quelques États ont été plus durement pressés « que d'autres, et ont contracté des dettes plus pesantes « par suite de leur position particulière, leur en tenir « compte, lorsque le fait est clairement constaté, cela « n'est que raisonnable. Si les États envahis et pressurés « avaient pu supposer qu'il en dût être autrement, leur « opposition se serait bien vite changée en soumission, « et la guerre aurait eu une autre fin [1]. »

Le projet d'Hamilton ne triompha pas sans une vive résistance. Rejeté d'abord par la chambre des représentants, il ne dut son adoption, à une très-faible majorité, qu'à l'intervention de Jefferson lui-même, entraîné et converti par le secrétaire du trésor.

Le gouvernement général assuma donc les dettes de l'ancienne confédération et celles des États particuliers. La

---

1. 15 juin 1790. — Cornélis de Witt.

Banque des États-Unis fut créée ; elle commença ses opérations en 1794, et un hôtel des monnaies fut établi à Philadelphie, où le siége du gouvernement avait été transféré pour dix ans, dès la fin de 1790.

Unifier la dette, créer un instrument de crédit et de circulation comme la banque nationale, c'était bien ; mais cela ne suffisait pas, il fallait de l'argent ; et, quand il s'agit de lever des impôts, de graves désordres mirent en danger les premiers jours de la jeune république.

Le Congrès avait imposé une taxe sur les esprits distillés. Dès l'année 1791 les comtés occidentaux de la Pensylvanie se coalisèrent pour empêcher la perception de cet impôt. Les inspecteurs du revenu nommés par le gouvernement étaient insultés, menacés ; on les empêchait, même par la force, de remplir leurs devoirs. Le congrès remania la loi pour la rendre plus acceptable. Washington avait pris lui-même l'initiative de cette résolution.

Au mois de septembre 1792, il publia une proclamation solennelle, contre-signée par Jefferson, pour ordonner aux habitants de s'abstenir de toute association et de toute démarche tendant à entraver l'exécution des lois, et pour enjoindre aux magistrats et aux tribunaux d'exercer les pouvoirs dont ils étaient revêtus, et de faire comparaître les délinquants devant les tribunaux. On dressa des actes d'accusation contre quelques coupables, et l'huissier essaya de faire exécuter les arrêts rendus par la cour. Il fut attaqué par un corps d'hommes armés qui le saisirent et le maltraitèrent. Les mécontents passèrent d'un genre d'excès à un autre, tenant des réunions séditieuses, s'armant, insultant les officiers du gouvernement, défiant les lois, jusqu'à ce qu'ils se fussent mis en insurrection et préparés à la résistance. Treize mille insurgés se déclarèrent en guerre ouverte avec le gouvernement, au sein même de l'État où siégeait le pouvoir central.

Le mouvement menaçait de devenir contagieux ; des symptômes de soulèvement se manifestaient dans la Virginie et le Maryland ; une répression prompte et énergique devenait indispensable, elle ne se fit pas attendre.

Comme mesure préliminaire exigée par la loi, Washington publia une proclamation datée du 8 août 1793, dans laquelle il sommait les factieux de se soumettre dans un délai de trois semaines, sous peine d'être dispersés par la force. Ce délai expiré, il mit la milice en réquisition, en s'adressant aux gouverneurs de New-Jersey, de la Pensyvalnie, du Maryland et de la Virginie. Quinze mille hommes sortis de toutes les classes de la société répondirent à son appel avec un empressement extraordinaire. « On vit des généraux se mettre à la tête d'un seul pelo-
« ton ; des officiers supérieurs qui, arrivés aux lieux de
« rendez-vous, ne trouvaient point de commandement de
« leur grade, entrer dans les rangs et servir comme simples
« soldats, sous leurs propres capitaines ; les hommes les
« plus considérables du pays venir en grand nombre se
« mêler à la troupe, et faire, jour après jour, de longues
« marches, leur sac et leur fourniment sur le dos, cou-
« chant sur la paille avec une simple couverture, sous une
« tente de soldat, pendant les nuits glacées que l'armée
« eut à supporter. Et, ce qui est peut-être plus frappant
« encore : beaucoup de jeunes quakers, des familles les
« plus respectables et les plus riches, sont entrés dans les
« rangs, sans être retenus, et marchent avec les troupes. »

Le président passa l'armée en revue dans les lieux de

rendez-vous, à Cumberland et à Bedford, deux endroits situés à environ trente mille l'un de l'autre ; il ordonna à chaque division de franchir les Alleghanys, de se réunir de l'autre côté, et d'agir contre les insurgés, selon les circonstances ; puis il retourna à Philadelphie vaquer aux autres affaires de l'État, laissant des instructions écrites au général commandant en chef.

Les insurgés n'opposèrent aucune résistance ; les colonnes mobiles lancées à travers le pays signalèrent bien çà et là la présence de quelques bandes errantes, mais rien qui présentât un point à l'attaque.

Grâce à la rapidité et à l'énergie de la répression, il n'y eut pas de sang versé, pas de guerre civile. Washington en ressentit une profonde joie. Quelle plus éloquente réponse aux hommes qui prétendaient que les Américains étaient hors d'état de se gouverner eux-mêmes! « Ils ver-
« ront, s'écriait-il, que le républicanisme n'est point le fan-
« tôme d'une imagination malade. Au contraire, sous
« aucune autre forme de gouvernement les lois ne sont
« mieux défendues, la liberté et la propriété mieux assu-
« rées, et le bonheur plus efficacement distribué à l'hu-
« manité. »

\*
\* \*

Dans l'été de 1790 un soulèvement formidable commença dans les tribus du nord-ouest, dans ces territoires que la guerre de Sept Ans avait fait passer définivement sous la domination anglo-saxonne.

L'insécurité des colons, sur la frontière occidentale, attirait depuis longtemps l'attention du Congrès.

Des émigrants venus des États riverains de l'Atlantique s'étaient déjà établis sur divers points, dans les vallées de l'Ohio et du Mississipi.

En 1769, Daniel Boone, hardi chasseur de la Caroline du nord, accompagné de cinq hommes aussi entreprenants que lui, explorait les solitudes de ce qui porte maintenant le nom de Kentucky. Boone y retourna par la suite, emmenant une troupe plus nombreuse que la première vers la région fertile où il avait formé le projet de passer le reste de ses jours. Vivant, dans ces forêts luxuriantes, de la vie du chasseur et du trappeur, demandant à leurs carabines la subsistance de chaque jour, passant la nuit dans les plantations de cannes, tour à tour poursuivant les Indiens ou poursuivis par eux, prisonniers aujourd'hui, libres demain, ces aventuriers, dont le nombre, faible d'abord, s'accrut peu à peu, menèrent une vie accidentée dont le récit semble appartenir plutôt aux fictions du roman qu'aux réalités de l'histoire. Les naturels, opposés à tout empiètement sur leurs domaines, manifestaient une hostilité perpétuelle qui obligeait les blancs à une infatigable vigilance. Pontiac, le grand chef, avait succombé; mais la Petite-Tortue, un fameux guerrier Miami, était toujours prêt, dès qu'il y avait quelques coups à porter à la race détestée des visages-pâles.

Dès 1783, alors que l'Angleterre eut mis bas les armes, les tribus de l'ouest, sous le commandement de la Petite-Tortue, avaient résolu de continuer la lutte. Une bande d'hommes sans principes avait récemment massacré quelques Indiens convertis par des frères Moraves, et qui n'avaient nullement pris part à la guerre. Altérées de vengeance, les tribus de l'Ohio portèrent au loin la dévastation, faisant périr leurs prisonniers dans les plus cruelles tortures. Les blancs, bien que leur nombre eût augmenté ainsi que leur force, étaient à peine en mesure de repousser les attaques des farouches Algonquins. En août 1783, une bande de sauvages paraît devant la station de Bryan, à cinq milles de Lexington (Kentucky), et essaye d'attirer la garnison hors de ses palissades. N'y pouvant parvenir, ils feignirent de lever le siége ; mais les vieux chasseurs, familiarisés avec les ruses de guerre des Indiens, ne doutaient pas que ces derniers ne fussent en embuscade aux environs du fort. A ce moment critique, l'eau vint à manquer, et il fallait s'en procurer. La source était à peu de distance, près d'un bouquet d'arbres et d'un fourré où l'on supposait que les sauvages étaient cachés. Si les hommes étaient sortis, ils seraient immanquablement tombés sous les balles, et l'assaut aurait été donné au fort; mais on pensa que, si les femmes allaient à la source, les Indiens s'abstiendraient de faire feu, et attendraient une meilleure occasion. Les femmes qui se trouvaient dans le fort se chargèrent héroïquement de la périlleuse tâche. Elles se rendirent à la source d'un air indifférent, comme si elles n'eussent soupçonné aucun danger, emplirent leurs vases et retournèrent au fort. Pendant qu'elles puisaient leur eau, cinq cents carabines étaient braquées sur elles, mais pas un coup de feu ne partit. Les rusés pionniers du désert ne s'étaient pas mépris sur l'esprit indien. Le lendemain, sommation fut faite aux défenseurs du fort d'avoir à se rendre ; ces braves répondirent par un refus énergique, et les Indiens renoncèrent à leur entreprise.

Le Congrès ayant acquis des Indiens une vaste région au nord de l'Ohio, une nouvelle impulsion fut donnée à l'émigration. En 1788, une troupe d'émigrants venus de la Nouvelle-Angleterre fonda à Marietta le premier établissement qu'ait vu l'Ohio. C'est dans le courant de la même année que Matthias Denman acquit les terrains sur lesquels s'élève aujourd'hui la ville de Cincinnati. Avec l'aide d'un maître d'école, il fonda là une ville; la première hutte en troncs d'arbres fut bâtie en décembre

1789, sur l'emplacement qui forme aujourd'hui l'angle de la Grande Rue et de la rue de Front.

La situation périlleuse de ces importants établissements de la vallée de l'Ohio, et aussi les intrigues des Espagnols, qui s'efforçaient de séparer de l'Union les régions de l'ouest, étaient pour Washington et pour le Congrès une source de perpétuelles inquiétudes. Le premier gouverneur du territoire fut le général Saint-Clair, officier distingué de l'armée révolutionnaire. Un fort, qui reçut le nom de fort Washington, fut bâti sur un point actuellement compris dans l'enceinte de Cincinnati, et où se trouvaient les restes d'un de ces vastes ensembles de fortifications que construisaient les anciens aborigènes. Lors de l'acquisition des terrains dont nous venons de parler, on avait eu bien soin d'obtenir la sanction de toutes les tribus qu'on pouvait y supposer intéressées. Mais d'autres tribus qui n'étaient pas signataires du traité se prétendirent par la suite copropriétaires des terrains, et prirent une attitude si menaçante que le Congrès n'eut plus à choisir entre la paix et la guerre. Vers la fin de 1790, 1,400 hommes mal disciplinés et pauvrement équipés furent envoyés en expédition sous les ordres du général Harmer, contre les villages Miamis situés sur l'emplacement actuel du fort Wayne (Indiana). Ils atteignirent le but sans rencontrer d'obstacles, et les cultures des Miamis furent livrées à la dévastation. Harmer partagea alors son armée en détachements, qu'il lança à la poursuite des Indiens dispersés. Un de ces détachements ne tarda pas à être battu par le capitaine Wells, un kentuckien qui avait été dans son enfance enlevé par les sauvages et était devenu un de leurs chefs ; un autre détachement fut attiré dans une embuscade par la Petite-Tortue et taillé en pièces. Les débris de la malheureuse armée regagnèrent à grand'peine le fort Washington.

La nouvelle des revers de Harmer produisit un mécontentement général, et le président se hâta de diriger sur les déserts une armée plus sérieuse. A la tête de cette armée fut mis le général Saint-Clair. S'avançant peu à peu sur le terrain de l'ennemi, il se trouva, le 3 novembre 1791, campé avec 1,400 hommes près d'une branche de la Wabash, en un lieu qui a reçu plus tard le nom de fort Recovery. Les Indiens étaient en force dans le voisinage, et cette nuit-là même ils tinrent conseil au sujet du parti à prendre. L'âme de ce conseil était la Petite-Tortue. C'était un orateur passionné, un guerrier intrépide, haut de six pieds, bien musclé ; ses manières étaient nobles, ses traits bien accentués, l'expression de son visage hautaine. Il avait à cette époque quarante-cinq ans, il déployait dans sa toilette le luxe le plus imposant, il avait aux oreilles et au nez au moins vingt onces d'ornements d'argent. Dans la sombre assemblée réunie autour du feu du conseil, l'habile sauvage exposa un plan parfaitement conçu, qui pouvait avoir pour résultat la surprise et la défaite de l'armée américaine, et ce plan fut adopté par les autres chefs, entraînés par sa farouche éloquence.

Le 4 novembre, trois heures avant le lever du soleil, l'armée américaine prit les armes et fut passée en revue. Vers l'aurore les hommes furent renvoyés à leurs tentes pour se préparer à marcher immédiatement contre les villages indiens. A peine ces préparatifs étaient-ils commencés, qu'un coup de fusil se fit entendre sur le front de bandière. Tout aussitôt une grêle de balles s'abattit de toutes parts sur le camp. Les miliciens qui étaient en avant, se replièrent en désordre sur l'infanterie régulière, mais celle-ci tint bon et soutint le feu contre l'invisible ennemi, bien qu'avec peu de résultats. Saint-Clair, tout malade et affaibli qu'il était, fit ce qu'il put pour sauver ses troupes. Il se faisait transporter sur sa litière partout où l'action était la plus vive, distribuait ses ordres, dirigeait des charges vigoureuses sur les points les plus menacés. Par moments, il semblait qu'il allait avoir le dessus ; mais alors retentissait le hurlement de l'intrépide chef indien, répété par mille échos, et les Peaux-Rouges se ruaient de nouveau à l'attaque. Les pertes étaient sérieuses et il devenait évident que l'armée ne pouvait échapper à une destruction complète qu'en battant en retraite en temps utile. Une charge impétueuse fut exécutée par le colonel Darke, avec tant d'entrain que les Indiens furent forcés de reculer : — par la brêche ainsi ouverte, les tristes débris de l'armée se précipitèrent et effectuèrent en toute hâte leur retraite. On aida le général Saint-Clair à monter sur un des rares chevaux qui restaient et il put suivre ses troupes dans leur fuite. La nouvelle de ce désastre jeta partout la consternation et fournit de nouveaux arguments à l'opposition. Une troisième expédition devenait nécessaire. Décidé à la faire diriger par un chef habile, Washington en confia le commandement au général Wayne.

Wayne, à la tête de plus de trois mille hommes, poursuivit avec circonspection la campagne contre les Indiens de l'ouest. Le 13 août 1794, ayant atteint les rapides de Maumie, où l'ennemi s'était concentré, il envoya un parlementaire porteur de propositions et de paix. On demanda dix jours de réflexion, mais Wayne continua à avancer, et le 19 les tribus hostiles tinrent conseil. Enflés par leurs premiers succès, la plupart des chefs se prononcèrent nettement pour la guerre. Seul la Petite-Tortue fut d'un avis contraire. A deux reprises, disait-il, on avait battu les Américains, on ne pouvait toujours compter sur un pareil succès. Les Visages-Pâles étaient aujourd'hui commandés par un chef qui ne dormait pas, et quelque chose lui disait que l'on devait prêter l'oreille à leurs propositions de paix. On dédaigna les avis du prudent Miami. La guerre fut décidée, et on élut pour grand chef un guerrier Schawnie, la Jaquette-Bleue.

Cette nuit-là même, à une heure avancée, deux soldats de Wayne pénétrèrent dans le camp ennemi, dans le but de découvrir la décision prise. Les guerriers dormaient, les deux éclaireurs enjambant audacieusement ces corps étendus, trouvèrent éveillée une jeune fille indienne. Ils lui firent, avec leurs armes, un geste menaçant; elle les suivit, et, l'ayant emmenée à bonne distance du camp indien, ils obtinrent d'elle les renseignements qu'ils désiraient. Jamais entreprise audacieuse ne fut plus lestement conduite, ni avec plus de succès.

Le lendemain matin, Wayne marcha sans délai contre le campement indien. Il fut accueilli par une chaude fusillade; mais une charge intrépide chassa les Indiens de leur abri et les mit en déroute complète. On les poursuivit à plusieurs milles de distance, et il en fut tué plus de deux cents. On détruisit, dans un rayon de cinquante milles, tous les villages indiens et l'une des plus belles vallées de l'ouest fut complétement dévastée. Les Peaux-Rouges des territoires du nord-ouest furent tellement abattus par cette défaite que partout ils exprimèrent le désir de faire la paix.

Wayne, en juillet 1795, les invita à un conseil et leur offrit de traiter avec eux, à la condition qu'ils renonceraient à tous les terrains situés à l'est d'une ligne tirée du fort Recovery à l'embouchure de la rivière Kentucky, c'est-à-dire au territoire de l'Ohio actuel et de partie de l'Indiana. Quelques-uns des chefs montrèrent de la répugnance à céder une aussi vaste région. On envoya un exprès au gouvernement pour le consulter à cet égard;

le courrier rapporta au général Wayne des instructions aux termes desquelles il devait, au lieu d'insister sur le tracé par lui proposé, accepter celui des Indiens. Toutefois, avant l'arrivée de ces ordres, Wayne avait gagné, non sans peine, l'assentiment de quelques chefs, et, jetant sur la table les instructions qu'il venait de recevoir, il déclara que le traité devait être signé tel quel. Il eut gain de cause. Ainsi finit cette guerre indienne qui pendant cinq ans troubla la sécurité des frontières et exigea les sérieux efforts du Congrès et du président.

# CHAPITRE IV

### WASHINGTON ET LA RÉVOLUTION FRANÇAISE.

La révolution française avait dû naturellement, à cause de ses principes et de ses effets, faire vibrer une corde sensible aux États-Unis. La France réclama l'assistance de la jeune nation, et la majorité du peuple américain, par sympathie pour la nouvelle République et par haine contre l'Angleterre, eût vu avec satisfaction les États-Unis prendre une part active à la lutte engagée au delà de l'Atlantique.

A propos de cette question nous retrouvons les Américains profondément divisés. Le parti anti-fédéraliste, Jefferson en tête, avoue hautement ses sympathies pour la République française et son penchant à lui venir en aide. Washington et le parti fédéral se prononcent énergiquement pour la neutralité.

Ici, deux points à examiner : la politique de Washington au point de vue de l'intérêt de son pays, et ses sentiments sur la Révolution française.

Si la République a triomphé aux États-Unis, on peut dire qu'elle n'y est arrivée qu'en suivant les conseils de son fondateur, dont le testament et les exemples servent encore de guide aux républicains d'aujourd'hui, de l'autre côté de l'Atlantique. Washington dirigeant les premiers pas de la Révolution française, elle aurait peut-être, en évitant beaucoup de crimes, abouti plus vite à l'établissement d'un gouvernement libre, au lieu de borner ses conquêtes, comme elle l'a fait, à l'égalité sociale. Grand, immense progrès pour la justice et le bonheur, mais résultat incomplet, car, sans la liberté, la dignité humaine n'est point satisfaite : c'était le but élevé, éminemment moral de la Révolution française.

\*
\* \*

Qu'on nous permette ici de laisser Washington apprécier les principaux événements de cette époque de notre histoire. Sa correspondance vaut la peine d'être méditée.

Du fond de sa retraite de Mount Vernon, il prodigue à ses amis de France les témoignages de sa reconnaissance pour les services passés, mais il ne leur cache pas que, dans sa pensée, la jeune Amérique ne doit songer qu'à étendre ses relations de commerce avec les nations étrangères, et éviter le plus possible les alliances politiques.

*Au chevalier de la Luzerne.*

« Mount Vernon, 7 février 1788.

« Séparés comme nous le sommes par un monde d'eau des autres nations, si nous sommes sages, nous éviterons sûrement d'être entraînés dans ce labyrinthe de leur politique, et enveloppés dans leurs funestes guerres. »

*Au marquis de Lafayette.*

« Mount Vernon, 7 février 1788.

« Il est hors de doute que le peuple d'Amérique conserve un souvenir reconnaissant des services passés, et qu'il est tout disposé à établir des relations commerciales et amicales avec votre nation. »

*Au comte de Moustier.*

« Mount Vernon, 26 mars 1788.

« Je suis heureux d'apprendre que Votre Excellence s'occupe de fortifier les liens commerciaux qui unissent les deux nations; vous pensez comme moi que le meilleur moyen d'y parvenir est de prendre, pour base des arrangements, les avantages mutuels. Les traités qui ne sont pas appuyés sur des intérêts réciproques ne peuvent pas, suivant les probabilités, avoir une longue durée.

« Je désirerais vivement seconder vos vues; mais je regrette d'avoir trop peu de connnaissance des affaires commerciales, et d'être trop éloigné de la vie publique pour être en état de répondre avec exactitude à vos diverses questions.

« Quant à présent, la seule remarque que je puisse faire, c'est qu'il me semble que l'on prend plus de goût à plusieurs articles de France.

« Il existe beaucoup de causes d'irritation entre ce pays et l'Angleterre, et il n'est pas impossible que la mauvaise politique de la cour de la Grande-Bretagne contribue à pousser notre commerce vers d'autres canaux. »

*Au chevalier de la Luzerne.*

« Mount Vernon, 7 février 1788.

« Vous pouvez être bien sûr que vos talents et votre dévouement pour ce pays ont été assez bien compris, et vos services assez justement appréciés pour que votre souvenir vive parmi nous plus longtemps que celui d'aucun ministre, et pour que vous soyez accompagné des regrets les plus sincères.

« On n'oubliera jamais que vous avez été témoin des dangers, des souffrances et des succès des États-Unis, depuis la crise la plus périlleuse jusqu'à l'heure du triomphe. L'influence que vous avez exercée sur le cabinet pour le décider à nous donner sa coopération, et la valeur avec laquelle vos concitoyens ont combattu avec les nôtres pour assurer la liberté de l'Amérique, ont fait sur l'esprit public une impression si profonde, qu'elle ne s'effacera jamais. Partout où vous irez, tous mes vœux vous suivront. Et telle est notre confiance en votre amitié désintéressée, que nous sommes certains que vous désirerez nous être utile, quelle que soit la mission dont votre roi puisse vous honorer. On s'est imaginé, je ne sais sur quelle autorité, qu'il était probable que vous seriez employé à la cour de Londres. S'il en était ainsi, votre zèle pourrait encore trouver des occasions d'être utile à l'Amérique, et de servir votre pays en même temps ; car je pense que les intérêts commerciaux des deux nations sont en plusieurs circonstances les mêmes, et en opposition avec ceux de la Grande-Bretagne.

« Ce que j'ai vu de mes yeux, de la fidélité, de l'honneur et de la bravoure des troupes de votre nation, le patriotisme éclairé et les sentiments délicats d'amitié que j'ai trouvés chez un grand nombre de vos compatriotes, avec lesquels je me glorifie d'avoir le bonheur d'être intimement lié, et par-dessus tout le vif intérêt que votre illustre monarque et ses fidèles sujets ont pris au succès des armes américaines et à l'affermissement de notre indépendance, m'ont rendu le nom français bien cher ; et ce sont là des attachements et des impressions que les distances ni les événements ne peuvent détruire. Quoique je ne sois qu'un simple citoyen, et en quelque sorte retiré du monde, je suis bien sûr de ne pas me tromper lorsque j'ose affirmer que tels sont aussi les sentiments et les affections du peuple américain. »

*Au comte de Moustier.* Confidentielle.

« New-York, 25 mai 1789.

« Les deux nations étant heureusement unies par les liens de la plus étroite amitié, autant par inclination et par intérêt que par la solennité d'un traité, et les États-Unis étant trop éloignés de l'Europe pour prendre aucune part à la politique locale de ce continent, j'ai pensé jusqu'à ce jour que le commerce était le seul sujet de négociation qui pût à présent avoir une grande importance pour les habitants des deux pays. »

*\*
\* \**

Le ministre français, M. le comte de Moustier, s'était imaginé qu'on lui avait manqué sur certains points d'étiquette, dans lesquels son rang, comme fonctionnaire public, n'avait pas été reconnu comme il s'était attendu qu'il devait l'être. Il en écrivit à Washington, qui lui répondit de *Mount Vernon,* le 26 mars 1788 :

« Rien ne pourrait me causer plus de plaisir que de contribuer à écarter, autant que cela est possible, pour un simple particulier, toutes les occasions de malaise qui ont pu se présenter. Il y a si peu de temps que vous êtes dans ce pays qu'il est impossible que vous puissiez connaître à fond le caractère de ses habitants; cela me fait espérer que vous avez pu voir de la froideur et du dédain dans ce qui n'était que le résultat de la froideur qui nous est habituelle... C'est notre malheur de n'avoir pas cette gaîté extérieure et cette aisance dans les manières que possèdent certaines nations..... et il arrive souvent à un Américain de faire à un étranger un accueil qui peut lui causer des sensations très-désagréables, bien qu'il n'ait nullement eu l'intention de lui faire l'ombre d'un affront.

« Je désire si ardemment effacer toutes les mauvaises impressions que certains individus peuvent avoir faites sur l'esprit de Votre Excellence, au préjudice du public, que je dois vous répéter encore que je suis bien trompé si les habitants de ce pays ne sont pas, en général, extrêmement bien disposés pour la France.

« Les préjugés contre ce royaume avaient été tellement enracinés par *notre union avec l'Angleterre*, et par la *politique anglaise* qu'il s'est écoulé quelque temps avant que notre peuple pût en triompher entièrement. Cependant cela s'est accompli dans le cours de la guerre.

« Et j'oserai dire que jamais une plus grande révolution n'a eu lieu dans les sentiments d'un peuple à l'égard d'un autre. Or comme *l'ancien attachement de celui-ci n'a pas été ranimé* pour la Grande-Bretagne, et *qu'il ne s'est élevé aucun sujet d'inquiétude* relativement à la France, tout dégoût et toute inimitié pour ce dernier pays renfermeraient un mystère qui dépasserait mon intelligence..... Si une ou plusieurs personnes de New-York ont manifesté une manière de penser et d'agir différente, je compte trop sur votre droiture pour craindre que vous imputiez ce tort au peuple américain en général. »

*<br>* *

Catherine avait acheté la souveraineté des Kans de

Crimée et pris possession du pays en 1783. Quelque temps après Potemkin bâtissait Sébastopol (1786), et une entente s'établissait avec Joseph II. « Rien de plus facile, disait l'impératrice à M. de Ségur, que de rejeter les Turcs en Asie. La France aurait pour lot la Candie ou l'Égypte. »

C'est à propos de ces projets que Washington écrit à Lafayette :

« Mount Vernon, 18 juin 1788.

« Il paraît qu'il y a beaucoup de sanglante besogne taillée pour cet été dans le Nord. Si la guerre, la famine et la peste doivent désoler les immenses armées qui sont rassemblées, ceux qui ont des sentiments d'humanité ne peuvent s'empêcher de verser des larmes sur l'ambition des rois. Il est vraiment étrange qu'il n'y ait pas assez de place dans le monde pour que les hommes puissent vivre sans s'entr'égorger.

« Comme la France, l'Espagne et l'Angleterre sont à peine remises des blessures de la dernière guerre, je voudrais bien espérer qu'elles ne se laisseront pas entraîner dans celle-ci.

« La France particulièrement doit être trop occupée chez elle pour désirer intervenir. Je n'aime pas beaucoup la position de ses affaires domestiques. Les demandes hardies des parlements et le ton tranché du roi montrent qu'il ne faut qu'un peu plus d'irritation pour changer l'étincelle du mécontentement en un incendie qu'il ne serait peut-être pas facile d'éteindre. Si j'avais un conseil à donner, je dirais que l'on doit user de beaucoup de modération des deux côtés. Ne croyez pas, mon cher marquis, que je pense mal de votre prudence, si *je cherche à vous mettre sur vos gardes*, vous qui désirez vous signaler dans la cause de votre pays et de la liberté, *pour que vous ne donniez pas dans les extrêmes et que vous ne nuisiez pas à votre cause.* Le roi, d'après tout ce que j'ai pu apprendre, est réellement bon, quoique vif. S'il est contrarié mal à propos dans l'exercice des prérogatives qui appartiennent à la couronne, et dans les plans qu'il regarde comme les plus propres à contribuer au bien public, il pourra manifester des volontés qu'on ne lui a guère supposées. D'un autre côté, il me semble qu'il s'est développé dans le royaume un esprit qui, dirigé avec une extrême prudence, peut produire une révolution graduelle et tacite qui sera très-favorable aux sujets, en abolissant les *lettres de cachet* et en définissant avec plus de précision les pouvoirs du gouvernement. Je suis très-surpris qu'il se trouve un seul monarque qui ne reconnaisse pas que sa gloire et sa félicité dépendent de la prospérité et du bonheur de son peuple. Combien il serait facile pour un souverain de faire ce qui n'immortaliserait pas seulement son nom, mais lui attirerait les bénédictions de bien des millions d'hommes. »

*Au même.*

« Mount Vernon, 1789.

« Pendant que vous vous querellez entre vous en Europe, pendant qu'un roi devient fou, et que d'autres agissent comme s'ils l'étaient déjà, en coupant la gorge aux sujets de leurs voisins, je suppose que vous ne doutez pas, mon cher marquis, que nous ne continuions à être tranquilles ici, et que vous pensez bien que la population sera en progrès tant qu'il y aura des moyens si nombreux et si faciles de se procurer sa subsistance et un champ si vaste ouvert aux efforts des talents et de l'industrie. »

Quand il connut les événements du 14 juillet 1789, la prise de la Bastille, la nuit du 4 août, les journées des 5 et 6 octobre, le retour de Louis XVI à Paris, Washington écrivit :

*A Gouverneur Morris*

« New-York, 28 octobre 1789.

« La révolution qui a été accomplie en France est d'une nature si merveilleuse, que l'esprit peut à peine en concevoir la réalité. Si elle se termine ainsi que le prédisent nos dernières nouvelles qui vont jusqu'au *premier août*, cette nation sera la plus heureuse et la plus puissante d'Europe; mais, quoiqu'elle ait traversé d'une manière triomphante le premier paroxysme, je crains que ce ne soit pas le dernier contre lequel elle ait à lutter avant que les choses soient définitivement arrangées. En un mot, la révolution a une trop vaste portée pour qu'elle puisse être achevée dans un temps si court, et coûter si peu de sang. Les mortifications du roi, les intrigues de la reine et le mécontentement des princes et de la noblesse fomenteront, si cela est possible, des divisions dans l'assemblée nationale, et on profitera sans aucun doute de tous les *faux pas* dans la formation de la Constitution, si même on ne fait pas une opposition plus ouverte et plus active. De plus, la licence du peuple d'un côté et les châtiments sanguinaires de l'autre alarmeront les personnes les mieux disposées en faveur de l'événement, et ne contribueront pas peu à détruire ce qu'on veut édifier. Il est nécessaire que l'assemblée ait beaucoup de modération, de fermeté et de prévoyance dans ses mouvements. Il n'est pas facile d'éviter de courir d'un extrême à l'autre; et si cela avait lieu, des rochers et des écueils encore invisibles pourraient briser le vaisseau, et amener un despotisme plus dur que celui qui existait auparavant. »

*A Catherine Macaulay Graham.*

« New-York, 9 janvier 1790.

« Je me réjouirai sincèrement de voir que la révolution américaine produise d'heureuses conséquences des deux côtés de l'Atlantique. La régénération de la constitution française est vraiment un des événements les plus merveilleux de l'histoire du genre humain, et le rôle que le marquis de Lafayette a joué fait le plus grand honneur à son caractère. Ma plus vive crainte a été que la nation ne fût pas assez froide et assez modérée dans les arrangements à prendre pour assurer cette liberté qu'elle semble déjà posséder complétement. »

Le 17 janvier 1790, le marquis de la Luzerne avait envoyé de Londres à Washington les lignes suivantes :

« Votre ami, le marquis de Lafayette, se trouve à la tête de la révolution, et cette circonstance, qui est très-heureuse pour l'État, l'est très-peu pour lui-même. Jamais un homme n'a été placé dans une situation plus critique. Bon citoyen, et sujet fidèle, il éprouve mille difficultés pour faire comprendre ce qui est convenable à bien des gens qui très-souvent ne le sentent pas, et qui plus d'une fois ne veulent pas le comprendre. »

Washington lui répond de New-York, le 29 avril 1790.

« Vous avez bien raison de penser que rien de ce qui touche au bonheur de la nation française ne peut jamais m'être indifférent. Éloigné comme je le suis du grand théâtre politique, et connaissant si peu toutes les petites circonstances qui peuvent amener des décisions importantes, il serait imprudent pour moi de hasarder des opinions qui seraient peut-être mal fondées. Toute cette affaire est réellement si extraordinaire dans son commencement, si étonnante dans sa marche, et peut-être si prodigieuse dans ses conséquences, que je me sens presque perdu dans cette contemplation. Toutefois vous pouvez être bien certain d'une chose, c'est que personne ne désire plus vivement que moi l'heureuse issue de cet événement, et plus sincèrement que je ne le fais, la prospérité de la nation française. Ce n'est pas sans éprouver le plus sensible plaisir que j'apprends que, dans le rôle difficile qui lui est échu, notre ami le marquis de Lafayette s'est conduit avec tant de sagesse, et s'est attiré par là l'approbation générale. »

Jetant alors un coup d'œil sur les affaires générales de l'ancien continent il ajoute :

« A la grande distance où nous sommes des parties septentrionales de l'Europe, nous entendons parler de guerres et de bruits de guerre, comme *si ces événements se passaient dans une autre planète*. Le temps seul nous apprendra quels changements la mort de l'empereur occasionnera dans les autres cabinets de l'Europe [1]. Un esprit d'améliorations politiques paraît se répandre rapidement et généralement dans les diverses contrées de

---

1. Joseph II, le 20 février 1790.

l'Europe. Je me réjouirai de voir la condition de l'espèce humaine plus heureuse qu'elle ne l'a jamais été, mais je serais fâché de voir que ceux qui veulent accélérer ces améliorations, diminuent par un excès d'empressement leurs chances de succès. Les chefs d'une nation ont besoin de tant de prudence, de tant de persévérance, de tant de désintéressement et de tant de patriotisme pour assurer la félicité nationale, que mes craintes l'emportent presque sur mes espérances. Je ferai mieux cependant de laisser ces affaires à des hommes plus compétents, me bornant à faire autant de bien que je pourrai dans la petite sphère où désormais je suis destiné à me mouvoir. »

Lafayette raconte à Washington, dans une lettre datée de Paris, le 26 août 1790, quelle situation il occupe entre la cour et la révolution :

« Les révoltes qui ont eu lieu dans les régiments nous causent beaucoup d'inquiétude, et comme je suis constamment attaqué des deux côtés par le parti aristocratique et par celui des factieux, je ne sais auquel des deux nous devons ces insurrections. Notre sauve-garde contre elles c'est la garde nationale. Il y a plus d'un million de citoyens armés ; ils sont pleins de patriotisme, et mon influence sur eux est aussi grande que si j'avais accepté le commandement en chef. J'ai perdu dernièrement un peu de ma faveur auprès de la populace, et mécontenté les partisans frénétiques de la licence, parce que je désire obtenir une subordination légale. Mais la nation en général est très-reconnaissante de ma conduite à cet égard. Les aristocrates n'ont pas renoncé à l'idée de faire une contre-révolution. Et ils font ce qu'ils peuvent auprès des des têtes couronnées de l'Europe qui nous détestent. Mais je crois qu'ils renonceront à leurs plans ou qu'ils ne réussiront pas. Je suis un peu plus inquiet des divisions qui existent dans le parti populaire... Je m'efforce d'amener une réconciliation.

« J'espère que nos affaires se termineront cette année ; alors votre ami, ce dictateur ambitieux si dénigré, jouira avec délices du bonheur de renoncer à tout pouvoir, à tous succès politiques, et de devenir un simple citoyen dans une monarchie libre, dont la constitution, défectueuse pour le moment, malgré mes efforts, deviendra le fondement du système excellent que l'on pourra établir dans un petit nombre d'années. Le peuple commence à être fatigué de la révolution et de l'assemblée. On doit attribuer le premier résultat au caractère français, et aux innombrables pertes des particuliers ; le second est dû aux fautes de l'assemblée, et aux intrigues et à l'ambition de la plupart de ses chefs ; mais nous avons assez bon vent pour faire entrer le vaisseau dans le port. »

Washington, trop occupé par ses devoirs publics, ne répondit que le 19 mars 1791. La lettre est datée de Philadelphie, et, comme un décret de l'assemblée du 19 juin 1790 avait aboli les titres de noblesse en France, elle est adressée à *monsieur de Lafayette.* »

« La distance qui nous sépare, lui dit-il, et la délicatesse du sujet ont toujours suspendu mon opinion sur vos affaires nationales. Je sais bien qu'il est impossible de porter un jugement sain sur des mesures dont les motifs sont quelquefois inconnus ; mais il est une chose pour laquelle je ne puis m'empêcher de former des vœux pleins d'anxiété, c'est que l'existence de l'assemblée ne se prolonge pas assez longtemps pour exciter du malaise. La confirmation de ses décrets se fera mieux par une seconde représentation du peuple ; et pour agir avec efficacité comme corps législatif, cette représentation a peut-être besoin d'être réorganisée. Mon affection pour la nation française, mon désir sincère de voir son gouvernement respectable et le peuple heureux, excuseront l'expression de ce sentiment ; *c'est le seul, je crois, que je me sois hasardé à faire connaître au sujet de la révolution.* »

Le 7 mars et le 3 mai 1791, nouvelles lettres de Lafayette, desquelles nous extrayons ce passage :

« J'avais espéré que nos troubles révolutionnaires se termineraient promptement, et me voilà encore ballotté sur une mer de factions et de troubles de toute espèce ; car ma destinée veut que je sois attaqué de toutes parts avec une égale animosité : d'un côté, par les aristocrates, les partisans de l'esclavage, des parlements, du clergé, en un mot par tous les ennemis de mes doctrines de liberté et d'égalité ; et de l'autre, par les factions d'Orléans, par les ennemis du roi, et par tous ceux qui aiment la licence et le pillage : il est donc assez douteux que je puisse personnellement échapper à tant de bandes hostiles, quoique notre grande et belle révolution soit, grâce au ciel, non-seulement assurée en France, mais aussi sur le point de visiter d'autres parties du monde, pourvu qu'on obtienne bientôt le rétablissement de l'ordre public en ce pays, où le bon peuple a bien appris à renverser le despotisme, mais où il ne sait pas si bien se soumettre aux lois. Je vous rendrai un compte exact de la conduite de votre député et de votre aide dans cette grande cause, à vous, mon cher général, qui êtes le patriarche et le généralissime de la liberté universelle. » — 7 mars 1791.

A cette lettre, où l'espérance domine encore le découragement, le patriarche répond de Philadelphie, le 3 mai 1791.

« Je suis moi-même exposé à l'envie et aux attaques de tous les partis, pour cette seule raison, que tous ceux qui se conduisent mal ou qui ont de mauvais desseins trouvent en moi un obstacle insurmontable. Ma position est une espèce de phénomène, tous les partis sont contre moi, et en dépit de tous les efforts, il m'est toujours resté une popularité nationale.

« Le bonheur de vingt-quatre millions d'hommes ne peut être chose indifférente pour un esprit philanthropique. Les désordres et l'incertitude de la nation française doivent affliger d'une manière particulière *un Américain dont la patrie a reçu des secours si généreux de la France à l'heure de détresse*. Nous devons cependant mettre notre confiance en cette Providence qui dirige les grands événements, et espérer qu'elle fera sortir l'ordre de la confusion, et que, malgré les sombres nuages qui vous entourent à présent, le droit sera finalement établi. »

Il parle alors des troubles de la capitale et juge ainsi les mouvements populaires qui l'agitent :

« La populace tumultueuse des grandes villes est toujours à redouter. Les violences aveugles renversent pour un temps toute autorité publique, et leurs conséquences sont quelquefois vastes et terribles. Nous pouvons supposer qu'à Paris ces tumultes sont surtout désastreux à cette époque où l'esprit public est en fermentation, et où, comme cela arrive toujours en pareilles occasions, il ne manque pas d'hommes méchants et intrigants, dont le véritable élément est la confusion ; et qui n'hésiteraient pas à détruire la tranquillité publique pour venir à bout de leurs desseins. Mais jusqu'à ce que votre constitution soit fixée, que votre gouvernement soit établi et que votre corps de représentants soit renouvelé, on ne peut pas attendre beaucoup de tranquillité ; car, dans l'intervalle, ceux qui sont opposés à la révolution n'abandonneront pas l'espoir de ramener les choses à leur ancien état. »

⁂

On remarquera dans la correspondance qui précède le soin que prenait Washington de ne point confondre les intérêts et les affections. Du traité d'alliance et de commerce il ne retenait que la seconde partie.

Gouverneur Morris avait été envoyé en France comme ministre plénipotentiaire des États-Unis. Des relations amicales avaient été entretenues entre les deux pays sur la base des traités d'alliance et de commerce; mais, après la mort du roi (21 janvier 1792), et au milieu des déchirements qui suivirent, la position du ministre fut embarrassante. L'opinion de Washington, partagée par son cabinet, était que toute nation a le droit de se gouverner comme elle l'entend, et que les autres peuples sont obligés de reconnaître et de respecter l'autorité existante, quelque forme qu'elle puisse prendre. G. Morris reçut des instructions conformes à ces vues. Mais, pendant quelque temps, la difficulté fut de reconnaître s'il existait réellement un gouvernement qui fût appuyé sur la volonté de la nation. Sa prudence à cet égard et le soin qu'il prit de ne pas compromettre témérairement son pays, donnèrent ombrage aux chefs de la révolution, qui exprimèrent hautement leur mécontentement de ce que les États-Unis montraient si peu de sympathie pour leurs anciens amis et alliés, pour les défenseurs de la liberté et des droits de l'homme. Tel était l'état de choses quand la guerre éclata entre la France et l'Angleterre.

*<br>* *

Il est certain que Washington était loin d'approuver la voie nouvelle dans laquelle était entrée la révolution : ce n'est pas ainsi qu'il comprenait la liberté et les droits de l'homme. D'autre part, il voulait garder la neutralité.

« Les affaires de France, écrit-il au gouverneur de la Virginie, Henri Lee, le 6 mai 1793, me semblent dans le plus grand paroxysme du désordre ; non pas tant par suite de l'attaque d'ennemis étrangers, (car, dans la cause de la liberté, cela doit donner un nouvel aliment au feu d'un soldat patriote, et augmenter son ardeur), mais parce que ceux qui ont en main le gouvernement sont prêts à se déchirer entre eux, et se montreront très-probablement les plus grands ennemis du pays. »

On se rappelle que l'élite de la noblesse de France avait combattu à ses côtés pour la conquête de l'indépendance; tous ses amis, ses frères d'armes, avaient été frappés. Lafayette était prisonnier en Allemagne ; il lui faisait parvenir des secours et travaillait à obtenir sa liberté.

Un gentilhomme français, qui avait servi avec distinction aux États-Unis pendant la guerre, M. le vicomte de Noailles, marié à une sœur de la marquise de Lafayette, après être entré avec enthousiasme dans les premiers mouvements de la Révolution et joué un rôle marquant dans la nuit du 4 août, se trouvait dans le rang des proscrits. Il arriva aux États-Unis, porteur d'une lettre pour Washington. Celui-ci se trouva fort embarrassé pour le recevoir, et il écrivit à son secrétaire de la Trésorerie, Alexandre Hamilton, à ce sujet, une lettre curieuse qui montre combien étaient devenues difficiles les relations entre les cabinets de Paris et de Philadelphie, et combien elles exigeaient de prudence de la part du président.

*A Alexandre Hamilton*, secrétaire de la Trésorerie.
Confidentielle.

« Philadelphie, 5 mai 1793.

« Dans la conversation que vous pourrez avoir aujourd'hui avec un certain personnage (c'est de M. de Noailles qu'il s'agit), je vous prie de lui faire entendre doucement, d'une manière délicate, que si les lettres ou les papiers qu'il a à présenter sont, à sa connaissance, de nature à se rapporter à des affaires publiques, et ne me sont pas adressés en particulier ; ou s'il a quelques communications verbales de ce genre à faire, je préfère qu'il les fasse parvenir par la voie officielle. Ajoutez aussi que la situation des affaires d'Europe en ce moment, que mes vœux pour la nation de ce gentilhomme en général, mon attachement particulier pour les Français que j'ai l'honneur de connaître, mon vif désir de maintenir ce pays (les États-Unis) en paix, et la délicatesse de ma position, m'imposent nécessairement beaucoup de circonspection dans ma conduite. Toutefois je ne veux pas dire par là que je doive lui refuser des politesses semblables à celles que je fais aux autres. Mais, malgré notre ancienne connaissance, des attentions plus marquées donneraient lieu à des conjectures qu'il vaut mieux éviter. Si ceux qui se trouvent dans la même position (les émigrés ses compatriotes) pouvaient être introduits par quelque autre personne que lui, particulièrement mardi prochain, dans ce salon public, où, comme on le suppose, les officiers de la frégate française seront présentés, cela vaudrait, sans aucun doute, beaucoup mieux. Je ne vois pas du reste en ce moment comment on peut s'en tirer sans embarras, car ils sont étrangers, et le M. F. (ministre français) est susceptible sous ce rapport. Comme on épie tous les mouvements dans l'état actuel des choses, si le chef de quelque département montre de l'empressement dans cette affaire, on ne manquera pas de le remarquer. »

Le ministre ombrageux de la République française, qui avait remplacé M. de Ternant depuis le mois d'avril, s'appelait Genêt. Débarqué à Charleston, dans la Caroline du sud, en traversant ce pays pour se rendre à Philadelphie, il avait été reçu partout avec tant d'enthousiasme, et avec des témoignages si extraordinaires de considération, qu'il avait pu croire que la grande masse du peuple américain embrassait de cœur la cause de la révolution française, et était prête à se réunir aux citoyens de la nouvelle république *pour porter la bannière de la liberté et de l'égalité jusqu'aux extrémités de la terre.*

Washington envisageait la situation d'une façon différente; le cabinet partagea son avis. Une proclamation de neutralité fut signée le 22 avril et immédiatement publiée. « Elle interdisait aux citoyens des États-Unis de
« prendre aucune part aux hostilités sur mer, soit avec,
« soit contre les puissances belligérantes; de porter à l'une
« ou à l'autre de ces puissances aucun des articles qui
« sont déclarés contrebande d'après les usages modernes
« des nations; de faire toute démarche et tout acte in-
« compatibles avec les devoirs d'une nation amie de celles
« qui sont en guerre. »

M. Genêt, le citoyen ministre, comme on l'appelait, avait été reçu, dès son arrivée à Philadelphie, sur le même pied que les ambassadeurs de Louis XVI. Officiellement il déclara que son gouvernement, très-attaché aux États-Unis, n'avait nul désir de les entraîner dans la lutte européenne, mais il travailla si activement en secret à les envelopper dans la guerre contre la Grande-Bretagne, que Washington se vit obligé de demander le rappel et le remplacement d'un ambassadeur qui avait équipé et armé des vaisseaux, chargés de croiser comme corsaires et de commettre des hostilités contre les bâtiments anglais : profitant de l'humeur des populations de l'ouest contre l'Espagne, Genêt organisait même des expéditions contre la Louisiane et les Florides.

Quand le cabinet ordonnait la dispersion des corps francs, interdisait l'armement des corsaires, et refusait aux navires armés en course dans les ports américains le droit d'y chercher refuge, le ministre de France avait eu cette incroyable audace et commis cette impardonnable faute, non-seulement de protester contre ces décisions, mais encore de déclarer qu'il allait en appeler du président au peuple assemblé dans les sociétés démocratiques formées sur le modèle du club des Jacobins, institution dont il avait lui-même organisé le premier modèle à Philadelphie. Washington décrit ainsi le but et l'influence de ces associations :

« Ces Sociétés, dit-il, ont été instituées par des hommes artificieux et mal intentionnés. Je ne doute pas que plusieurs de leurs membres ne veuillent le bien, mais ils connaissent peu le but de ces associations. Leurs fondateurs ont surtout cherché à semer des germes de méfiance et de soupçon envers le gouvernement, en détruisant toute confiance en son administration. Ces germes ont poussé et fleuri depuis ; et ces faits sont évidents pour tous ceux qui connaissent le caractère des chefs, et qui ont suivi avec soin leurs manœuvres.

« Peut-il y avoir rien de plus absurde, rien de plus arrogant ou de plus pernicieux pour la paix de la société, que l'établissement de certains corps qui se constituent eux-mêmes en censeurs permanents, et qui, à l'ombre de la nuit, forment un conclave, dans lequel on attaque des actes du Congrès, actes discutés, de la manière la plus attentive et la plus solennelle, par les représentants du peuple, choisis pour cette intention expresse, qui apportent avec eux, des diverses parties de l'Union, les idées de leurs constituants, et qui s'efforcent, autant que la nature des choses peut le permettre, de faire passer *leur volonté* dans les lois pour le gouvernement de toute la communauté? Dans ces circonstances, n'est-il pas absurde, dis-je, de voir un corps *permanent*, qui s'est constitué *lui-même* (car personne ne nie le droit qu'a le peuple de s'assembler de temps en temps, pour adresser des pétitions, ou pour faire des remontrances sur un acte quelconque de la législature), déclarer qu'*un acte* est inconstitutionnel, qu'un *autre acte* doit amener bien des malheurs, et que tous ceux qui votent d'une manière opposée aux dogmes de la coterie sont poussés par des motifs intéressés, ou par une influence étrangère, et sont même des traîtres envers leur pays? Un tel excès d'arrogance et de présomption peut-il faire supposer des motifs louables, surtout quand nous voyons la même classe d'hommes s'efforcer de détruire toute confiance dans l'administration, en accusant tous ses actes, sans savoir quels sont les principes ou les renseignements qui la dirigent? »

\*\*\*

Malgré tous les griefs du cabinet de Philadelphie, ce ne fut que le 2 février 1794 qu'arriva M. Faucher, pour remplacer Genêt, qui se conduisit jusque-là de la façon la plus odieuse, se déchaînant en invectives contre le Président, remplissant les journaux de ses protestations, amusant la foule par ses déclamations, excitant les agents consulaires de son pays à entraver la justice américaine : il alla même jusqu'à donner à l'escadre française, qui croisait sur les côtes, l'ordre d'appuyer leurs tentatives de rébellion. Le cabinet eut la patience de ne pas l'expulser et se contenta de retirer l'exéquatur à l'un des consuls, coupable de révolte, et à le refuser à tous ceux dont les commissions ne seraient pas rédigées dans la forme usuelle.

La modération et la sagesse du pouvoir exécutif ne parvinrent pas à calmer l'esprit de parti qui agitait violemment le peuple et le Congrès, relativement à la question anglo-française. Les relations avec l'Angleterre n'étaient pas moins agitées que celles qu'on avait avec la France. Les sentiments d'animosité contre la Grande-Bretagne s'aggravaient par suite de la conduite blâmable du gouvernement anglais qui retenait les forts de l'ouest, contrairement au traité de 1783, saisissait les bâtiments et pressait les marins. Après s'être vainement plaint de ces injustes procédés, et sincèrement désireux d'éviter la guerre, le président expédia en Angleterre, comme envoyé extraordinaire, John Jay, lequel, en novembre 1795, signa un traité réglant le différend. Ce traité fut considéré par les anti-fédéralistes comme si favorable à l'Angleterre, que sa promulgation souleva contre Jay et le président une immense clameur.

A Philadelphie, des bandes en haillons parcoururent les rues en traînant l'image de Jay tenant une balance à la main ; sur l'un des plateaux était cette inscription : « La liberté et l'indépendance de l'Amérique ; » sur l'autre, déprimé par un pesant fardeau : « L'or anglais. » De la bouche du négociateur sortaient ces mots : « Arrivez à mon prix, et je vous vendrai mon pays. » L'image fut jetée aux flammes, et le traité brûlé devant la maison du ministre et du consul d'Angleterre. A New-York, Hamilton, voulant défendre le traité devant un meeting, fut assailli à coups de pierre. A Boston, les notables se réunirent et adressèrent à Washington des remontrances. Dans le midi, un journal proposa aux Virginiens de se retirer de l'Union américaine, et ouvrit une liste destinée à recevoir les noms des États qui voudraient se joindre à la nouvelle confédération ; l'une des sociétés démocratiques de la Caroline du Sud déclara qu'elle était amenée à regretter l'absence de la guillotine, « et s'engagea par serment à traîner John Jay devant la justice du pays. »

Le président lui-même fut accablé d'outrages : « Se prend-il donc pour le grand Lama de ce pays, que nous ne devions l'approcher qu'avec un respect superstitieux et une terreur religieuse ?... Trop longtemps nous avons été coupables d'idolâtrie. Aussi le châtiment est tombé sur nous. Il est grand temps de n'avoir plus d'autres dieux que le Dieu fort... L'homme qui filoute la liberté à son pays est plus détestable que celui qui force avec de fausses clefs la porte de son voisin et le dépouille de ses richesses. »

On allait jusqu'à l'accuser d'avoir pillé le trésor public, après tant de protestations solennelles de désintéressement. Pour ne pas laisser s'accréditer une pareille calomnie, Hamilton dut publier une note sur l'état des finances de la République.

Quelle impression ces violentes attaques produisirent-elles sur Washington ? quelle influence eurent-elles sur sa conduite ? Sa correspondance nous le dira.

Au point de vue de la justice et de l'honneur, le peuple

sentait que les États-Unis devaient joindre leur cause à celle de la France, par reconnaissance et par sympathie pour la communauté des principes. On avait fait un traité d'alliance et de commerce. La politique de Washington en supprima la première partie. Pas d'alliance politique avec les peuples du continent européen; seulement des traités de commerce avec ceux qui offriraient les plus grands avantages réciproques. Il songea d'abord à faire ces traités avec la France, à ruiner les anciennes relations avec l'Angleterre. Mais, après la mort de Louis XVI, il ne voit plus de gouvernement digne de ce nom à Paris, il considère le traité de 1783 comme rompu et traite avec l'Angleterre. Toutefois la résistance de l'opinion publique l'inquiétait, sans ébranler pourtant ses résolutions : il donna à quelques notables l'explication de sa conduite et de ses vues.

A EZECHIEL PRICE, Thomas Walley, William Boardman, Ebenezer Seaver, Thomas Croafts, Thomas Edwards, William Little, William Scollay et Jesse Putman, *notables de la ville de Boston.*

« États-Unis, 28 juillet 1795.

« Messieurs,

« Dans tous les actes de mon administration, j'ai sans cesse recherché le bonheur de mes concitoyens; mon système pour atteindre ce but a toujours été de dédaigner toute considération personnelle, locale ou partielle, de regarder les États-Unis comme un grand tout; de croire toujours que les résolutions soudaines et qui ne sont pas fondées sur la vérité, doivent céder à la réflexion, en un mot, de consulter uniquement les véritables intérêts du pays.

« Je ne me suis point départi de cette ligne de conduite à l'égard du traité qui a donné lieu aux réclamations contenues dans votre lettre du 13 courant.

« Sans trop présumer de mon propre jugement, je crois avoir pesé avec soin tous les arguments sur lesquels on a appelé mon attention ; la constitution est cependant mon guide, et je ne me résoudrai jamais à l'abandonner. C'est elle qui a donné au président le pouvoir de conclure les traités avec l'avis et le consentement du Sénat. On a sans doute supposé que ces deux pouvoirs régleraient ensemble, sans aucune passion et après de soigneuses informations, les principes et les actes qui doivent assurer le succès de nos relations étrangères ; qu'ils ne substitueraient pas à leur propre conviction l'opinion des autres, et qu'ils rechercheraient la vérité par tous les moyens légitimes.

« Dans cette conviction, je sais déjà comment je dois remplir mon devoir sur le point en question, et j'accepte la responsabilité qu'il m'impose.

« Je vous donne, messieurs, la liberté de faire connaître ces sentiments, puisqu'ils servent de base à ma conduite ; bien que j'éprouve la plus vive gratitude pour les nombreuses marques d'approbation que je reçois de mes concitoyens, je ne crois le mériter réellement qu'en obéissant aux mouvements de ma conscience. »

A cette époque Washington s'était retiré à Mount Vernon, comme il le faisait souvent dans l'intervalle des sessions du Congrès, quand les affaires n'exigeaient pas sa présence effective à Philadelphie. La lettre qui précède, datée, on a pu le remarquer, *des États-Unis*, nous a montré la fermeté de ses résolutions à l'endroit du traité ; la suivante nous fera connaître les motifs de son inquiétude.

*A Edmond Randolph,* secrétaire d'État.
Confidentielle.

« Mount Vernon, 29 juillet 1795.

« Mon cher monsieur,

« Vos lettres particulières du 14 et du 25 courant ont été reçues, et vous apprendrez par la lettre officielle de cette date la détermination où je suis de retourner à Philadelphie lundi prochain, si d'ici là rien ne survient pour rendre le voyage inutile.

« Je crois devoir agir ainsi, à cause des mouvements violents qui se sont déjà manifestés, et qui semblent devoir se manifester encore dans le nord de l'Union; et aussi à cause de ceux que l'on peut attendre dans le sud. Je pense, en outre que le *Mémorial,* la *Ratification,* et les *Instructions* qui vont paraître, sont d'une si haute importance, qu'elles réclament non-seulement le grave examen de chacun, mais encore le solennel concours de tous, ce qui ne pourrait avoir lieu que bien imparfaitement, si vous veniez ici; car, dans le cours des délibérations, nous aurons sans aucun doute besoin d'examiner les pièces officielles qui sont à Philadelphie. »

Ici un paragraphe très-caractéristique nous montrera combien la vie privée avait de charmes pour Washington:

« Il est fâcheux pour moi de quitter l'état de ma retraite; j'aurais préféré sans doute, ainsi que je vous l'ai dit à Philadelphie, rester ici encore un mois, surtout pour mistress Washington que je tenais à y laisser jusqu'au mois de novembre, époque où je serais revenu la chercher. Mais, tant que je suis au pouvoir, je tiens à faire céder toute considération d'intérêt particulier devant le service de l'État. »

Il revient alors au traité cause de tant d'agitations et d'alarmes :

« Je vois sous un jour très-sérieux l'opposition que rencontre le traité dans les *meetings* de différentes parties de l'Union. Non que cette hostilité ajoute beaucoup aux objections qui ont été prévues, ni que j'attache de l'importance à ce qui me regarde personnellement : rien en ce genre ne peut influencer ma conduite ; je sais le cas qu'il faut faire des calomnies que la malignité et le désappointement s'efforcent d'accumuler contre moi. Seulement je suis alarmé de l'effet que l'opposition peut produire sur le gouvernement français, qui songera sans doute à en tirer avantage, s'il vient à croire que le traité a été calculé dans le seul but de favoriser la Grande-Bretagne à ses dépens. Mais qu'il croie ou qu'il feigne de croire cette fable, l'inconvénient sera toujours le même pour nous.

« Tant que la France et l'Angleterre seront ennemies, il sera dans la politique des Français de nous empêcher, à quelque prix que ce soit, d'être en bons termes avec la Grande-Bretagne ; ils voudront la priver des avantages qu'elle peut tirer de notre commerce, même quand nous devrions en souffrir. Jusqu'où les conduiront leur politique et leurs intérêts, c'est ce qu'il est difficile de dire maintenant ; mais lorsqu'ils auront vu notre peuple se diviser et former, sous le prétexte de favoriser la France, une si forte opposition aux mesures décrétées par son gouvernement, leur conduite ne pourra être que fort embarrassante.

« Pour récapituler le tout en peu de mots : Je n'ai jamais vu depuis que je suis aux affaires une crise plus fertile en événements, ou qui doive causer de plus sérieuses alarmes, sous quelque jour qu'on la contemple, A New-York il existe, m'a-t-on dit, une opposition prononcée ; est-elle d'une grave importance ? je ne le sais encore ; mais s'il s'en élève une semblable à Boston, puis dans d'autres villes, il ne sera que trop évident que ces sentiments sont universels, et la ratification peut devenir en vérité une affaire excessivement grave ; mais d'un côté des modifications tardives dans les dispositions que nous avons cru devoir prendre, n'amélioreraient que bien peu les choses à l'égard de la France ; le coup n'en serait pas moins frappé, et les conséquences en seraient à peu près les mêmes. »

Deux jours après, il écrit encore au même :

« Dans la crise présente, nous devons être sages et modérés sans cesser d'être fermes. Il y a malheureusement lieu de croire, d'après les mouvements qui se sont fait sentir, depuis que le Sénat s'est prononcé sur le traité, que les préventions qui s'élèvent contre lui sont généralement plus étendues que nous ne l'avions d'abord imaginé ; du moins il en est ainsi dans ce pays, si nous pouvons en croire des hommes qui, ne tenant à aucun parti, sont assez bien disposés en faveur de l'administration actuelle. Comment pourrait-il en être autrement quand tout a été mis en œuvre pour tromper le peuple et lui faire croire que non-seulement ses droits étaient négligés, mais littéralement vendus, et qu'il n'y avait pour lui aucun avantage dans ce traité, dont les bénéfices revenaient en entier à la Grande-Bretagne?

« Ce qui paraît surtout avoir indisposé les masses, ce sont les bruits calomnieux répandus à dessein de prouver que le gouvernement agit avec l'intention de nuire à la France, au mépris de nos anciens traités avec elle, et contrairement à tout principe de reconnaissance et de saine politique. Plus tard, quand la passion aura fait place à la froide raison, les esprits pourront revenir à de meilleurs sentiments ; mais, dans le moment présent, la position de notre gouvernement, par rapport à l'Angleterre et à la France, peut être comparée à celle d'un vaisseau entre les gouffres de Charybde et de Sylla. Si le traité est ratifié, les partisans de la France, je dirais plutôt ceux de la guerre et de la confusion, exciteront le peuple à des mesures hostiles. S'il ne l'est pas, il pourra en résulter de graves conséquences du côté de l'Angleterre. Vous ne devez pas inférer de ceci que je sois disposé à abandonner les principes que j'ai professés jusqu'ici, à moins que des circonstances plus importantes ne m'y forcent. La seule voie honorable, selon moi, c'est de rechercher la vérité et de la suivre fidèlement ; mais je mentionne ces choses, pour montrer que de sérieuses enquêtes à ce sujet sont plus que jamais nécessaires, et que la conduite du gouvernement ne saurait être trop circonspecte pour ménager notre peuple, tout en cherchant à faire naître des sentiments plus favorables du côté de la Grande-Bretagne. »

La lutte ne fut pas moins vive dans le Congrès que dans le pays. Toutefois, après une longue discussion, au cours de laquelle Fisher Ames prononça un discours célèbre, la chambre des représentants, qui renfermait une majorité hostile à l'administration, passa l'acte donnant force de loi au traité, par 51 voix contre 48.

Le conflit avec l'Angleterre se trouvait terminé ; mais, comme l'avait prévu Washington, la ratification du traité causa au gouvernement français un vif mécontentement, qu'il manifesta ouvertement en apportant, par des décrets spéciaux, des entraves au commerce américain, en accablant d'outrages M. Pinckney, ministre des États-Unis en France, et enfin en ordonnant dernier de quitter le territoire français.

Voilà où en était en 1795 le traité d'alliance et de commerce de 1783. Quant à l'ami de Washington, à son cher compagnon d'armes, à l'auteur de l'alliance, Lafayette, prisonnier en Allemagne, il n'attendait plus son élargissement que de la Providence, quand Washington obtint sa mise en liberté.

# CHAPITRE V

### LES ADIEUX DE WASHINGTON (1797).

Washington avait été réélu en 1793 ; — le 4 novembre 1796 devait avoir lieu la troisième élection présidentielle. Aucun article de la constitution ne défend de laisser aux mains du même citoyen, pendant plusieurs termes, la première magistrature de la République. Washington était donc rééligible, et sans nul doute, s'il y eût consenti, le peuple aurait laissé le pouvoir au père de la patrie jusqu'à son dernier jour. Il se serait créé une tradition : le président est indéfiniment rééligible.

Pourquoi Washington a-t-il refusé une troisième présidence ?

Était-ce un précédent qu'il voulait établir ? Donnait-il à sa retaite l'importance qu'y ont attachée depuis les partis ? Nous ne le croyons pas et nous appuyons notre opinion sur l'examen attentif de son testament politique qu'il nous reste à analyser. On appelle cet acte mémorable l'*adresse d'adieu au peuple des États-Unis*. Il contient deux parties bien distinctes :

1º Une revue générale de son administration et l'exposé des motifs qui l'obligent à se retirer ; 2º un traité de politique américaine intérieure et extérieure à l'usage de ses concitoyens.

La première est assez courte et n'offre rien de remarquable ; c'est le langage ordinaire de tous ceux qui quittent le pouvoir.

« En voyant approcher la fin de ma carrière politique je ne puis retenir l'expression de la profonde reconnaissance que je dois à ma chère patrie, pour les honneurs divers qu'elle m'a conférés, pour la confiance qu'elle m'a témoignée et pour les occasions qu'elle m'a procurées de lui prouver par ma fidélité et par des services, dont l'importance n'a peut-être pas égalé mes vœux, mon inviolable attachement. Si ces services ont été de quelque utilité, s'ils ont été couronnés de succès, malgré des apparences trompeuses qui ont fourni pendant un temps des armes à la critique, c'est à vous qui avez constamment soutenu mes efforts que j'en ai été redevable : on doit à jamais le rappeler à votre louange et pour l'instruction de la postérité. Que le ciel vous conserve cette constitution qui est l'œuvre de vos mains ; qu'il répande l'esprit de sagesse sur tous ceux qui seront préposés à son exécution, et qu'enfin la félicité du peuple de ces États soit si complète qu'elle rende la liberté chère à toutes les nations. »

Pourquoi se retire-t-il ? Il le dit clairement :

« En acceptant la dignité à laquelle vos suffrages m'ont élevé deux fois, j'ai sacrifié mon inclination à mon devoir et à ma déférence pour votre vœu. Si je ne me suis pas retiré avant la dernière élection, c'est que l'état de nos relations avec les puissances étrangères, joint à l'avis unanime des hommes qui ont part à ma confiance, m'a fait renoncer momentanément à ce projet.

« A la veille d'une troisième élection je me félicite de ce que la situation de nos affaires, tant au dedans qu'au dehors, ne rende plus la réalisation de mes vœux incompatible avec le sentiment de mon devoir, ou avec les convenances ; et je suis persuadé que dans la position où nous sommes, vous ne blâmerez pas ma détermination, quelque favorablement que votre partialité pour moi vous fasse envisager mes services.

« J'ai la consolation de croire que lorsque la prudence et mon inclination me portent à quitter le théâtre des affaires publiques, le patriotisme ne me le défend pas. »

On ne trouve pas trace d'autres sentiments dans sa correspondance.

M. Guizot considère comme un fait grave, dans une société démocratique libre, l'éloignement des hommes les plus éminents, et des meilleurs entre les plus éminents, pour le maniement des affaires publiques.

Pourquoi Washington n'a-t-il pu avoir cette vue ? La seconde partie de son adresse d'adieu nous le fera voir. Il ne craignait pas l'usurpation du pouvoir central, mais l'excès des libertés locales. Il vise l'anarchie et non le despotisme, ou plutôt, s'il craint le despotisme, c'est comme une conséquence de l'excès de la liberté plus que comme une conséquence de la durée des pouvoirs conférés au président de la République par la constitution.

« L'amour de la liberté, dit-il, est si profondément gravé dans vos cœurs, qu'aucune recommandation de ma part n'est nécessaire pour fortifier en vous ce penchant. Que l'unité de gouvernement qui fait de vous un seul peuple vous soit chère au même titre, c'est la base de votre tranquillité et de votre bonheur, c'est le palladium de votre sûreté, de votre propriété et de cette liberté que vous appréciez tant.

« C'est contre l'union qui nous constitue en corps de nation que les efforts de vos ennemis intérieurs ou extérieurs seront (quoique souvent en secret et d'une manière insidieuse) constamment dirigés : veillez sur elle d'un œil jaloux, imposez silence à quiconque oserait jamais vous conseiller d'y renoncer, et que toute votre imagination éclate au premier effort qu'on tenterait pour détacher de l'ensemble quelque partie de la confédération, ou pour affaiblir un seul des nœuds sacrés qui la forment.

« A de très-faibles différences près, vous avez la même religion, les mêmes coutumes, les mêmes mœurs, les mêmes principes politiques. Vous avez combattu et triomphé ensemble pour la même cause; l'indépendance et la liberté dont vous jouissez, vous les devez à la réunion des conseils et des efforts de tous, vous les devez aux dangers auxquels vous avez été exposés, aux maux que vous avez soufferts, et aux succès que vous avez obtenus en commun.

« Ces considérations, quelque puissantes qu'elles soient, le sont encore moins que celles qui touchent de plus près à vos intérêts particuliers, et les quatre grandes parties de l'Union, la Septentrionale, la Méridionale, l'Atlantique et l'Occidentale, ayant chacune des ressources agricoles, industrielles et commerciales, d'un caractère différent et d'une nature spéciale, doivent reconnaître qu'elles ont les raisons les plus fortes pour ne point s'isoler, et s'unir au contraire d'une amitié fraternelle que la concurrence des intérêts ne menace point de jamais altérer.

« Il y a maintenant une patrie américaine dont vous êtes citoyens, soit par la naissance, soit par votre choix, et qui a droit à toute votre affection, et le nom d'*Américain*, qui est pour vous un nom national, doit, plus que toute autre dénomination plus spéciale, exalter en vous l'orgueil du patriotisme.

« Si l'idée de patrie est supérieure dans vos sentiments au affections locales, nous serons forts contre les attaques d'un ennemi extérieur, et les diverses parties de cette immense contrée devront à l'Union de ne pas voir éclater entre elles les guerres qui affligent si fréquemment les contrées voisines, que ne réunissent point un même gouvernement; guerres, que leurs rivalités seules pourraient produire, et qu'exciteraient des alliances opposées et des intrigues avec les puissances étrangères. Par le même moyen, vous serez dispensés de tenir sur pied ces armées nombreuses qui, sous toutes les formes de gouvernement, sont peu favorables à la liberté, et qui lui sont particulièrement contraires sous le gouvernement républicain.

« C'est sous ce rapport qu'il importe que vous considériez l'Union comme la pierre fondamentale de votre liberté; et la conservation de celle-ci dépendra de l'amour que vous aurez pour l'autre.

« De quoi dépend l'unité et la stabilité de l'Union? L'expérience a démontré que des alliances, si étroites qu'elles fussent, ne pourraient remplacer un gouvernement général. Celui qui a été choisi par le peuple des États-Unis, librement et avec réflexion, est fondé sur la liberté, il faut respecter son autorité, exécuter ses lois, acquiescer à ses mesures : c'est la liberté même qui le commande. »

Suivent alors quelques conseils utiles aux républicains de tous temps et de tous pays :

« La base de notre système politique, dit Washington, est le droit reconnu dans le peuple de constituer et de changer son gouvernement. Mais jusqu'à ce qu'elle ait été abrogée ou altérée par un acte authentique de la volonté nationale, la constitution doit être obligatoire et sacrée pour tout citoyen. Le droit et le pouvoir qu'a le peuple d'établir un gouvernement implique l'idée qu'il est du devoir de tout particulier de se soumettre à celui qui est établi.

« Toute opposition mise à l'exécution des lois, toute association dont l'objet est de gêner ou d'arrêter l'action du gouvernement établi, est directement contraire au principe que nous avons posé. De telles associations sont propres à organiser des factions, à donner à celles-ci une force extraordinaire et artificielle, à mettre à la place de la volonté de la nation exprimée par ses délégués, la volonté d'un parti, celle d'une minorité faible et artificieuse. Des hommes ambitieux, adroits et dépourvus de principes, et qu'on verrait ensuite briser les instruments au moyen desquels ils auraient acquis une injuste domination, pourraient se servir de ces sociétés pour usurper le pouvoir du peuple et prendre en main les rênes du gouvernement. »

Quant au progrès, il doit être l'œuvre lente du temps :

« Pour assurer votre félicité présente, il ne suffira pas que vous fassiez cesser toute opposition faite irrégulièrement aux lois, *il faudra que vous résistiez avec force à l'esprit d'innovation*. Souvenez-vous toujours que le temps et l'habitude sont nécessaires pour fixer le caractère des gouvernements comme pour consolider toutes les institutions humaines ; que l'expérience est le plus sûr moyen de connaître la véritable tendance d'une constitution ; et que la facilité à opérer des changements d'après de simples hypothèses ne peut occasionner qu'une extrême instabilité. »

Washington termine ses conseils sur la politique intérieure en proclamant très-haut que la religion et la morale sont les appuis nécessaires de la prospérité des États, et il ne croit pas que la morale puisse se soutenir seule. « L'influence qu'une éducation très-soignée aura « peut-être sur des esprits d'une trempe particulière, la « raison et l'expérience nous défendent de l'attendre de la « morale de toute une nation, sans le secours de prin- « cipes religieux. »

Il recommande enfin comme un objet de la plus haute importance les institutions destinées à propager les lumières, car, *plus l'opinion publique tire de force de la nature du gouvernement, plus elle doit être éclairée.*

La dernière partie de l'adresse d'adieu de Washington est relative à la politique étrangère des États-Unis.

En 1789, les sympathies américaines étaient du côté de la France. Le souvenir des services rendus, les liens d'un traité d'alliance offensive et défensive, les principes communs aux deux révolutions, tout faisait présumer que les deux Républiques allaient se donner la main à travers l'Atlantique pour la plus grande gloire et le triomphe de la liberté dans les deux mondes. L'Angleterre n'inspirait que des haines, et l'Espagne des convoitises, parce qu'elle détenait la navigation du Mississipi.

Nous avons vu par quelle suite de circonstances la diplomatie aboutit à une réconciliation entre les États-Unis et l'Angleterre. L'Espagne accorde en 1794 ce qu'elle refusait depuis 1778, la libre navigation du Mississipi et le droit d'entrepôt à la Nouvelle-Orléans. Quant à la France, on était sur le point de lui déclarer la guerre.

Il était bon de rappeler ce qui précède pour comprendre certains passages de l'adresse d'adieu qui ne sont en réalité que la justification de la politique américaine envers la France.

Washington pose d'abord en principe que la religion

et la morale aussi bien qu'une sage politique font un devoir aux Américains d'observer envers toutes les nations les règles de la justice et de la bonne foi, et de vivre en paix avec elles.

Mais, pour y réussir, rien n'est plus essentiel que d'*extirper les antipathies invétérées*, ou *l'aveugle attachement pour certaines nations*, et de les remplacer par un sentiment de bienveillance amicale pour tous les peuples.

« Une nation, ajoute-t-il, qu'emportent le ressentiment ou l'aversion, se précipite quelquefois dans les guerres que lui défendent les calculs de la science politique. Le gouvernement partage les préventions nationales, et adopte par passion un parti que la raison réprouve. D'autres fois il profite de l'animosité de la nation pour se livrer à des actes hostiles, entrepris dans des vues d'orgueil ou d'ambition personnelle, et autres intentions condamnables et funestes.

« De son côté, l'attachement excessif d'une nation pour une autre est une source de maux ; la nation favorite se prévaudra de cette sympathie pour mettre l'autre en mouvement par les illusions d'une communauté d'intérêt, lorsqu'il n'existera réellement *point d'intérêt commun ;* et, en lui faisant partager ses haines ou ses amitiés, elle l'entraînera dans ses querelles et dans ses guerres, sans aucun motif qui autorise cette conduite. »

Après avoir formulé ces maximes générales à l'adresse des sentiments du peuple pour la France et l'Angleterre, Washington expose les règles d'une bonne politique étrangère pour les États-Unis.

« La règle politique que nous devons nous appliquer le plus à suivre à l'égard des nations étrangères, est d'étendre nos relations de commerce avec elles, et de n'avoir que le moins de relations politiques qu'il sera possible.

A. JOUAULT. 18

Remplissons avec la bonne foi la plus scrupuleuse les engagements que nous avons contractés; mais arrêtons-nous là !

« L'Europe a des intérêts qui ne nous concernent aucunement, ou qui ne nous touchent que de très-loin ; il serait donc contraire à la sagesse de former des nœuds qui nous exposeraient aux inconvénients qu'entraînent les révolutions de sa politique. Notre position éloignée nous invite à suivre un autre système ; si nous continuons à ne former qu'un seul peuple, et si nous sommes régis par un bon gouvernement, nous pourrons défier promptement tout ennemi extérieur de nous nuire d'une manière sensible. Quand nous aurons pris des mesures propres à faire respecter notre neutralité, les nations étrangères qui connaîtront l'impossibilité de nous rien enlever, ne se hasarderont pas légèrement à nous provoquer, *et nous pourrons choisir la guerre ou la paix, selon que l'ordonnera notre intérêt d'accord avec la justice.*

« Les actes publics prouveront jusqu'à quel point les principes que je viens de rappeler m'ont guidé lorsque je me suis acquitté des devoirs de ma place. Ma conscience me dit du moins que je les ai suivis. »

# CHAPITRE VI ET DERNIER

LES DERNIERS JOURS DU PÈRE DE LA PATRIE (1799).

La vénération dont Washington était universellement l'objet avait, en quelque sorte, annihilé toute opposition lors des deux élections où sa candidature avait été posée; mais, aussitôt qu'il se fut retiré de l'arène politique, les deux partis s'attaquèrent avec un acharnement jaloux, sans exemple depuis. Les fédéralistes portaient à la prédence John Adams, l'homme le plus rapproché de Washington par ses opinions et ses sentiments, déjà nommé deux fois vice-président de l'Union, et président du Sénat; les républicains lui opposaient Thomas Jefferson. Le premier remporta soixante et onze votes électoraux et fut nommé président, tandis que Jefferson, le second d'après le nombre des votes (il en avait obtenu soixante-huit), fut élu vice-président, aux termes de la Constitution.

Washington assista à l'installation de son successeur, le 4 mars 1797. Chacun admira, pendant cette cérémonie, le calme et la sérénité de son visage, expression d'une âme qu'aucun remords du passé, aucun souci de l'avenir n'agitait. Il allait retourner à Mount Vernon, sa chère retraite, où, suivant ses expressions, il se promettait de partager sans trouble, avec ses concitoyens, « les doux bienfaits de bonnes lois sous un gouvernement libre. »

Il partit, en effet, aussitôt après la cérémonie; il parcourut les mêmes lieux qu'il avait traversés huit ans auparavant, mais il les revit plus riches et plus prospères après huit ans de paix et de bonne administration. La population, empressée sur son passage, n'honora pas moins sa retraite que son avénement.

Cette retraite qui semblait cette fois définitive, fut encore troublée par un nouvel appel que le Congrès fit à son dévouement et à son patriotisme, et c'était pour combattre cette France contre laquelle il avait fait ses premières armes plus de quarante ans auparavant.

Dans la lutte qui avait précédé l'élection de John Adams, le nouveau ministre de France M. Adet, non moins actif que son prédécesseur, avait uni ses efforts à ceux du parti antifédéraliste en faveur de Jefferson, que son séjour en France, comme ministre des États-Unis, et ses liaisons avec les hommes marquants de la révolution, avaient disposé si favorablement pour l'alliance française contre l'Angleterre que Washington avait dû se séparer de lui.

M. Adet alla jusqu'à publier une adresse aux électeurs, dans laquelle, annonçant ouvertement le vif intérêt que la France prenait à ce candidat, il déclara que la bonne intelligence entre les deux pays dépendait du choix qu'on allait faire, rappela les services rendus par la France aux États-Unis, et demanda que ceux-ci se donnassent pour chef un homme disposé à défendre avec elle la grande cause de la liberté des mers.

Le succès de John Adams causa un vif mécontentement au Directoire français, qui avait succédé à la Convention, et les rapports entre les deux gouvernements continuèrent à être tellement tendus qu'un des premiers actes du président fut de convoquer le Congrès en session spéciale (15 mai 1797). Trois envoyés extraordinaires, C. C. Pinckney, Elbridge Gerry et John Marshall, vinrent en France avec mission de régler toutes les difficultés. Le gouvernement français refusa de les recevoir. Il ordonna même aux fédéralistes Pinckney et Marshall de quitter la France, et n'autorisa la résidence de Gerry que parce qu'il était antifédéraliste (républicain). Un décret fut même rendu, portant que tout matelot appartenant à une puissance neutre, qui serait trouvé sur un bâtiment ennemi, serait puni de mort comme pirate.

La nouvelle du traitement fait aux envoyés américains, et des mesures violentes adoptées par le Directoire excita aux États-Unis un soulèvement général contre lui : fédéralistes et antifédéralistes, parti français et parti anglais, montrèrent le même ressentiment. Le Congrès fut extraordinairement convoqué, et des pétitions lui parvinrent de toutes parts, dans lesquelles les citoyens offraient leur fortune et leur vie pour défendre les droits du pays, et venger son honneur outragé.

Le Congrès se prépara à une guerre. Il augmenta les cadres de l'armée et de la marine, et nomma Washington général en chef, avec le titre de lieutenant général. Ce grand homme n'était pas sorti depuis trois ans de sa retraite, mais il avait suivi avec attention ce qui s'était passé entre les États-Unis et la France, et autant il avait approuvé les démarches conciliatrices de son successeur, autant il pensait que la conduite de la France ne permettait pas de persévérer plus longtemps dans cette longanimité et que le moment était venu de recourir aux armes. Il accepta le commandement des armées américaines, malgré le mauvais état de sa santé, en déclarant qu'il était prêt à donner la dernière goutte de son sang pour son pays.

Les hostilités commencèrent sur l'Océan ; la frégate des États-Unis *la Constellation* captura une frégate française, *l'Insurgente*, de la station des Indes occidentales, et, un peu plus tard, en désempara une autre, après un combat de cinq heures : la guerre se trouvait engagée entre les deux peuples républicains qui, peu de temps auparavant, lorsqu'ils vivaient sous des régimes différents, s'étaient unis par une étroite alliance au nom de la liberté et avaient associé leurs drapeaux pour la défendre.

Mais cette guerre, contraire aux intérêts naturels des deux nations, ne pouvait se prolonger. Le Directoire français, déjà chancelant sous le poids de ses fautes et accablé d'ennemis au dedans et au dehors, sentit le tort qu'il avait eu de mettre les États-Unis contre la France, et sollicita lui-même la reprise des négociations qu'il avait rejetées. Le président, d'accord avec le sénat, jugea que l'injure devait être oubliée dès qu'on offrait de la réparer, et un ambassadeur fut envoyé à Paris pour rétablir la paix entre les deux pays. Sur ces entrefaites, Napoléon Bonaparte prit les rênes du pouvoir ; il désirait ménager un pays qui pouvait devenir son allié, et, le 30 septembre 1800, un traité fut conclu, qui régla tous les points en litige.

Si une guerre plus longue avait dû avoir lieu entre la France et les États-Unis et amener une armée française sur le continent américain, Washington n'aurait pu jouer dans cette lutte le rôle qui lui était destiné par le Congrès, car, peu de temps après sa nomination de commandement général de l'armée, il tomba gravement malade. Le travail auquel il s'était livré, à Mount Vernon, pour préparer les plans de défense du pays, lui avaient causé beaucoup de fatigue; une pluie froide, à laquelle il fut exposé en se promenant dans la campagne, acheva de déranger sa santé. Il fut saisi d'une fièvre violente dont rien ne put arrêter les progrès, malgré les soins du docteur Craik et de Mme Washington.

Le 14 décembre 1799, au matin, après une consultation de plusieurs médecins, on lui proposa divers remèdes : « Je vous remercie de vos soins, répondit-il, mais je vous prie de ne plus vous occuper de moi. Laissez-moi partir en paix; je n'ai plus longtemps à vivre. » Puis il resta immobile, sans parler, sans se plaindre, jusqu'à 10 heures du soir, où, après de longs efforts, il parvint à prononcer ces derniers mots : « Le moment est venu... je m'en « vais... que l'on m'enterre convenablement. Ne laissez « descendre mon corps dans le caveau que trois jours « après la mort... Me comprenez-vous? — Oui. — « C'est bien. »

Quelques minutes après, ce grand citoyen rendait le dernier soupir.

Washington a laissé un exemple peut-être unique dans les annales des peuples : le premier dans la guerre, le premier dans la paix, le premier dans le cœur de ses concitoyens, il a été le sauveur et le guide de son pays, sans vouloir en devenir le maître.

\*
\* \*

La statue de Houdon, placée dans la rotonde du capitole de Richmond, est l'image la plus ressemblante[1] qui nous reste du héros de l'indépendance. Elle est de gran-

1. « On sent à voir cette statue, sans pouvoir se l'expliquer, que l'on est en face d'une image ressemblante. Le portrait de Washington le plus connu est celui de Stuart ; il date des dernières années de la

deur naturelle et représente Washington en costume de général.

Sur le piédestal on lit cette inscription :

« *L'Assemblée générale de la République de Virginie a fait ériger cette statue, comme témoignage d'affection et de reconnaissance,* à

GEORGE WASHINGTON,

*Qui, unissant aux qualités du héros les vertus du patriote, et consacrant les unes et les autres à donner la liberté à son pays, a rendu son nom cher à ses compatriotes, et donné au monde un exemple immortel de vraie gloire.*

*Fait en l'an du*

CHRIST

*Mil sept cent quatre vingt-huit, et en l'an douze de la République.* »

vie de Washington, du temps où il portait de fausses dents, mal faites, qui le défiguraient, en donnant trop de saillie à sa mâchoire inférieure. Il est difficile de considérer ce portrait — même lorsque l'on ignore dans quelles conditions il a été fait — sans former l'espoir qu'il n'est pas ressemblant. Bien différente est la statue de Houdon ; et ma première impression, en jetant les yeux sur elle, fut de croire instinctivement que c'était bien là Washington, que c'était là le grand patriote lui-même, l'homme qui a fondé ce qui est destiné à devenir le plus grand empire du monde. J'eus grand plaisir à apprendre, peu de temps après, que Lafayette, quand il passa à Richmond, quelques années avant sa mort, affirma que c'était la seule image de Washington qui lui rendît justice : « C'est bien là son attitude, » dit-il, « c'est là son « air. C'est Washington ! C'est mon ami ! c'est lui-même ! » MACKAY, *Life ande Liberty in America.*

FIN

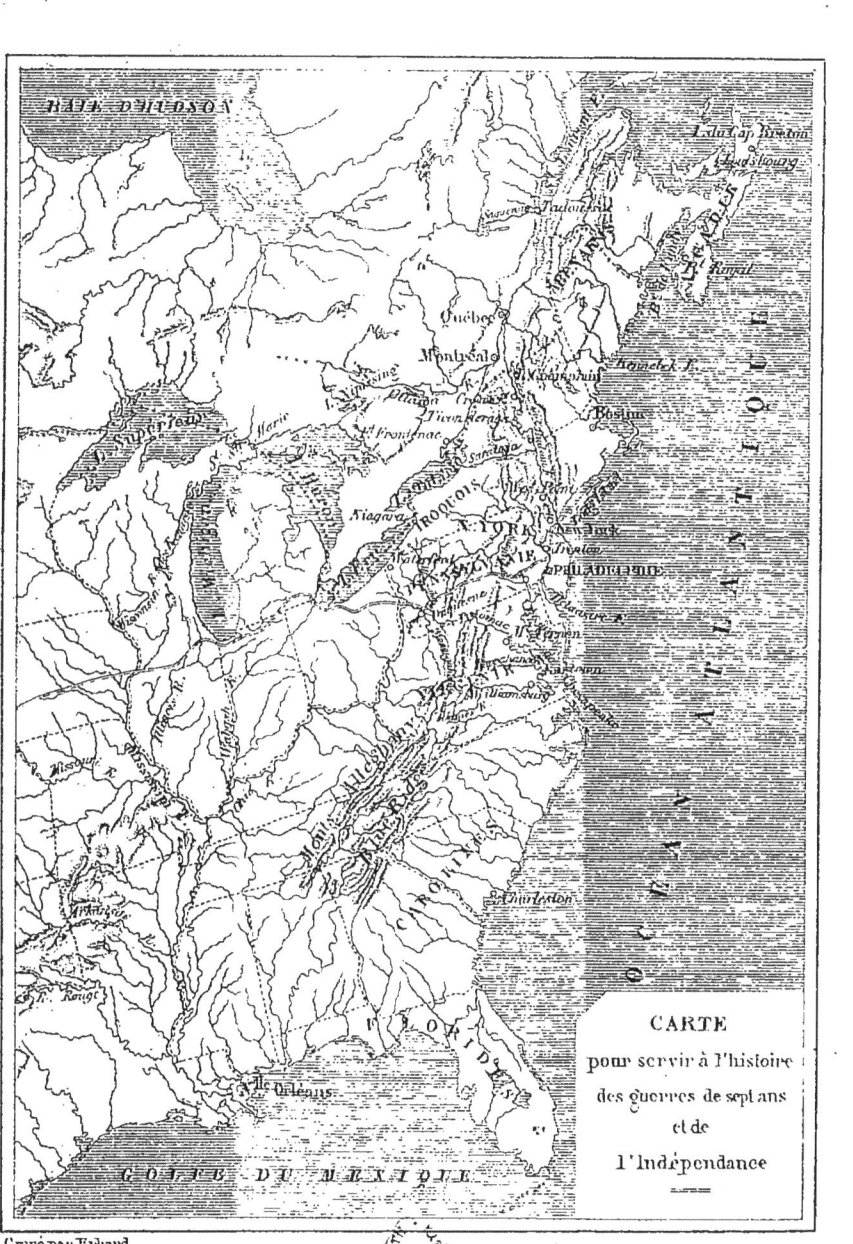

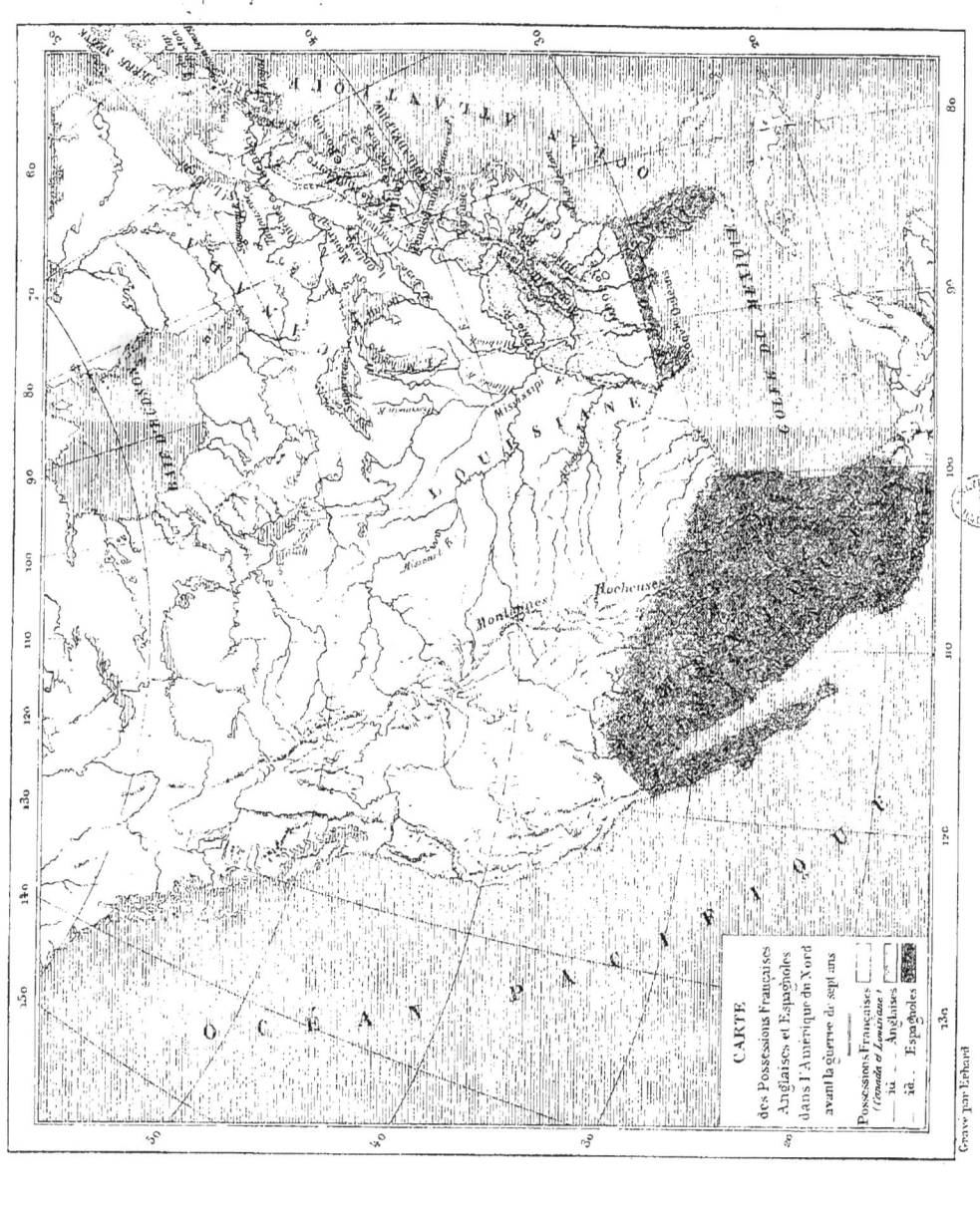

# TABLE DES MATIÈRES

Introduction .................................................. v
Sources ...................................................... xv

## PREMIÈRE PARTIE.

### LA NOUVELLE-FRANCE.
#### PREMIÈRES ARMES DE WASHINGTON.
#### (1732-1761).

Chapitre premier. — Généalogie (1066-1732)............. 3
Chapitre II. — Jeunesse de Washington. — Son éducation. — Comment il fut guéri de son premier amour. — Voyage aux Alleghanys (1732-1748)............................ 10
Chapitre III. — Histoire de la Nouvelle-France (1504-1751). 26
Chapitre IV. — La Vallée de l'Ohio. — Les diplomates du désert............................................... 35
Chapitre V. — Premières armes de Washington. — L'affaire de Jumonville. — Bataille des Grandes-Prairies........... 43
Chapitre VI. — Guerre de Sept Ans. — Fin de l'Acadie. — Prise du Fort Duquesne par Washington. — Derniers jours de la Nouvelle-France (1754-1763)..................... 62
Chapitre VII. — Histoire intime d'un grand citoyen. — Mariage de Washington. — La société virginienne. — Chambre des Bourgeois. — Opinions religieuses de Washington...... 77

## DEUXIÈME PARTIE.

### LA GUERRE DE L'INDÉPENDANCE.
#### (1761-1783).

Chapitre premier. — La Nouvelle-Angleterre. — Présages révolutionnaires. — Opinions de Washington sur les droits des Colonies............................................. 103

TABLE DES MATIÈRES

Chapitre II. — Guerre de plume. — Taxes coloniales. — Rappel de l'impôt du timbre (1761-1775).................. 109
Chapitre III. — Attitude de la Virginie. — Sentiments et conduite de Washington pendant la première période de la révolution.................. 118
Chapitre IV. — Le vieux congrès continental. — Bataille de Lexington (1775).................. 129
Chapitre V. — Guerre d'Amérique, depuis la déclaration d'indépendance jusqu'au traité d'alliance avec la France (1776-1778).................. 149
Chapitre VI. — Alliance française. — Lafayette et Rochambeau (1778-1783).................. 153
Chapitre VII. — Le complot d'Arnold et du général Clinton (1780).................. 160
Chapitre VIII. — Prise de York-Town. — Paix de 1783. — Retraite de Washington.................. 181

## TROISIÈME PARTIE.

### LA RÉPUBLIQUE DES ÉTATS-UNIS.
### PRÉSIDENCE DE WASHINGTON.
### (1783-1799).

Chapitre premier. — Histoire de la Constitution. — Washington est élu président des États-Unis.................. 195
Chapitre II. — Organisation des services publics. — La maison du Président. — Mort de la mère de Washington.................. 215
Chapitre III. — Situation financière des États-Unis. — Congrès de 1790. — Dette publique. — Insurrection du Wiskey. — Guerre indienne.................. 223
Chapitre IV. — Washington et la Révolution française.................. 236
Chapitre V. — Les adieux de Washington (1797).................. 266
Chapitre VI et dernier. — Les derniers jours du père de la patrie (1799).................. 275

FIN DE LA TABLE.

Coulommiers. — Typ. P. BRODARD et GALLOIS.

LIBRAIRIE HACHETTE & C⁽ⁱᵉ⁾, BOULEVARD SAINT-GERMAIN, 79, A PARIS

## LITTÉRATURE POPULAIRE
### ÉDITIONS A 1 FRANC 25 C. LE VOLUME, FORMAT IN-18 JÉSUS

Le cartonnage en percaline gaufrée se paye en sus 50 cent. par volume.

**Agassiz** (M. et Mme). *Voyage au Brésil*, 1 vol. avec une carte.
**Aunet** (Mme Léonie d'). *Voyage d'une femme au Spitzberg.* 1 vol.
**Badin** (Ad.). *Duguay-Trouin.* 1 vol.
— *Jean Bart.* 1 vol.
**Baines** (Th.). *Voyage dans le sud-ouest de l'Afrique.* 1 vol.
**Baker** (S. W.). *Le lac Albert. Nouveau voyage aux sources du Nil.* 1 vol.
**Baldwin.** *Du Natal au Zambèse,* 1865-1866. Récits de chasses. 1 vol.
**Barrau** (Th. H.). *Conseils aux ouvriers sur les moyens d'améliorer leur condition.* 1 v.
**Bernard** (Fréd.). *Vie d'Oberlin.* 1 vol.
**Bonnechose** (Émile de). *Bertrand du Guesclin.* 1 vol.
— *Lazare Hoche.* 1 vol.
**Burton** (le capitaine). *Voyages à la Mecque, aux grands lacs d'Afrique et chez les Mormons.* 1 vol. avec 3 cartes.
**Calemard de La Fayette.** *La Prime d'honneur.* 1 vol.
— *L'Agriculture progressive.* 1 vol.
**Carraud** (Mme Z.). *Une Servante d'autrefois.* 1 vol.
**Charton** (Ed.). *Histoires de trois enfants pauvres.* 1 vol.
**Corne** (H.). *Le cardinal Mazarin.* 1 vol.
— *Le cardinal de Richelieu.* 1 vol.
**Corneille** (Pierre). *Chefs-d'œuvre.* 1 vol.
**Deharrypon** (Martial). *La boutique de la marchande de poissons.* 1 vol.
**Delapalme.** *Le Premier livre du citoyen.* 1 vol.
**Duval** (Jules). *Notre pays.* 1 vol.
**Ernouf** (Le baron). *Histoire de trois ouvriers français.* 1 vol.
— *Jacquard. Philippe de Girard.* 1 vol.
— *Denis Papin.* 1 vol.
**Franck** (A.). *Morale pour tous,* 2ᵉ édit. 1 volume.
**Franklin.** *Œuvres,* traduites de l'anglais et annotées par Ed. Laboulaye. 3 vol.
**Guillemin** (Amédée). *La Lune.* 1 vol. avec 2 grandes planches et 46 vignettes.
— *Le Soleil.* 1 vol. avec 58 figures.
— *La Lumière.* 1 vol. avec 71 figures.
— *Le Son.* 1 vol. avec 70 figures.
**Hauréau** (B.). *Charlemagne et sa cour.* 1 v.
**Hayes** (Dʳ I.-I.). *La mer libre du pôle.* 1 v.
**Hoefer** (Dʳ). *Les saisons,* études de la nature. 2ᵉ série formant 2 vol. avec figures.
Chaque série se vend séparément.
**Homère.** *Les beautés de l'Iliade et de l'Odyssée,* traduction de M. Giguet. 1 v.
**Jonveaux** (Émile). *Histoire de quatre ouvriers anglais* (Maudslay, Stephenson, W. Fairbairn, J. Nasmyth). 1 vol.
— *Histoire de trois potiers célèbres.* 1 vol.
**Joinville** (Le sire de). *Histoire de saint Louis,* texte rapproché du français moderne, par Natalis de Wailly. 1 vol.

**Jousult.** *Abraham Lincoln.* 1 vol. avec deux portraits.
— *Georges Washington.* 1 vol. avec 2 cartes.
**Labouchère** (Alf.). *Oberkampf.* 1 vol.
**Lacombe** (P.). *Petite histoire du peuple français.* 1 vol.
**La Fontaine.** *Choix de fables.* 1 vol.
**Laneye** (Fr. de) : *L'Inde contemporaine.* 1 vol.
**Le loyal serviteur.** *Histoire du gentil seigneur de Bayart.* 1 vol.
**Livingstone** (Charles et David). *Explorations dans l'Afrique centrale et dans le bassin du Zambèse.* 1840-1860. 1 vol.
**Mage** (E.). *Voyage dans le Soudan occidental.* 1 vol. avec une carte.
**Marcoy** (P.). *Scènes et paysages dans les Andes.* 2 vol.
**Meunier** (Mme H.). *Le docteur au village. Entretiens familiers sur l'hygiène.* 1 v.
— *Entretiens sur la botanique.* 1 vol.
**Milton** (le Vte) et le Dʳ W. B. **Cheadle.** *Voyage de l'Atlantique au Pacifique à travers les montagnes Rocheuses.* 1 vol. avec cartes.
**Molière.** *Chefs-d'œuvre.* 2 vol.
**Mouhot.** *Voyages à Siam, dans le Cambodge et le Laos.* 1 vol.
**Müller** (Eug.). *La boutique du marchand de nouveautés.* 1 vol.
**Palgrave** (W. G.). *Une année dans l'Arabie centrale.* 1 vol. avec carte.
**Perron d'Arc.** *Aventures d'un voyageur en Australie.* 1 vol.
**Pfeiffer** (Mme Ida). *Voyage autour du monde,* édition abrégée par J. Belin de Launay. 1 vol.
**Piotrowski** (R.). *Souvenirs d'un Sibérien.* 1 vol.
**Poisson.** *Guide-Manuel de l'Orphéoniste.* 1 vol.
**Racine** (Jean). *Œuvres complètes.* 3 vol.
— *Chefs-d'œuvre.* 2 vol.
**Reclus** (E.). *Les phénomènes terrestres.* 2 vol. qui se vendent séparément :
I. *Les continents.* 1 vol.
II. *Les mers et les météores.* 1 vol.
**Rendu** (Victor). *Principes d'agriculture.* 2 vol. avec vignettes.
— *Mœurs pittoresques des insectes.* 1 vol.
**Shakspeare.** *Chefs-d'œuvre.* 3 vol.
**Speke** (Journal du capitaine John Hanning). *Découverte des sources du Nil.* 1 v.
**Thévenin** (Évariste) *Cours d'économie industrielle.* 7 vol.
— *Entretiens populaires.* 9 vol.
Chaque volume se vend séparément.
**Vambéry** (Arminius). *Voyages d'un faux derviche dans l'Asie centrale.* 1 vol.
**Véron** (E.). *Les Associations ouvrières en Allemagne, en Angleterre et en France.* 1 vol.
**Wallon** (de l'Institut). *Jeanne d'Arc.* 1 v.

Coulommiers. — Typ. P. BRODARD.

www.ingramcontent.com/pod-product-compliance
Lightning Source LLC
Chambersburg PA
CBHW071342150426
43191CB00007B/821